スポーツパフォーマンス分析入門

基礎となる理論と技法を学ぶ

An Introduction to Performance Analysis of Sport

著：ピーター・オドノヒュー
監訳：中川 昭
訳：橘 肇／長谷川 悦示

大修館書店

AN INTRODUCTION TO PERFORMANCE ANALYSIS OF SPORT

By Peter O'Donoghue

Authorised translation from the English language edition published by
Routledge, a member of the Taylor & Francis Group
through Japan UNI Agency, Inc., Tokyo

はじめに

この本は、スポーツパフォーマンス分析モジュールを専攻するレベル5（大学2年次）の学部生に使用されることを念頭に執筆された。まず、このモジュールを担当するカーディフ・メトロポリタン大学の同僚であるDarrell Cobner先生、Adam Cullinane先生、Lucy Holmes先生、Ray Ponting先生、そしてHuw Wiltshire先生に感謝する。この本で使われた様々な例は、私が過去18年にわたって指導をしてきた多くのスポーツ科学の学生が実施した研究プロジェクトから着想を得たものであった。

とりわけ、Jonny Bloomfield、Emily Brown、Peter Clark、Lloyd Evans、Nicholas Harries、Philip Hunter、Dianne Liddle、Michael McCorry、Rhys Morgan、Ben Moss、Venkat Narayn、Scott Over、そしてGemma Robinsonの学生諸君が残してくれた優れた研究は、スポーツパフォーマンス分析の学問領域にとって刺激的で示唆に富むものであった。

最後に、この本の出版計画・編集に際して、Routledge社のWilliam Bailey氏、Josh Wells氏そしてSimon Whitmore氏から多大なご協力・ご支援をいただいたことに心から感謝するとともに、全ての皆さまに謝意を表したいと思います。

監訳にあたって

チームや選手が試合で達成したパフォーマンスの分析がコーチング活動を効果的に行うために重要な意味を持っていることは､現在ではコーチング現場で広く認められている。それは､トレーニング内容の決定、試合メンバーの選考、次の試合への作戦的準備などのコーチング過程における重要な意思決定を的確に行うために、パフォーマンス分析の結果が役に立つことが経験上、認識されるようになったからである。その結果として、多くのチームで分析ソフトウェアを利用したパフォーマンス分析が日常的に行われるようになり、アナリストと呼ばれる分析専門のスタッフを置くチームも増えている。そして、このようなパフォーマンス分析の実践現場への応用範囲は、コーチングの領域に留まらず、体育授業、メディア、審判といった様々な領域に広がっている。

スポーツパフォーマンス分析は実践現場における応用目的だけでなく、学術的な研究目的のためにも古くから使われている。公表された学術研究としては1931年にResearch Quarterlyに掲載されたバスケットボールの論文にまで遡ることができ、わが国においても、特に球技の領域でゲーム分析と称して1960年代から多くの研究が行われている。そして現在では、パフォーマンス評価に関する研究を始めとして、技術、戦術、専門的体力といったパフォーマンス要因に関する研究や球技のゲーム構造に関する研究を行うためにパフォーマンス分析の手法が広く用いられている。

このようにパフォーマンス分析は、現在、体育・スポーツに関する実践現場や研究の場で広く使われているが、その一方で、わが国ではスポーツパフォーマンス分析に関して授業科目を開設している大学は極めて少なく、書物もほとんど発刊されてこなかったために、スポーツパフォーマンス分析を体系的に学ぶ機会はごく限られているという状況がある。この結果、パフォーマンス分析の理論的理解の不足により、実践現場であまり役に立たない分析結果が呈示されたり、研究の場で研究方法上の問題を抱えた論文が発表されたりすることが少なからず起きている。

本書は、カーディフ・メトロポリタン大学のO'Donoghue氏による“An introduction to performance analysis of sport”の完訳である。著者のO'Donoghue氏はスポーツパフォーマンス分析に関する豊富な実践経験と多くの優れた研究業績を有しており、本書は、実践者と研究者の両方の見地から、スポーツパフォーマンス分析の基本的内容を体系的に学ぶのに格好の本と言える｡将来アナリストを志す若い人たちや既に現場で活躍しているアナリストの人たち､またスポーツパフォーマンス分析の研究に携わっている若い研究者には、ぜひ熟読していただきたい一冊である。

本書は、英国でスポーツパフォーマンス分析を専攻とする学部生が読むことを念頭に置いて書かれたもので、最終章ではそのような学生がスポーツパフォーマンス分析に関するレポートや卒業論文などの学術的著作物をどのように書いたら良いかについて詳しく解説されている。わが国においても今後、体育・スポーツ系の大学や学部のカリキュラムの中にスポーツパフォーマンス分析に関する授業を重要科目の1つとして位置づけることが急務であると考えられるが、その際の教科書としても本書は最適であろう。

本書の訳者を紹介する。橘氏はコンピュータシステムによるスポーツパフォーマンス分析のエキスパートであり、これまでに様々なスポーツ種目についてパフォーマンス分析のコンサルティングやアナリストの育成などの仕事を行っている。長谷川氏は大学で体育科教育学の教育研究に長らく従事していて、特にコンピュータシステムによるパフォーマンス分析を活用した体育授業研究の先駆者である。監訳にあたっては、これら2人の訳者による翻訳文を元に、できる限り原著者の意図を正確に伝えられるよう、しかも平易な表現となるよう用語と文章の調整を行ったが、必ずしもそれが達成できていないかもしれない。その場合の責は、全て監訳者にある。今後の改訂に向け、読者諸氏からの忌憚のないご意見をいただきたい。

最後に、本書の出版に際し、大修館書店編集部より多大なるご尽力をいただいた。ここに厚く御礼申し上げます。

令和元年11月　木々が色づく、つくばにて

中川　昭

目　次

スポーツパフォーマンス分析入門

基礎となる理論と技法を学ぶ

第1章 スポーツパフォーマンス分析とは何か

本章では、何を、なぜ、誰が、どこで、いつ、そしてどのようにの質問に基づいて、スポーツパフォーマンス分析について紹介をする。すなわち、

スポーツパフォーマンス分析とは何なのか？
スポーツパフォーマンスのデータと情報とは何なのか？
なぜスポーツパフォーマンスを分析するのか？
誰がスポーツパフォーマンスを分析するのか？
スポーツパフォーマンス分析はどこで行われるのか？
スポーツパフォーマンス分析はいつ行われるのか？
スポーツパフォーマンス分析はどのように行われるのか？

これらの問いに対する回答は、それぞれ独立しているものではない。スポーツパフォーマンス分析がなぜ行われるのかという理由と、その情報を誰が必要としているのかは、そのまま、どのような情報が必要なのかということを決定する。そして、どのような情報が必要なのかということは、いつそれが必要なのか、つまりいつスポーツパフォーマンス分析を行うべきかということに影響を与える。さらに、情報が必要とされる時間と経済的な制約は、スポーツパフォーマンス分析の作業の方法と場所に影響する。ここでは、これらの質問に順を追って回答が示されるが、必然的にこれらの回答に重複がいくつかあることを予測できるはずである。

本章では、スポーツパフォーマンス分析が主に観察的な作業であることを確認する。スポーツパフォーマンス分析については、リハビリテーション、研究、メディア、審判との関係性も存在するとはいえ、分析を行う理由はスポーツパフォーマンスを向上させることにある。ここでは、コーチング過程におけるデータの収集とフィードバックの観点から、プレーヤー、コーチ、アナリストのそれぞれの役割について議論がなされる。スポーツパフォーマンス分析は、試合の会場はもちろん、設備がそろったパフォーマンス分析室、さらに、その他の場所で行われる。スポーツパフォーマンス分析の活動は、試合前、試合中、試合後に行われるが、本章では、試合中のライブでの分析と試合後の分析に分けて説明する。最後の問いは「どのようにして分析するのか」である。この問いに対しては、あとの章で、手作業による方法（第5、6章）とコンピュータ化された方法（第7、8章）に関する詳細な説明によって回答される。

「何を」という問いは、言い換えると、「何を分析すべきか」を尋ねることである。特に、スポーツパフォーマンス分析を用いる目的が何なのか、スポーツパフォーマンスのどのような側面が分析できるのかということである。スポーツパフォーマンス分析には多くの異なる目的があり、それはプレーヤー、チーム、コーチの行動、そしてレフェリーの分析を含む（O'Donoghue, 2010:

4-5)。スポーツパフォーマンス分析の目的には、ワークレートの分析（Carling and Bloomfield, 2013)、戦術の分析（Hibbs and O'Donoghue, 2013)、選択した技術の有効性の分析（Palao and Morante, 2013)、技術の分析（Lees, 2008; Campos, 2013）が含まれている。さらにスポーツパフォーマンスに影響を及ぼす要因に関する学術的な研究が行われている（Taylor et al., 2008; Gomez et al., 2013)。また、審判（Kirkbride, 2013a）やメディア（James, 2008; Kirkbride, 2013b）へのスポーツパフォーマンス分析の応用に関するものもある。本章では、スポーツパフォーマンス分析の2つの大きな目的に関する節が含まれている。それはこの本全体を通じて使われているもので、ワークレート分析と試合分析である。ワークレート分析の目的は、主に移動運動の観点から仕事量を分析し、対象とするスポーツの身体的な要求を解明することである。一方、試合分析の目的は、戦術の分析を個々のプレーの有効性の分析に結び付けることにある。というのは、戦術の選択に関する評価は、試合で戦術がいかに有効に適用できたかを見ることで可能になるからである。

1. スポーツパフォーマンス分析
— 何を、なぜ、誰が、どこで、いつ、どのように行うか —

❶スポーツパフォーマンス分析とは何か

これは、スポーツパフォーマンス分析に関する「何」を問いかける時の3つの問い、すなわち、①スポーツパフォーマンス分析とは何か、②スポーツパフォーマンス分析の目的は何か、そして③どんな変数を分析すべきか、の中の第1の問いである。スポーツパフォーマンス分析とは何かということを考える際には、学問領域の1つとしての性質と、実践活動としてのスポーツパフォーマンス分析の性質について考えているのである。

スポーツパフォーマンス分析とスポーツ科学における他の領域との一番の違いは、スポーツパフォーマンス分析では実際のパフォーマンスが分析されるということである。スポーツパフォーマンス分析は通常、ライブでの分析が可能なら試合中に、もしビデオを撮影してあるなら試合後に、パフォーマンスの観察を通じて行われるものである。スポーツパフォーマンス分析は、通常、以下のものは含まない。

- 自己報告的な研究、例えばインタビュー、フォーカスグループインタビュー*1、質問紙法などによってスポーツに対する動機や意図、態度、信条などを問うようなもの
- 実験室での実験、フィールドでの実験やテスト

しかし、O'Donoghue（2010: 2）は、自己報告や実験室内での方法であっても、特定の条件下ではスポーツパフォーマンス分析の範疇に含まれるということを提言した。実際のパフォーマ

*1 **フォーカスグループインタビュー**：特定の対象者（例えばラグビープレーヤー）を少人数（1グループあたり5～6名程度）集めて、司会者が座談会形式でインタビューを行う調査手法。

ンスから得られたデータであれば何であっても、広い意味でのスポーツパフォーマンス分析の範疇に落とし込めるというのである。このようなデータには、観察的なデータにとどまらず、質的なデータ、量的なデータ、記録、ビデオ映像、測定結果、心拍反応、自覚的運動強度、血中乳酸の濃度、EEG（脳波）やEMG（筋電図）の測定結果などが含まれる。さらに、これらのデータの中には運動実施中の加速度や位置情報の測定値も含まれるだろう。トレーニング中にプレーヤーの身体に装着できる装置を用いれば、位置情報は1秒間に10回（10Hz）かそれ以上の頻度で収集できる。またこの装置は、競技によっては試合で使用することも許されている。直接的に観察することはできないがスポーツパフォーマンスに関連する側面として、実際のパフォーマンスの最中に生じるアスリートの思考や意思決定のプロセスがある。アスリートが自己のパフォーマンスのビデオ映像を見て、それについて振り返りながらそのパフォーマンスの最中に抱いた考えやその時に下した判断について議論する時、そのインタビューデータはパフォーマンス中の思考や意思決定のプロセスを研究することに役立つ（Poziat et al., 2010）。これは、一般的な態度や信条を調べようという自己報告技法の伝統的な使い方とは異なるもので、スポーツにおける実際のパフォーマンス中の経験を調査するための自己報告技法の革新的な使い方である。

コントロールされた実験室での実験の中にはスポーツパフォーマンス分析の領域に入るものもある。技術の分析はこれまでバイオメカニクスの方法を用いて行われてきた（Bartlett, 1999; Lees, 2008）。多くのバイオメカニクス研究は実際の試合やトレーニングの現場から離れたところで行われてきたけれども、バイオメカニクスの方法はパフォーマンス分析の領域に属すとこれまで考えられている（Hughes and Bartlett, 2004, 2008）。技術はスポーツの重要な側面である。特に、陸上競技のフィールド種目のような爆発的な力発揮を運動特性とするスポーツに加え（Campos, 2013）、ランニング、水泳、自転車、ウォーキングのような循環運動の特性を持つスポーツ活動において技術は重要である（Marinho et al., 2013）。Lees（2008）はスキル[*2]をイベントスキル、メジャースキル、マイナースキルに分類した。イベントスキルは、走幅跳のように、遂行される運動の全体を構成するものである。メジャースキルは、特定のスポーツに支配的なスキルである。例えば、110mハードル走のハードリングのスキルのようなものである。マイナースキルは、スポーツの中で発揮される重要なスキルの中で支配的ではないものを示す。球技の中には、ゴルフのスイングやテニスのサービスのように、決定的に重要な技術を含むものがあるが、実際の試合中の技術について、詳細な情報を集められない時がしばしばある。ゴルフのライダーカップの1番ティーや、テニスのウインブルドンのセンターコートにVicon™（Vicon, Los Angeles, CA）のような三次元動作分析システムを設置し、キャリブレーション[*3]を行うことはまずできそうにない。それゆえに、スポーツの重要なスキルは実験室で分析されてきた。このような実験室の状況は実際の試合の状況下ではないし、限界があることが認識されながらも、

＊2　**スキル**：スキルという用語は能力（技能）と動作の2つの意味で使われるが、このうち本書では、後者の「ある特定の動作あるいは活動」を意味する用語としてスキルを使う。

＊3　**キャリブレーション**：ビデオ撮影の前に空間内での位置や距離、角度などを定義するための手順。通常、基準となる物体を現地に設置して撮影する。

ランニングのストライドや、ゴルフのスイング、テニスのサービスといった関連する重要なスポーツスキルが分析されている。しばしば、生態学的妥当性と実験的なコントロールはトレードオフの関係にある。生態学的妥当性は、対象としている実際の世界の環境を研究が代表しているところに存在する。実際のスポーツパフォーマンスを観察することには、非常に強い生態学的妥当性がある。しかし、実際のスポーツパフォーマンスは分析者によってコントロールすることはできず、また多くの要素によって影響される。それゆえに、実際の試合の研究においては実験的なコントロールができない。一方、実験室では、分析対象となるスキルの試合での重要性と頻度に基づいて、適切な程度の生態学的妥当性を備えながらコントロールされた条件下で技術の研究を行うことが可能となる。

❷スポーツパフォーマンス分析の応用領域は何か

2つ目の「何」は「スポーツパフォーマンス分析の応用領域は何か」である。スポーツパフォーマンス分析の目的にはコーチング、メディア、審判、そして研究がある。コーチングとの関わりの中では、スポーツパフォーマンス分析は試合、振り返り、意思決定、次の試合のための準備というサイクルの中で用いられる（Franks, 1997; O'Donoghue and Mayes, 2013a）。コーチングとの関わりの中で実際には、試合でのパフォーマンスと同様にトレーニングも分析される（Winkler, 1988; Mayes et al., 2009）。パフォーマンスがトレーニングの中で分析される時には、「フィードバック」という言葉のかわりに「フィードフォワード」という言葉が用いられる（Dowrick and Raeburn, 1977; Dowrick, 1991）。フィードフォワードに関する研究の多くは、個人の技術に焦点を当てている。実験室の環境の中でクローズドスキル*4を詳細に研究する目的は、試合に先立ってこれらをリハーサルし改善することにある。フィードフォワードが球技に応用されてきたという事実は、20年前の資料にさかのぼることができる。1994年のサッカーW杯の予選におけるイングランド代表チームのビデオ映像から考えてみよう。このビデオ映像において興味深い部分のひとつが、ポーランドとのホームでの予選を報道している部分である。ビデオでは、イングランドが3対0で勝利した実際の試合の映像に、この試合に先立つトレーニングセッションから抜粋した映像が挟みこまれている。あるシーンでは、ヘッドコーチのGraham Taylorがポーランドの防御はクロスボールの扱いに弱点があることを告げ、クロスはイングランドのセンターフォワードのLes Ferdinand選手の前に上げるよう注意している。そして、クロスボールにフォワードのプレーヤーが走り込みヘディングシュートをする練習のシーンを見ることができる。それからビデオは、試合でこのプレーが成功し、クロスボールからFerdinand選手がヘディングでシュートを決めるシーンを映し出す。また別のシーンでは、ポーランドが防御の壁を作ってきた時のフリーキックについて、Paul Gascoigne選手、Stuart Pearce選手、Graham Taylor選手が議論をしているところを見せる。これはトレーニングの中でリハーサルされ、ビデオ映像はさらに試合の中で、Stuart Pearce選手によるこの種のフリーキックがゴー

＊4 **クローズドスキル**：体操競技や水泳などの比較的安定した環境条件下で運動を遂行することができるスキル。それに対して、サッカーや柔道のように絶えず変化する環境下で運動を遂行しなければならないスキルをオープンスキルと言う。

ルに結びついたところを映し出す。これらはフィードフォワードの例である。なぜなら試合前にパフォーマンスを分析し、試合においてどのようにプレーするかを決定しているからである。これらの決定にはチームがうまく遂行できない戦術の排除や、もしくはリハーサルした戦術を効果的に遂行できるプレーヤーの起用についてもその中に含まれるであろう。

学術的な関わりの中では、スポーツパフォーマンス分析はスポーツパフォーマンスの多くの側面を研究することに用いられている。学際的な研究の一部として他の補完的な方法とともにスポーツパフォーマンス分析の方法を使っている研究がある一方で、もっぱら観察的な方法を用いた研究がある。質的な技法とともにコンピュータ化された記述分析（Computerised notational analysis）を使った研究の例には、アリゾナ州立大学式観察法（ASUOI）を用いて行われたコーチ行動に関する研究が含まれる（Lacy and Darst, 1984, 1985, 1989）。ある研究では、ネットボール[*5]のコーチ行動についてASUOIが使われ、異なるレベルのコーチの行動が比較された。そして、異なるレベルのコーチ間の違いについてインタビューを受けるエキスパートコーチにその結果を示している（Donnelly and O'Donoghue, 2008）。また、他の分析方法と一緒にスポーツパフォーマンス分析が用いられた別の例では、コンピュータ化されたタイムモーション分析[*6]、心理調査、そしてインタビューの3つの方法が用いられている（Hale, 2004）。Haleは7人のプレーヤーによってプレーされた公式戦の試合と練習試合についてコンピュータを用いたタイムモーション分析によって比較するとともに、試合前に競技不安尺度の質問紙（DM-CSAI2）を行うようにプレーヤーに依頼した。試合後、プレーヤーは練習試合と公式戦の中での経験についてインタビューを受けた。

Lupoら（2012）はタイムモーション分析と生理学的な測定方法を使って、ウォーターバスケット[*7]の負荷を評価した。Larkinら（2011）はオーストラリアンフットボール[*8]について、プレーヤーと審判のゲーム理解力テストに含むべきゲーム状況を特定するために、パフォーマンス分析を用いて研究を行った。その方法は予測作業といった枠組みの中で使われ、プレーヤーとアンパイヤーによって用いられるテスト手続きに発展した。Robinsonら（2011）は、FAプレミアリーグサッカーにおいて、プレーヤーの動きに関連したリスクについて3つの方法を用いた研究を行った。タイムモーション分析に人体測定学的な測定と外傷・障害歴のデータを加え、3つの観点から分析した。左方向、右方向、V-カットの鋭い方向転換の回数をプレーヤーあたり6試合以上にわたって分析し、けがにより試合やトレーニングができなかったプレーヤーと、そうでないプレーヤーとの間で比較した。その結果、背が高く体重の重いプレーヤーは、背が低く軽量のプ

＊5　**ネットボール**：バスケットボールから派生した球技で、1チーム7人で行う。プレーヤーは女子に限られていることと、プレーヤーの行動範囲が一定区域だけに制限されていることの2つがバスケットボールと大きく異なる。

＊6　**タイムモーション分析**：試合でのパフォーマンスを歩行やスプリントなどの単純な運動に還元して頻度、速度、距離などを計測するスポーツパフォーマンス分析の1つの手法。

＊7　**ウォーターバスケット**：バスケットボールと水球をミックスしたゲーム。1チーム5人で、プールに浮かべたバスケットリングにボールを投げ込み得点を競う。

＊8　**オーストラリアンフットボール**：1チーム18人で、1クォーター20分の4クォーター制で行われるオーストラリア発祥のゲーム。楕円形のクリケット場に4本の柱を立てて、中央2本の柱の間にボールを蹴り込むと6点、左右の柱の間にボールを蹴り込むと1点となる。

レーヤーよりも方向転換の回数が少ない傾向にあることが見出されている。

ここでは、スポーツパフォーマンス分析の審判やメディアの領域への応用といった側面には言及しなかった。しかし、これらについては、「誰が」スポーツパフォーマンス分析を用いるのかということを考える際（後掲：❺）に扱うことになるだろう。

❸スポーツパフォーマンスにおいて何を分析するのか

スポーツパフォーマンス分析が何かということと、その幅広い応用目的を考慮することに加え、パフォーマンスのどの側面を分析するのかということを考慮する必要がある。これが3番目の「何」である。スポーツのパフォーマンス分析の目的には以下の5つがある（Hughes, 1998; O'Donoghue, 2010）。

- 技術の分析
- 有効性の分析
- 戦術の分析
- 動きの分析
- 意思決定の分析

技術の分析は、アスリートによって行われるスキルの力学的な詳細を検討する。これによって、技術における欠陥が発見できるようになり、準備の間や障害からのリハビリテーションの間に技術の変化がモニタリングできるようになる。

有効性は、スキルの遂行レベルで評価することができ（技術的有効性）、より広く捉えると一連のプレー経過のなかで評価することができる（戦術的有効性）。技術的有効性は、遂行されたスキルと、それがどれだけ優れた結果をもたらしたかを検討する。これは、技術的動きの詳細を分析することなく、スキルが効果的に遂行されたか否かに大まかに分類される。技術的有効性は効果的に遂行されたスキルの比率で表現することができ、それは例えばチームゲームではパスの成功率であったり、ラケットスポーツではサービスの成功率であったりする。具体的には、「あるプレーヤーはショートパスの成功率は80％で、ロングパスの成功率は64％であった」というように表現される。注意すべきは、大まかにパスの有効性を見ている時は、パスの技術の詳細は考慮していないということである。同様に、「あるテニスプレーヤーがフラットサービス[*9]を使う時にはポイント[*10]の取得が65％であり、キックサービス[*11]の時は60％、スライスサービス[*12]の時は

＊9　**フラットサービス**：テニスでボールに極力回転をかけず、スピードを重視して打ち抜くサービス。

＊10　**ポイント**：テニスでポイントとは、サービスに続きボールがデッドになるまでの一続きの最少単位のプレーのことを指す。そして、そのプレーに勝つと1ポイントを取得することになる。テニスの得点システムは、大まかに言うと、4ポイントを先取したら1ゲームを取得し、6ゲームを先取したら1セットを取得し、2セットあるいは3セットを取得すると試合に勝利することになる。

＊11　**キックサービス**：テニスでボールに強く回転をかけて、相手コートで大きく右（右利きの場合）に跳ね上がるように打つサービス。

＊12　**スライスサービス**：テニスでボールに横回転のスピンをかけて、相手コートでバウンド後に低く左（右利きの場合）に曲がっていくサービス。

55％であった」というように表現される。ここでは、再度言うがサービスの技術の詳細についてはまったく記述されていない。技術的有効性の分析は、直接、技術のより詳細な分析を活用することに結びつく可能性がある（Bartlett, 2002）。例えば、あるプレーヤーのキックサービスが、ポイント取得の確率が低いということを見つけたとしたら、それを詳細に検討してみようと意思決定をするかもしれない。これにはキックサービスの技術を詳細に分析することが含まれる。サッカーでは単純ではなく、80％のショートパスの成功率よりも、64％のロングパスの成功率の方が良いパフォーマンスかもしれない。というのは、もし2本のショートパスが1本のロングパスと同等であるとすると、2本のショートパスが連続で成功する確率は80％×80％、つまり64％となる（1本のロングパスを使った場合と同じ成功率）。より多くのプレーが関与するプレー経過の有効性も分析することが可能である。このプレー経過は、異なるプレーヤーによる多様なスキルによって構成される。多くのプレーが関与するポゼッション＊13も種類別に、獲得したテリトリー（ピッチ上の地域）あるいは生み出された得点機会の見地からその有効性が評価される。

戦術の評価では、チームやプレーヤーによって下された戦術的決定とより大きな戦略を分析する間接的な方法として、観察的な分析方法が一般に用いられてきた。遂行されたスキル、イベント＊14が起きた位置、タイミング、そして関与しているプレーヤーに基づいてイベントのパターンを分析することにより、そこで用いられた戦術を描写することが可能になる。テニスプレーヤーが攻撃でネットに出る時、それは基本的にはそうさせる戦術的決定が働いている。試合中に観察したことに基づいて、戦術的決定に関する推論をする。一般に戦術を評価しながら有効性が分析される。すなわち、プレーヤーまたはチームが何を選択したかだけが重要なのではなく、その戦術選択をどのくらい良く遂行できたかも重要なのである。これによって、有効性という観点から戦術の選択肢を比較することが可能になる。表1.1は、ノルウェーのサッカーチームの自陣からの攻撃の得点機会についてのデータである（Olsen and Larsen, 1997）。ノルウェーは素早い直線的な攻撃を非常に効果的に使う、カウンターアタックに定評のあるチームであった。表1.1はノルウェーの最も生産的な攻撃は最も実施回数の少ない攻撃（ビルドアップアタック）であったことを示している。これは1990年代のノルウェーのサッカー研究者たちにとっては実際、驚きであった（しかしながら、そのデータは他ならぬEgil Olsen氏、つまりその時のノルウェーのヘッドコーチの共著書が出典である）。ノルウェーの異なる攻撃スタイルの生産性をより完全に理解するために、得点機会に結びついた回数だけでなく、各攻撃方法の実施回数の合計を知ることは興味深いことであろう。

動きの分析は、技術、戦術、ワークレートと関連のある用語である。技術を分析する時は、関節と体節の詳細な分析が行われる。戦術を分析する時は、アドバンテージのある位置を得るという戦術的な理由からプレーヤーが行う動きが分析される。タイムモーション分析では、動きとはプレーヤーによる移動運動のことであり、どのような体力的要求がゲームにあるかが示される。タイムモーション分析にはいくつもの方法がある。ひとつは、異なる種類の動きごとに試合時間

＊13 **ポゼッション**：一方のチームがボールを保持している状態。
＊14 **イベント**：競技中に出現すると想定される分析対象の事象行動。

表1.1　1994年におけるノルウェーの自陣からの攻撃

攻撃の種類	ゴールに至らなかった場合	ゴール	合　計	ゴール成功率
ロングキックを使ってゴールに向かう攻撃	16	4	20	20.0%
縦パスやドリブルで素早くゴールに向かう攻撃	18	10	28	35.7%
ゆっくりとプレーを組み立てながらゴールに向かう攻撃（ビルドアップアタック）	3	8	11	72.7%

を分布させる方法である。ワークとレストのように大まかに2つの種類に分けることもできれば(O'Donoghue et al., 2005a/b)、より一般的なものでは7～12の種類に分けることもあり(Reilly and Thomas, 1976; Withers et al., 1982)、さらに、まっすぐか弧を描くか、プレーヤーがどちらの方向を向いている動きか、ターンやスワーブ（湾曲状の方向変換）の動きなど、もっと詳細に動きを分類することもある（Bloomfield et al., 2004)。動きの分析の別の方法では、プレーヤーの位置を追跡し、速度を求めたり、異なる速度幅ごとの移動距離を求めたりする。このような移動距離の分析には、GPS（全地球測位システム）からの自動追跡データや（Coutts and Duffield, 2010)、画像処理を用いた半自動追跡データを用いることができる（Gregson et al., 2010)。

意思決定には、プレーヤーによる戦術の選択が含まれる。O'Donoghue（2010）がなぜ意思決定について別のカテゴリーを用いたのか、その理由は試合を取り仕切る審判による意思決定を併せて扱うためであった。

前掲したスポーツパフォーマンス分析の5つの目的のそれぞれの中には、異なる下位側面とより詳細な変数があり、それらを検討することができる。スポーツパフォーマンス分析システムを開発する上での鍵となる作業の1つは、必要とされる情報を定義することである。本書では、データと情報という言葉は異なる意味を示す。「データ」とは分析のプロセスにおいてインプットされるものであり、アウトプットとして生み出された「情報」という形に結実する。分析すべきスポーツの適切かつ重要な側面の選択は、どんなシステムの正当性にとっても決定的に重要なことである。アナリストは、選択されたスポーツの側面について、観察可能で測定可能なパフォーマンス特性を用いて操作的定義*15を与える手続き（操作化）が必要となる。変数がシステムからアウトプット可能なように工夫され、様々な意思決定を支援するために用いられる。必要とされる情報は、パフォーマンスからどのような生データを収集しなくてはならないかと、それらをどう蓄積し処理すべきかということを規定する。分析システムを開発するプロセスは第4章で述べるが、そこではどのように変数を定義するかが含まれている。本章の後半で、本書の全体を通じてスポーツパフォーマンス分析の異なる側面を示すために使われる2つの例（試合分析とワークレート分析）を取り上げている。これらの2つの例から、現場の意思決定を支援するために、よ

＊15 **操作的定義**：例えば体力とは体力テストで測定されるものと定義するように、研究対象の概念を測定操作の手続きによって定義すること。

り抽象的で簡潔な形に変えてスポーツパフォーマンスの複雑さを低減することへの洞察が得られるであろう。

❹なぜスポーツパフォーマンス分析を行うのか

アスリートとコーチは、様々な準備について意思決定を行っており、それは根拠に裏付けられる必要がある。彼らは注意を必要とするパフォーマンスの側面、効果的に遂行できる戦術、そして対戦相手の強みと弱みを理解する必要がある。スポーツパフォーマンス分析は、コーチ、ハイパフォーマンスディレクター、そしてその他のユーザーに、スポーツパフォーマンスについての妥当で正確で信頼するに足る情報を供給するために用いられる。この情報はコーチやアスリートが下さなくてはならない多くの種類の意思決定を助ける。パフォーマンス分析サポートの利用は、コーチやその他の観察者が自分の観察だけに頼ろうとしている時、その限定された記憶を乗り越える助けになる。サッカーにおいても、コーチの記憶は決定的に重要な問題の45％以下に限定されることが分かっている（Franks and Miller, 1986）。UEFA（欧州サッカー連盟）の最近の研究によると、プロのライセンスを持ったコーチでは、この割合が59％まで上がることが分かっている（Laird and Waters, 2008）。しかし、記憶というものはそれでもなお不完全であり、偏見と誤解を受けやすいだけでなく、不正確でもありうる（Cohen et al., 2011: 211）。

一般に、感情は観察による評価に影響を与える可能性がある。競技スポーツにおけるパフォーマンスは、感情が観察者の認識の正確性に影響を与えることを示す明確な例である。試合後にテレビで録画を見ることができるサッカーの試合をライブ観戦に行った時、このことを自ら経験できるであろう。試合をライブ観戦している時は、あなたは鍵になるレフェリーの判定を、それが正しいと思っているかどうか、またサポーターがそれに対してどのように反応したかどうかを含めて見ているはずである。そのあとで、試合の録画、とりわけ、サポーターの大部分がレフェリーに特に賛同しなかったことを覚えている場面を見てみよう。そのレフェリーの判断は、ゲームのルールに従うと正しかったのだろうか。もし正しかったならば、そんなにも多くのサポーターが正しくなかったということがあるだろうか。彼らは周りにいる他のサポーターの反応に影響を受けたのだろうか。彼らは自分の応援するチームに不利な判定に敵意を表すことで、レフェリーにプレッシャーをかけようとしていたのだろうか。サポーターたちは、相手チームに不利な判定に対しても、同じように声をあげたのだろうか。サポーターからの先入観はあったのか。そうであれば、それが観戦行動の感情的な側面によって悪化させられたのだろうか。

著者自身の経験から感情による影響があった例を述べてみよう。それは、会場でライブで見ていたボクシングの試合であった。著者は、自分が応援していたボクサーが、テクニカルノックアウトで勝利を収めた第8ラウンドまでずっとポイントでリードされていると考えていた。数週間後、試合の結果を知った上で、著者はもう一度試合の全てを録画映像で見直し、このボクサーが試合の最初からゆうゆうとリードしていたことを知った。偏見のない立場のテレビ解説者も、そのボクサーがテクニカルノックアウトで勝利するまでずっとリードしているとみていた。

先に示した表1.1は、サッカーのノルウェーチームの異なる攻撃スタイルの有効性についての誤解をスポーツパフォーマンス分析がどのようにして暴露することができるかという例である。スポーツパフォーマンス分析は、このような誤解や、記憶の限界、感情的な偏見を克服するための情報を提供する。スポーツパフォーマンス分析は客観的であることを目的とし、より効果的な意思決定を支援するためにフィードバックの過程の中で活用される。

❺スポーツパフォーマンス分析を使うのは誰か

スポーツパフォーマンス分析は、第一にコーチングとの関わりの中で、プレーヤーにフィードバックを与え、トレーニングの方向性を定め、パフォーマンスを向上させるために用いられる。パフォーマンスに関するデータはまた、ハイパフォーマンスディレクターによって、資金調達の優先順位をつけるために用いられることもある（Leyshon, 2012; Wiltshire, 2013）。コーチの育成という、スポーツパフォーマンス分析の他の応用分野もある（O'Donoghue and Mayes, 2013b）。コーチは、コーチング活動中の自分の行動を収録してもらい、自分のコーチングスタイルを振り返り、改善できる側面を特定する機会を持てる。コーチにマイクロフォンを取り付け、その声をトレーニングフィールド上ではない別の場所から撮影しているビデオカメラに送信する。実際、複数のカメラを使って、トレーニングエリアを広く撮ることやコーチをクローズアップで撮影することが可能となる。そうして撮影された2つの映像は、実行されたコーチング行動に基づいてタグ付け*16され、分割したビデオ画像で提供することができる（Brown and O'Donoghue, 2008）。このようなコーチへのフィードバックは、彼らのキャリアの様々なステージにおいて、反省的実践*17の過程の中で用いることができる（Schön, 1983）。

レフェリーのパフォーマンスはメディアに吟味され、スポーツ競技団体によってモニタリングされている。レフェリーについては判定の正確性（Rose-Doherty and O'Donoghue, 2012）だけでなくワークレート（D'Ottavio and Gastagna, 2001; Mizohata et al., 2009）が研究の中で検討されている。審判をする過程は、多くの場合イベントに関して様々な状況を考慮する重要な観察を伴っている（Mellick, 2005; Kirkbride, 2013a）。サッカーのレフェリーとアシスタントレフェリーは試合を実際にライブで観察し、プレーを追い、プレーヤーがゲームのルールに照らして何をしているかを分析する（Coleclough, 2013）。アマチュアボクシングのジャッジは試合をライブで見て、試合中に2人のボクサーの有効打と判断したものを赤と青のボタンで入力する（Mullan and O'Donoghue, 2001）。この中には、パンチを観察することと、アマチュアボクシングで有効打とされるパンチの基準に照らして有効か否かを考慮することが含まれる。もちろん、サッカーのレフェリーとボクシングのジャッジはアナリストではない。彼らはレフェリーであり、ジャッジである。しかし、彼らの行動には疑いもなく、ゲームの進行のため、得点の記録のためにパフォーマンスを分析することが含まれている。彼らはアスリートが下した戦術的決定の的確さ、アスリートの技術の力学、アスリートのワークレートには関心がない。しかし、審判をするという彼らの役割において必要となるパフォーマンスの側面を分析している。ボクシングの

＊16 **タグ付け**：ビデオのシークエンス（場面）にタグ（目印）を付加すること。
＊17 **反省的実践**：実践中においては内省しながら、実践後はそれを振り返りながら改善・実施すること。

ジャッジや、アイススケート、体操競技、トランポリンのような競技種目のジャッジは、アナリストが通常行っているようなデータ収集作業に類似した活動をアスリートのパフォーマンス中に行っているのである（Di Felice and Marcora, 2013; Johns and Brouner, 2013）。

パフォーマンス分析には、メディアへの応用もある（James, 2008; Kirkbride, 2013b）。テレビ局はスポーツ報道を補完するために、これまで解説や試合の休止時の専門家の分析、そして試合の鍵となる側面を視聴者により良く理解させる形式での試合データを提示してきた。サッカーの試合中に示されるスタッツには、テリトリー、ポゼッション、ファウルプレー、得点機会といった統計値が含まれている。また、テニスのようなスポーツでは、試合のスタッツは、コートの図上に表示されたサービスの方向の分類、ポイントの種類ごとの円グラフ、ポイント取得率を種類ごとに両プレーヤーで比較した棒グラフや表などが含まれる。

❻スポーツパフォーマンス分析をどこで行うのか

スポーツパフォーマンス分析にはいくつかのフェイズがある。すなわち、データの収集、データの分析、コーチやプレーヤーとの情報のコミュニケーションである。これらの作業は様々な場所で行われる。データの収集は、試合のビデオ映像の収録だけでなく、アスリートによるスキル遂行の収録も含んでいる（Hughes, 2008; O'Donoghue, 2013a）。著者は、1994年からパフォーマンス分析の仕事に取り組んでおり、実際に以下に示す場所でデータを収集してきた。

- 試合の会場（室内または室外）
- 自宅（テレビでの生放送または録画放送）
- 自宅でビデオを再生しながら
- 試合会場から家に帰るまでの間のバス、飛行機、列車の中、空港のラウンジ
- 遠征チームに同行している時のホテル
- 全ての機材が整ったパフォーマンス分析室
- 大学の個人研究室

データがパフォーマンス分析システムに入力されると、上記のような場所での分析が可能になり、著者もこれまでこれらの場所でスポーツパフォーマンスデータを分析してきた。

インターネットのテクノロジーは、アナリストが遠征チームに同行しなくても、遠征メンバーをサポートできるようにしてくれた。アナリストは放送された映像を用いて離れたところで分析を行い、分析レポートをEメールで送り、そして補完的なビデオクリップ（短時間のビデオファイル）を送るためにドロップボックス（クラウド上のファイル共有オンラインストレージサービス）を使うことによりアナリストとしての仕事をすることができる。

プレーヤーへ情報を伝達する際には、そのフィードバックが確実に有効なものになるよう特別な配慮が必要になる。特にもしそのフィードバックが当該のプレーヤーのプレーの重大な側面に関わっている場合は、プレーヤーにフィードバックが与えられる環境が心地よいものでなくては

ならない。試合のブリーフィング*18やデブリーフィング*18は、プレーヤーへの効果的な情報の伝達のために整えられたミーティングルームにおいて、あるいは、分析結果のプレゼンテーションとそれに関連したコーチとプレーヤーの話し合いのために設備が整えられたパフォーマンス分析室において行うことができる。遠征の時には、チーム内のグループがフィードバックを見てパフォーマンスについて議論をするためにホテルの部屋が使われている。プレーヤーの中には、移動時間を使って、パフォーマンス分析の結果として特定されたビデオシークエンス（1つの意味を持った一連のビデオ映像）を見る者もいる。著者の経験では、ロッカールームはモチベーションを高める目的でフィードバックを与えるためのもう1つの場所である。

❼スポーツパフォーマンス分析を行うのはいつか

スポーツパフォーマンスに関する活動を行っているアナリストに、試合中や試合と試合の間でのアナリストの仕事を詳細に説明してほしいと尋ねたら、通常、試合から試合の各サイクルにおいて同じ過程は起こらないと教えてくれるだろう。ある試合とまた別の試合の準備には、まったく別の情報やフォーカスすべき領域があるのかもしれない。しかし、行うべき作業におけるバリエーションとともに、頻繁に用いられる一般的な過程もある。システムが開発され実行に移されれば、スポーツパフォーマンス分析はデータの収集、分析、そしてコーチとプレーヤーへの情報伝達といった段階を踏むようになる。これらの段階は、試合の時間的観点から見ると、分析の目的により異なるタイミングで実施されることになる。おおまかに分類すれば、スポーツパフォーマンス分析にはリアルタイム分析と試合後の分析がある。

リアルタイム分析は、試合が行われている時にデータが入力され、試合中にコーチやプレーヤーに対して情報を伝えることが可能になる。Sportscode*19のスタッツウィンドウ*20(O'Donoghue, 2013a）は、実行可能なスクリプト*21を使って、ユーザーによって入力されたデータを処理し、それをアウトプットウィンドウに送ってコーチの持っているワイヤレスデバイスに表示させることができる。例えば、そのようなシステムは見通しの良いカメラの設置場所で仕事をしているアナリストによって用いられ、試合中にコーチはライブの分析スタッツをiPadやiPhoneで受け取ることができる。今日のテクノロジーでは、交代要員のプレーヤーに試合の映像を遅延再生で見せることもできる。これは交代して試合に出て行く前に対戦相手のプレーを理解することに役立つことになる。

他にも、競技場で競技者にライブで供給される多くのフィードバックの例がある。フォーミュラワン自動車レースの報道では、競技中の判断のために広範なデータが使われているところを見るに違いない。もっと初歩的なレベルでは、筆者のような一般人でも、行きつけのジムでエクササイズ中にフィードバックを受けることができる。最近では、ローイングマシンでのエクササイ

---

*18 **ブリーフィング、デブリーフィング**：ブリーフィングとは練習・試合に際して事前に行われる分析結果の簡潔な報告を指し、デブリーフィングとは練習・試合後に行われる分析結果の簡潔な報告を指す。

*19 **Sportscode**：Hudl社が開発・販売しているスポーツビデオ分析用パッケージソフトウェア。

*20 **スタッツウィンドウ**：Sportscodeの機能で、タグ情報から計算された様々な統計値を出力、表示するためのウィンドウ。

*21 **スクリプト**：Sportscodeの機能で、タグ情報から統計値を計算するためのプログラム言語。

ズ中に、友達に携帯電話で映像を撮ってもらったこともあった。これによって、技術上の欠点と、それをどうすれば改善できるかということについて議論をすることができた。

他方、試合後の分析では、試合後にデータが分析され情報がプレーヤーに伝えられる。リアルタイム分析よりも時間に余裕がある分、より詳細な分析が可能になる。リアルタイム分析と試合後の分析の両方を兼ね備えたシステムもある。このようなシステムでは、いくつかの決定的に重要なデータを試合中に収集し、それらのデータに、より詳細な追加データを合わせて試合後に編集する。いつデータを収集し分析するかは、通常、データが使われる目的によって決まってくる。

スポーツパフォーマンス分析の多様な応用場面を考えると、様々なタイミングで様々な分析が求められることが分かる。例えば、コーチングの場面では、次の試合前もしくは次のトレーニングセッション前に分析結果の報告が求められる。特別重要な対戦相手との試合が次に控えている時は、複数の過去の試合をまとめたより深い分析が求められることもある。プレーヤー、チーム、対戦相手の継続的なモニタリングによってデータベースを作り上げていれば、いざという時に情報を引き出すことができる。

メディアへの応用という分野では、分析活動のために許される時間規模により必要となる技術的資源や人的資源が示唆されることから、議論するのに興味深い分野である。試合のテレビ中継では、ハーフタイムのインターバルの間や、ゲームが終わった直後に統計的な情報とそれに関連するビデオ映像が必要とされる。テレビ中継が終わる時、制作者等のクレジットと音楽とともに試合のハイライトが流れているところを考えてみよう。これはモチベーションビデオを作る作業に似ているが、試合が終わろうとしている時に準備する必要がある。メディアの技術者はおそらく、試合が行われている間に候補となるビデオクリップを選び、また使われる映像の長さに合わせた3つないし4つの楽曲の最終候補も用意する。クレジットはおそらく、いくつか特定の謝辞を含むことが標準的であろうし、試合が始まる前にそれを用意することもできる。ビデオはチームがピッチに出てくるところのクリップから始まることになるだろうが、それは技術者がビデオ作成をする際の良いスタート映像となるはずである。

印刷メディアのための分析では、特定の発行日に間に合わせるため記事に厳しい締め切りがある。新聞のコラムでは、その日の試合から、記事、写真、そして関連の分析結果が用意されているであろう。記者たちは自分自身では試合を数量的に分析しないであろうが、公式に入手できる試合のスタッツを利用したり、Opta™ (www.optasports.com) のような会社にスポーツパフォーマンス分析を下請け委託している。

試合の統計は、大会のオフィシャルサイトだけでなく、チームやクラブのウェブサイトでも公開される。これらの統計はしばしば試合がまだ行われている最中にも配信され、テレビ局や新聞社、そして個人でも利用することが可能である。IBMはグランドスラムトーナメントにおけるテニスの試合の統計を供給している。テニスは試合中、各ポイント間で20秒のインターバルがあり、ゲーム間やセット間にはさらに長いインターバルがあるので、試合中にプレーの分析をするには理想的なスポーツである。グランドスラムトーナメントで働いているアナリストは、試合を見ながら、手のひらサイズの端末装置でポイントの詳細を入力することができる。最近では、そのようなデータをインフォテインメント*22のために提供するというビジネスが生み出されている（Kirkbride, 2013b）。利用者は携帯電話やタブレットなどの端末装置を使って、このような情報にアクセスできる。その情報を個人の興味から見る人もいれば、試合の賭けの判断材料に使う人もいる。ブックメーカーは今ではインターネットのサイトを運営し、試合中に携帯型端末装置を使ってアクセスしてライブで賭けを行うことができるようになっている。このことはライブでのスポーツパフォーマンスのデータのマーケットを助長し、分析に関するより多くの雇用を創出してきた。

ウェブサイトで提供されるデータを重要な目的のために使う前にはいつも、提供者とは別に独立した形でデータの信頼性が証明されなければならない。実際には各パフォーマンス変数の定義があいまいな場合があるかもしれない。各パフォーマンス変数の定義はデータを収集するアナリストのトレーニングコースの中では与えられるかもしれないが、結果として生まれる情報の利用者には公に提供されないことが普通である。

学術的なパフォーマンス分析活動がいつ行われるかということも、目的によって左右される。一般には、結果は試合後すぐには求められない。そのかわりに、試合は録画され、平均的な試合結果を提供するためにさらに要約的な分析が行われる。この分析は、レポート提出の締め切りに間に合う範囲内で、十分時間をかけて行う必要がある。学術的なパフォーマンス分析は、独立した研究プロジェクトにおいてだけでなく、大学のコースワークとしても行われる。学生は授業期間の間に、専門的な仕事との関わりの中でスポーツパフォーマンス分析の性質をより現実に即した形で反映させた実践演習に取り組むかもしれない。しかしその際のパフォーマンス分析の規模は、学生がフルタイムのアナリストではなく、他の授業も取らなくてはならないために限られたものになるであろう。

研究が盛んな大学の研究者たちは、学会大会で発表をするために、あるいは学術誌へ論文を投稿・掲載するためにスポーツパフォーマンス分析の研究を行う。学会で研究発表を行う場合は、学会大会の実行委員会が設定した締め切りの前に、主要な知見を含んだ研究の抄録が用意できるように分析を行わなくてはならない。さらに詳細な分析や、スライド・ポスターの作成は学会大会前に行うことができる。学会大会の中には、例えば「科学とフットボール」学会大会のように、冊子として出版されるプロシーディングス（講演要旨集）を作るところもある（Nunome et al., 2013）。スポーツパフォーマンス分析学会の国際大会は1992年から2012年までの間に9度開催され、最近の学会大会のプロシーディングスは、41章から成る本として出版された（Peters and O'Donoghue, 2013）。このようなプロシーディングスに含まれる各章の原稿を提出する際には、締め切りが設定されるであろう。その他、学会大会によっては、学会大会中に参加者が使えるプロシーディングスの冊子を作成する場合もある。この場合、大会後にプロシーディングスを作る場合に比べて、よりタイトな締め切りが要求される。他方で学術誌の論文掲載には、このようなタイトな締め切りはない。というのは、もし論文の査読、修正、編集が特定の号に間に合

*22 **インフォテインメント**：インフォメーションとエンターテインメントを組み合わせた造語で、情報・娯楽の両要素の提供を実現するシステムのこと。

わなかったとしても、その論文は次の号に掲載されるチャンスがあるからである。

上記の例は、いずれも標準的な情報要求とデータソースがある場合の安定した分析過程が存在している状況に関わるものである。しかしながら、実際にはほとんどのアナリストは、コーチやその他のカスタマーからの様々な要求に合うように継続的にシステムの開発と改変を行っている。システムの小さな改変は、情報要求が変わろうとする時、または変わった時に行われる。より大きな改変を行うタイミングは、アナリストが関わっている特定のスポーツのシーズンが終わり、次のシーズンが始まるまでの数ヶ月の間に限られる。プロのサッカークラブにスポーツパフォーマンス分析を提供するような会社にとっては、シーズンが終わってから次のシーズンが始まるまでに、製品の開発に着手できる時間は非常に限られている。というのは、例えばヨーロッパのクラブトーナメントの予選は主要な国際トーナメントが終わってすぐに始まってしまうからである。

❽スポーツパフォーマンス分析はどのように行うのか、その方法について

「どのようにしてスポーツパフォーマンス分析を行うのか」という問いに答えるためには、そこで使われる方法を検討しなくてはならない。スポーツパフォーマンス分析の世界はこの30年で大きく発展した。その結果、適用される方法も広がった。1980年代、スポーツパフォーマンス分析という単語は関係者の中で実際には使われておらず、その方法は記述分析法に限られていた。コンピュータを用いたシステムが出現し、手書きの記録がファンクションキー*23や画面上のグラフィカルユーザーインターフェース*24（GUI）のボタンに置き換わっても、「コンピュータを用いた記述分析」という言い方がなされてきた。実際、この分野の専門機関は国際スポーツ記述分析学会（International Society of Notational Analysis of Sport）であったし、最初の3回の国際学会大会（1992年バートン・マナー、1994年リバプール、1996年アンタルヤ）の名称も国際記述分析学会大会であった。1998年のポルトで開催された第4回大会での基調講演において、この分野のより適切な用語として「パフォーマンス分析」を提唱したのはKeith Lyonsであった。この基調講演ではまた、パフォーマンス分析がスポーツ科学の中心に位置付くものであり、周辺にあるものではないということが提唱された。HughesとBartlett（2004, 2008）はその著書において、パフォーマンス分析がバイオメカニクスと記述分析の2つから成り立っているとした。その後、O'Donoghue（2010）は、スポーツパフォーマンス分析によってカバーされる、より広範な一連の方法を提案した。また、「パフォーマンス分析」がスポーツだけに限らず、いろいろな分野で使われるようになったことが認識されて、2010年前後には「パフォーマンス分析」に代わって「スポーツパフォーマンス分析」という用語が使われ始めた。本章の前半ですでに議論されたように、実験室での研究には試合の場で分析ができない重要なスキルを分析するという役割はあるが、実際のパフォーマンスを分析することがスポーツパフォーマンス分析である。スポーツパフォーマンス分析では質的な観察的方法が用いられるが、それは記述分析者の仕

＊23 **ファンクションキー**：ソフトウエアにより特定の機能が割り当てられるコンピュータキーボード上のキー。

＊24 **グラフィカルユーザーインターフェース**：画面にアイコンや画像を多用し、操作にマウスのようなポインティングデバイスを用いたコンピュータの入力方式。

事より前から存在する。そして、より客観的で、量的な方法も用いられる。現在ではビデオ映像が組み込まれたコンピュータによる試合分析が一般的だが、しかし今でも、特に撮影が許されていない場合には手作業による記録方法が採られている。本書には技術の詳細な分析は含まれていない。それは、同じシリーズの他の本で扱われる。本書で扱われる主な方法は、手作業の記述分析（第5、6章)、コンピュータによる試合分析（第7、8章)、そしてコンピュータによるタイムモーション分析（第7～9章）である。

2. スポーツパフォーマンス分析の2つの大きな目的

❶試合分析

スポーツパフォーマンス分析の主要な応用分野とその目的は、本章の前半で議論された。この節では、スポーツパフォーマンス分析の2つの大きな目的について、本書を通じて使われることになる具体例で補足しながら詳しく解説する。1つ目の目的は、試合の分析であり、これはテニスにおけるサービス戦略の例を使って説明する。試合分析は球技の分析に使われ、それぞれのプレーについてのデータが含まれる。例えば、サッカーの試合のデータとしては、試合で起きた各イベントについて記録が取られる。すなわち、プレーの種類（パス、シュート、タックルなど)、プレーを遂行したチーム、プレーを遂行したプレーヤー、プレーが起きたピッチの位置（分析のためにピッチを9分割することが多い)、プレーが生じた時間、プレーの結果（成功、不成功）などが記録される。これらのデータは、チームまたはプレーヤーがそれぞれのプレーをどのくらいうまく遂行できたかを示すために分析される。この種の分析はまた、試合の時間帯やピッチの場所という観点からも分析できる。これは技術的有効性を分析する例である。なぜならば、使われた技術の詳細には言及されないが、プレーが遂行された際の成功、不成功が分析されるからである。これらのデータは、戦術的な分析にも用いられる。もしあるチームが他のチームよりも左右のサイドを多く使ってプレーしようと決めたなら、サイドを使ったイベントの頻度は、その戦術的決定を反映することになるだろう。ここで、テニスのサービスを例にして説明をしたい。表1.2は実際の試合での結果である。今問題にしている試合は2012年のUSオープンの男子シングルス決勝、アンディ・マレー選手とノバク・ジョコビッチ選手の試合である。

表1.2 2012年USオープン男子シングルス決勝における異なるコートエリアへのサービスからのポイント取得の比率（ポイント取得数／サービス数を示す） (www.usopen.org, accessed 31 December 2012)

		デュースコート			アドバンテージコート		
		左	中央	右	左	中央	右
アンディ・マレー	ファーストサービス	20/28	4/13	7/7	11/22	10/14	9/14
	セカンドサービス	0/1	15/28	1/2	0/1	8/14	1/2
ノバク・ジョコビッチ	ファーストサービス	11/20	8/14	15/21	11/19	5/11	15/18
	セカンドサービス	4/7	9/19	0/1	1/4	11/24	1/2

表1.2はダブルフォルトを除く、全てのポイントを示している。各ポイントについて以下のデータが記録されている。

- サービスをしたプレーヤーは誰か
- ポイントの始まりはファーストサービスからか、セカンドサービスからか
- 相手のデュースコート*25へのサービスか、アドバンテージコート*25へのサービスか
- もしサービスが入った場合、ボールが着地したのは3分割（左、中央、右）されたサービスボックス*26のどのエリアか
- サービスをしたプレーヤーがポイントを取得したか否か

このシンプルな分析は、それぞれのポイントにおいてプレーされたグラウンドストロークまたはボレーに関する情報を含んでいない。どちらのプレーヤーがネットに出てきたか、ポイント取得はウィナー*27によるものか相手のエラーによるものか、エラーはフォーストエラー*28かアンフォーストエラー*29かなどの情報は含まれていない。しかしながら、このようなシンプルな分析でさえも、それぞれ2人のプレーヤーのパフォーマンスに関して洞察を与えてくれ、そのことは将来の試合に向けての準備について意思決定を下す際の根拠となる。マレー選手のファーストサービス時のパフォーマンスを見てみると、デュースコートへもアドバンテージコートへも左サイド（ジョコビッチ選手のフォアハンド側）にサービスをすることが多かったが、右サイドにサービスをする時の方がポイント取得率が高い。そこで、「どうしてもっと右サイドへサービスをしなかったのか」といった疑問が出てくるだろう。ジョコビッチ選手のファーストサービスはデュースコート、アドバンテージコートのどちらでも、左サイドと右サイド、同じくらいの数を示している。しかしながら、マレー選手と同様に、ジョコビッチ選手も右サイド（マレー選手のバックハンド側）にサービスをした時の方がポイント取得率が高い。そこで、彼はもっと右サイドにサービスをするべきではなかったかと推察することができる。表1.2の結果を精査して、右サイドにもっと多くのサービスをすることよりも、左サイドのサービスをもっと有効なものにする必要があると結論づけることも可能である。これによって、コーチとプレーヤーは、左サイドにサービスをする時にどのようにすれば有効性を改善できるかを明らかにするために、サービス動作に関するビデオ映像の分析に集中することになる。また、どちらのプレーヤーもセカンドサービスではサービスボックスの中央エリアにサービスをするという似通った戦略を採っていた。表1.2では、例えば1/4＝25％というようにパーセンテージを度数と共に記載することもできる。この際には、もし失った3つのポイントのうち1つを取っていたら、パーセンテージは50％にも上がるという

＊25 **デュースコート、アドバンテージコート**：自陣コートのネットに向かって右半分をデュースコート、逆の左半分をアドバンテージコートと称する。
＊26 **サービスボックス**：テニスコートの中でサービスライン、センターサービスライン、サイドライン（シングルス）に囲まれたエリア。サービスはこのエリアに入れなければフォルトになる。
＊27 **ウィナー**：テニスのラリーで相手のラケットがボールに触れることなく決まったショット。
＊28 **フォーストエラー**：テニスで相手の打ったボールが良かったために起きてしまったミス、つまり仕方がないエラー。
＊29 **アンフォーストエラー**：テニスで相手の打ったボールが難しくないのに犯してしまったミス、つまり自己に原因があるエラー。

ことを認識しておく必要がある。イベントの度数が少ない場合、パーセンテージが不適切に判断されることが時々ある。このテニスのサービスの例は、第6章と第8章においても例として使われ、その際には、どのような種類のサービスであったか、すなわちフラットサービス、キックサービス、スライスサービスといった追加の変数が加えられる。

❷ワークレート分析

ワークレート分析とは、観察的な手法を用いてスポーツの身体的な要求を分析するものである。この分野には、ワークレート分析、タイムモーション分析、ムーブメント分析といったいくつかの異なる名称が使われる。最近の学術誌や本にはワークレート分析に関するレビューを記載したものがある。この分野の研究に関する主な二次的資料として、CarlingとBloomfield（2013）、Carlingら（2008）、O'Donoghue（2008a）によるレビューがある。ワークレート分析を行うための多くの異なった方法があり、それらは多様なテクノロジーを利用している。スポーツのワークレート分析に関しては、初期の頃から移動距離に基づく方法と特定の移動運動ごとの時間分布を求める方法が存在した（Reilly and Thomas, 1976; Withers et al., 1982）。移動距離に基づく方法はプレーヤー追跡システムの技術的進歩の恩恵を受けている（Carling et al., 2008）。電波シグナル、GPS装置、そして画像処理に基づくプレーヤー追跡システムによって、試合やトレーニング中のプレーヤーの位置情報が定期的に求められる。例えば、Prozone 3プレーヤー追跡システム（Prozone Sports Ltd, Leeds, UK）は、フィールド上の全プレーヤーのX、Y座標を1秒間に10回（10Hz）記録する。これらのデータは、それを使用するクラブがデータを利用できるようになる前に、品質保証の担当者によって手動で検証がなされる。この手動補正の過程と、Prozoneに関係したその他の測定情報は、Di Salvoら（2009）によって示されている。時間と結びついたX、Y座標（プレーヤーの軌跡として引用される）は、シンプルな処理を通じて様々な出力として示される。データにピタゴラスの定理を応用して、移動距離の推定が行われる。ここで「推定」という言葉を用いたのは、たとえX、Y座標がmm単位で正確であったとしても、プレーヤーは常に0.1秒刻みで分割された2点の間の最短直線距離を移動運動しているわけではないからである。移動距離が0.1秒ごとに推定されると、その距離を時間で割ると移動速度を求めることができる。同様に、ある時間帯の最初の速度と最後の速度が推定されていれば、加速度を推定することができる。一般に、加速度は0.1秒ごとのデータよりも0.5秒ごとのデータを用いて算出される。これは個々の0.1秒のインターバルにおけるエラーの伝播を避けるために必要である。もし例えば時間内の全てのポイントで0.2mの平均的な誤差があるとしたら、0.1秒ごとに計算された距離には潜在的に最大0.4mの誤差がある。これは問題にしているインターバルの開始時点でのエラーとインターバルの終了時点でのエラーが反対の方向で生じる可能性があるからである。0.5秒ごとのデータを用いる場合、0.1秒ごとのデータを用いる場合よりも0.4秒間の移動距離の潜在的なエラーは相対的に小さくなる。試合中のそれぞれ異なる速度範囲での総移動距離や、各速度範囲での移動運動の頻度と時間を求めることができる。例えば、Di Salvoら（2009）によって時速19.8km（秒速5.5m）以上の速さでの走運動と定義された高速度ランニングの頻度と時間についてはこれまで研究において注目が集まっており、プレーヤーの高速度ランニングに関する間歇的な性質についてコーチに情報が供給されている。異なる移動運動を定義する際に、プレーヤーに共通の速度閾値を用いる研究者もいれば、プレーヤーに特殊な速度閾値を用いる研究者もいる。Prozone 3システムは、様々なスプリント能力を区別する速度閾値を用いて、対象のプレーヤーに合わせて情報が提供されるよう作り変えることができる。プレーヤーのカッティング動作について運動時間を特定しながら、より複雑なアルゴリズム*30がプレーヤーの移動軌跡を分析するために作られてきた（O'Donoghue and Robinson, 2009）。実際に、可能性は無限であり、プレーヤーの移動軌跡のデータから求めることが可能なアウトプットを実現するためのシステム開発の努力が必要となるだけである。

ワークレート分析法の他の種類は、人間の観察による動きの分類に基づいたものである。分類スキームにおける動きの数は、2から80までにのぼる。POWERシステム（Periods Of Work Effort and Recoveries）は、2つの幅広い活動の種類として「ワーク」と「レスト」を使う（O'Donoghue et al., 2005a）。他のシステムでは、関心のある異なる種類のワークとレストをカバーするために7から12の動きを使う（Bangsbo et al., 1991; Huey et al., 2001）。これらには、静止、前方への歩行、後方や側方への歩行、ジョギングなどの「レスト」活動と、ランニング、スプリント、ボールを保持しての活動、高強度のステップ動作の動きなどの「ワーク」活動が含まれる。最も複合的な分類スキームとしては、サッカーのアジリティの要件をカバーするためにBloomfieldによって開発されたシステムがある（Bloomfield et al., 2004）。Bloomfieldは、ワークレート分析の従来の方法では、加速、減速、方向転換、ターン走について情報が得られず、また前方、後方、側方への動きや円弧の動きのような動きが遂行されたのかについても情報が得られないということに気づいた。さらに、スピード・アジリティ・クイックネスのトレーニングが、異なる競技それぞれのアジリティ要件について何ら科学的に理解されないままにプロのプレーヤーによって実施されているという状況があった。Bloomfieldの動きの分類はこのような問題に対処したもので、サッカー（Bloomfield et al., 2007）およびネットボール（Williams and O'Donoghue, 2005）で要求されることを理解するために用いられてきた。

本書では、ワークレート分析はコンピュータを用いたパフォーマンス分析の例としてだけでなく、信頼性評価の例としても用いられている。それゆえ、本章の中では、人間が作業する一般的な動きの分類スキームを紹介する。ここでは、2つの活動の分類スキーム（ワークとレスト）と7つの動きの分類スキーム（静止、歩行、後進、ジョギング、ランニング（スプリントを含む）、ステップ動作、ゲームに関連した活動）が使われる。このことは洗練されたプレーヤー追跡システムの存在を考えると、退化しているように見えるかもしれない。しかし、プレーヤー追跡のテクノロジーは全ての大学が手に入れられるものではないし、その代わりとなる人間の観察者を使った方法は、スポーツパフォーマンス分析に関する測定の問題を教育するための良い例である。Hueyら（2001）は、動きの7分類スキームにおける各動きに定義を与えた。それは第9章で紹

*30 **アルゴリズム**：計算や問題を解決するための手順、方式。

表1.3　あるサッカープレーヤーが遂行している異なる移動運動の頻度、平均継続時間、試合時間に対する比率

動　き	頻　度 (度数)	平均継続時間 (秒)	試合時間に対する比率 (%)
静　止	98	6.58	11.14
歩　行	326	9.98	56.21
後　進	156	4.28	11.53
ジョギング	217	4.13	15.47
ランニング	47	2.35	1.91
ステップ動作	76	1.91	2.51
ゲームに関連した活動	30	2.53	1.22
合　計	950	6.09	100.00
高強度活動	124	2.63	5.64
低強度活動	126	43.34	94.36

介する。この定義は、システムのオペレーターに判断基準を与える。しかし、操作的定義を与えようという試みは、第2章と第9章で議論するように逆効果にもなりうる。

これらの各動きの頻度、平均継続時間、試合時間に対するパーセンテージは表1.3のように表で示すこともできるし、試合時間内での各動きの時間分布を示すために円グラフを使うこともできる。決められた各動きを記録するために使われているソフトウェアは、連続して遂行されている高強度の活動（ランニング、ステップ動作、ゲームに関連した活動）と、連続して遂行されている低強度の活動（静止、歩行、後進、ジョギング）をつなぎ合わせて測定するようにプログラムすることもできる。これによって、高強度活動と低強度活動に範囲を広げた形で時間を特定することができる。表1.3に見られるように、低強度活動と高強度活動のそれぞれについて、頻度、平均継続時間、試合時間に対するパーセンテージを出力することができる。高強度活動と低強度活動が交互に遂行されていることを考えると、高強度活動と低強度活動の回数は1しか違わないことになる。ただしサッカーでは、試合に前半と後半があるために、この差が2になることが時々ある。

表1.3から、総プレー時間が96分25秒5（950回の動き×平均継続時間6.09秒）であったと算出することもできる。また、サッカーの試合には間歇的な高強度の活動が含まれていることを見て取ることもできる。このプレーヤーの場合、平均2.63秒続く爆発的な高強度活動を124回行っている。このプレーヤーは、試合時間の1.22%がボールを保持しての動きまたは相手ボールへチャレンジする動きである。この1.22%という値は小さいと感じられるかもしれない。しかし、90分のサッカーの試合のうちで55分がボールインプレーの時間であり（O'Donoghue and Parker, 2001）、この55分間が22人のプレーヤーで分けられ、そしてそのうち、ボールがプレーヤーの間を移動している時間もあることを考慮に入れると、ボールに関連した動きが2分以下というプレーヤーが存在することもあるだろう。最も頻度が高い動きは前方への歩行である。実際、このプレーヤーは他の全ての動きよりも、前方への歩行が多くの時間を占めている。

もしワークとレストに主要な関心があり、それぞれに含まれる様々な種類の動きに関心がないとすると、二分割の分類システムが「ワーク」と「レスト」を記録するために使われる。これは

表 1.4　あるサッカープレーヤーが遂行しているワーク活動とレスト活動の頻度、平均継続時間、試合時間に対する比率

		頻　度 (度数)	平均継続時間 (秒)	試合時間に対する比率 (%)
前　　半	レスト	70	37.83	91.58
	ワーク	69	3.53	8.42
後　　半	レスト	73	36.14	90.50
	ワーク	72	3.85	9.50
試合全体	レスト	143	36.97	91.04
	ワーク	141	3.69	8.96

まったく主観的なシステムであり、観察しているプレーヤーが高強度の動きを行ったとオペレーターが判断したら「ワーク」と入力するものである。レストは、低強度もしくは中強度の動きと判断されるものに対して入力される。先に7種類の動きの分類スキームを用いて分析した同じプレーヤーに対して、この二分割の分類システムを適用した結果を表1.4に示す。

表1.4で示されている時間は、観察しているプレーヤーについて全パフォーマンスの平均を示すものであり、当該のプレーヤーの全てのワーク（またはレスト）がその平均継続時間で遂行されている訳ではない。それゆえに、POWERシステムは異なる継続時間のワークとレストの度数も表示する。これらは表1.5に示すようにクロス集計することができ、その結果、短い、中くらい、または長い継続時間のワークの後に続くレストの時間の長さを見ることができる。表1.5の右端の合計の列は、141回のワークのうちの115回（81.6%）のワークの継続時間が6秒未満であることを示している。平均のリカバリー（レスト）時間は36.97秒であるが、141回のリカバリーのうちの48回（34.0%）だけが20〜45秒の中央範囲値内にある。継続時間が8秒未満のレストが35回（24.8%）あり、これはプレーヤーがその前のワークから十分に回復する時間を与えられないままに次のワークを行っている場合があることを意味している。それゆえに、ワークレート分析の研究では、繰り返しワーク（または繰り返しスプリント）という概念を使ってきた(Spencer et al., 2004; O'Donoghue et al., 2005b)。以上の二分割の活動分類スキームと動き

表 1.5　表 1.4のサッカープレーヤーによる継続時間別のワーク活動の頻度とワーク活動に引き続くレスト活動の継続時間別の頻度

ワークの継続時間(秒)	レストの継続時間（秒）								
	0-2	2-4	4-8	8-12	12-20	20-45	45-90	90-	合計
0-2	4	1	8	0	10	9	5	2	39
2-4	4	5	3	1	2	16	11	7	49
4-6	3	0	0	0	1	15	4	4	27
6-8	1	3	1	3	2	6	1	1	18
8-10	1	0	0	0	0	0	2	2	5
10-12	0	0	0	0	0	2	0	0	2
12-	0	0	1	0	0	0	0	0	1
合計	13	9	13	4	15	48	23	16	141

の7分類スキームは、コンピュータを用いた分析システムと信頼性評価の説明を行うために第9章においても用いられる。

第2章 質的分析と量的分析

パフォーマンス分析の重要性に関する従来からの理論的根拠は、試合で起きた事柄の想起が潜在的にバイアスを有しかつ不正確であることや、コーチの記憶力に限界があることを強調したものであった（Franks and Miller, 1986, 1991; Laird and Waters, 2008）。しかし、しばしばコーチによって用いられる主観的な観察の方が、客観的で量的な方法よりも利点を持つことがある。本章では、スポーツパフォーマンス分析における質的分析と量的分析の使用について、両者の相対的な強みと弱みを議論しながら解説をする。

表2.1は、質的分析と量的分析の手法について、重要な相違点をリストにしたものである。質的データは通常、複雑なものであり、視覚的なパターン、映像、言葉、感覚、思考そして感情を含んでいる。そのようなデータの意味は、分析する人によって解釈され、また通常は個々人の判断に依存する。一方、量的データは、通常は個人的な解釈の余地がなく、統計的方法を使って分析された事実と数値である。また、量的手法と質的手法の違いについて考察する別の方法は、「量」と「質」という言葉を考えることである。量的手法はゲームの中で行われたパスの回数や味方に届いたパスの回数を数えるために、またパス総数に占める味方に届いたパス数の比率を求めるために用いられる。パスを単純に結果のみで分類すると、多くの情報が失われることになる。しかし、この量的アプローチは、コーチやプレーヤーの意思決定を支援するために制御できる形式にまで情報を低減しながら、複雑なパフォーマンスデータを効果的に処理するために使うことができる。一方、質的方法は、使われたパス技術の質を検討するために用いることができる。言い換えれば、質的方法ではパスが単に生じた回数を数えるのでも、成功したか否かを数えるのでもない。

本章では異なるタイプのデータについて解説をするとともに、それらがどのように分析されるかについて解説をする。まず第1節で質的方法を扱い、続く第2、3、4節で量的方法を紹介する。人間の判断が入らない真に客観的な方法と、観察者による主観的な分類の過程を含んでいるにも関わらず伝統的に客観的であると見なされている方法を区別することは重要である。第2節ではデータの収集時に人の判断を含まない方法を扱っている。これには、自動化されたシステム、例えばHawk-Eye[*1]（Hawk-Eye Innovations, Basingstoke, UK）やプレーヤー追跡システム[*2]のようなものが含まれている。第3節では従来的な記述分析を扱っており、そこでは観察者が行動を分類し、遂行されたプレーについて計数や計時を行う。これらの分析の結果は量的であるように見え、数値がグラフや表として示されるが、生のデータはデータ収集の段階では主観的なものである。第4節では、人間の観察者は関与しているが、分析者自らは行動を主観的に分類する必

＊1　**Hawk-Eye**：画像処理技術を用いてボールやプレーヤーの追跡を行うHawk-Eye Innovationsのシステム。
＊2　**プレーヤー追跡システム**：フィールド上のプレーヤーを追跡してその軌跡を記録するシステム。

表2.1　質的方法と量的方法の相違点

質　的	量　的
主観的	客観的
意見に関する事柄	事実に関する事柄
判　断	測　定
経験・専門性の適用	詳細な手引きへの準拠
解　釈	統計分析
融通のきくプロセス	固定化されたプロセス

要のないパフォーマンス分析の手法を概説している。このようなパフォーマンス分析の手法には分析者以外の人間による決定が含まれている。例えばテニスでは、ボールがコートインなのかアウトなのかを分析者が判断する必要がなく、アンパイヤーの決定に従ってポイントの結果を分析することができる。

1. 質的なデータと分析

❶質的観察

スポーツ科学の研究には広い範囲の質的方法が使われており、それにはエスノグラフィー*3、自己エスノグラフィー*4、説明、インタビュー、フォーカスグループインタビュー、そして観察が含まれる。非参与観察は最もスポーツパフォーマンス分析に適切な方法である。参与観察は、研究者自身が研究対象の活動に関与して、その活動と活動を取り巻く広範囲の文化を経験するものである。「研究者」という用語はここでは非常に幅広い意味で使われており、コーチング、学術的研究、犯罪捜査やジャーナリズムまでの全ての応用範囲を含む。研究対象に近づき効果的に潜入するために欺瞞を使って研究者が隠れて集団を調査しているような場合、そこには倫理的な懸念がある。一方、非参与観察は、研究者が関心を持つ行動に自ら関与せずに調査を行う。これは通常、観察されている集団が研究者の任務を知っている状態で公然と行われる。例えばコーチは、観察されていることをアスリートが完全に認識している状態で、トレーニング中のアスリートをアナリストの助けなしに観察している。また、テレビやその他のメディアで露出されるスポーツ大会で競技中のプレーヤーは、自分のパフォーマンスがテレビなどのメディアを見ている人によって評価される可能性があることを認識している。

質的方法は、コーチングにおいては記述分析が利用されるようになる前から用いられてきた(Hayes, 1997)。コーチは通常、トレーニングや試合中のアスリートのパフォーマンスを観察し、そのパフォーマンスを当該のスポーツの知識を基に評価している。トレーニング中は、コーチは介入をして周期的にフィードバックを与えることができる。またコーチは、パフォーマンスのどの側面に注意すべきかの確認に役立てるために、トレーニング中のアスリートの行動を分析する

＊3　**エスノグラフィー**：集団や社会の行動様式をフィールドワークによって調査・記録する手法。
＊4　**自己エスノグラフィー**：自己の個人的経験を自己省察および著述を用いて調査・記録する手法。

ことも可能である。試合中は、ハーフタイムやクォーター間のインターバルやタイムアウトの時間がある競技でさえ、介入をしてアスリートにフィードバックを与える機会は少なくなる。

スポーツパフォーマンス分析は、コーチやプレーヤーに正確な情報を提供する客観的な方法として描かれてきた。しかし、アナリストが観察中に判断を行うという、性質としてはより主観的なスポーツパフォーマンス分析の作業がある。著者は以前、大きな大会に向けての準備期間中に、完全に主観的な分析システムを適用したチームで活動をしたことがある。その時、著者がそのチームに対して日常的に用いていた客観的な分析システムがあったのだが、チームのトレーニング中に主観的なシステムを用いる必要性があったのである。その主観的な分析システムの目的は、練習試合における各プレーヤーの貢献に関するハイライトビデオを彼らに提供することであった。著者は、プレーヤーへのフィードバックビデオで使う可能性のあるイベントを含めながら、練習試合を撮影した。各イベントにおいて、著者はコンピュータ化されたシステム上で2つのボタンを押さなくてはならなかった。1つのボタンは、当該のイベントにおけるプレーヤーの貢献の質に応じた「ポジティブ」または「ネガティブ」のボタンであった。もう1つのボタンは、当該のイベントを遂行したプレーヤーを特定するものであった。そのチームには18人のプレーヤーがいたので、18個のボタンがあった。

記録されたイベントの評価はプレーヤーの異なる能力に応じて相対的なものであった。例えば同じイベントについて、あるプレーヤーに対してはポジティブと記録されるかもしれないが、もっと能力のあるプレーヤーに対してはそのように記録されないかもしれない。というのは、当該のイベントが、より高い能力を持ったプレーヤーにとっては普通のことであり、十分に予想されることであると考えられるからである。したがって、記録されたポジティブなイベントというのは、プレーヤーの能力に関連づけながらポジティブでフィードバックするに値すると考えられるものであった。同様に、他のプレーヤーではネガティブと記録されないけれども、高い能力を持つプレーヤーにとってはネガティブと記録されるかもしれないイベントもある。これは、イベントが難しい状況で遂行され、チーム内の何人かのプレーヤーにとってはネガティブな結果も致し方ないと理解できるかもしれないが、より高い能力のあるプレーヤーにとってはそうではないからである。イベントの遂行の質をプレーヤーの能力と関連づけることは、プレーヤーそれぞれに同等の量のフィードバックを与えることができるということを意味する。各プレーヤーは自分の現在の能力に照らしてイベントがポジティブかネガティブかを考えるであろう。

著者は、イベントを主観的にポジティブまたはネガティブに分類する裁量を持つことによって、より複雑な要因を考慮することが可能となった。そのような要因には、イベントの困難さの程度、イベントの成功の程度、意思決定の適切さ、直接の相手の特性、味方の特性を含んでいた。イベントの中には、他のものよりも遂行が困難なものがある。例えば、テニスにおいて全てのバックハンドストロークの難しさは同じではない。バックハンドサイドでのプレーにおけるボールの位置、ボールの速さ、スピンの状態を考慮に入れる時、多くの客観的アプローチでは記録されない違いが各バックハンドストロークの間にある。制限をつけない主観的な分析によって、アナリストはそのような要因を考慮する自由を手に入れることができる。あるイベントの遂行の質が「白か黒か」であることはめったにない。サッカーのディフェンダーが自陣のサイドにあるボールに到達し、ボールを相手陣へ運びたいと考えている状況を想定してみよう。その時、相手のストライカーもそのボールに到達し、ペナルティエリアへクロスを入れたいと考えているとする。両方のプレーヤーがボールに近づいていくが、結局ボールはディフェンダーによってプレーされ、相手のストライカーの足に当たり、タッチラインの外に出てディフェンダーのチームのスローインになる。この場合、どちらのプレーヤーも目的を達成することができなかったが、システムの運用上、アナリストはそのような1対1の対決をどちらかのプレーヤーの勝利として記録せざるを得ない場合がある（Gerisch and Reichelt, 1991）。主観的なアプローチでは、アナリストはそれぞれのプレーヤーが目的を達成した度合いを考慮に入れることが可能となる。パフォーマンス分析においては多くの場合、プレーヤーがその状況で行うことができたプレーのオプションは記録せずに、プレーヤーが遂行したことを記録する。遂行されたイベントは、事実に関する事柄として考えることができる。しかし、プレーヤーが取り得た代替的なオプションについては、それほど単純ではなく、それを考慮できる見識のあるアナリストが必要となる。主観的なアプローチでは、当該のイベントがどのくらい上手く遂行されたかとは関係なく、選択されたプレーのオプションが良い選択であったか否かをアナリストが判断することを可能にする。例えばサッカーのプレーヤーが、コントロールするためにボールを止めずにシュートを行うという状況を考えてみよう。シュートはゴールを外すかもしれない。しかし、もしプレーヤーが余分なボールタッチをしていたら、相手の防御はシュートが蹴られた瞬間からそれを防ぐための十分な時間を持つことになったであろう。それゆえに、シュートのネガティブな遂行結果にもかかわらず、この状況においてはボールを止めずにシュートを打つことがベストの戦術的オプションであったとアナリストは考えることができるのである。対戦相手の能力は、イベントの遂行に影響を与える。例えば、ネットボールでのリバウンドのプレーは、リバウンドを競り合っている相手のプレーヤーの能力が高いか低いかによって異なってくるだろう。同様に、一連の防御プレーはそこに関わるプレーヤーによって変わってくると考えなければならない。ネットボールやバスケットボールにおいて、チームは相手がボールを持っている時間に防御を行う。これはパスやタックルのような瞬間的なイベントではなくて、相手が攻撃をしている一定時間のイベントであり、その間にチームとしての防御が評価される。ネットボールでは、サークル内にいるディフェンダーの防御の質は、一緒にサークルディフェンダーとしてプレーをしている味方プレーヤーを考慮に入れて評価しなければならない。また同様に、バスケットボールでは、防御の質を評価する際にコート上にいる５人のプレーヤーを考慮に入れなければならない。高い防御能力を持った味方同士の防御で一般的水準と考えられることは、より能力が劣る味方との防御ではおそらく良い質だと評価されるであろう。

ここで述べた主観的なアプローチでは、イベントの結果を１人より多くのプレーヤーに帰することを可能にする。例えば、ポジティブまたはネガティブな防御は、チーム内の２人またはそれ以上のプレーヤーに帰することができるかもしれない。また、パスの失敗は、パスの出し手と受け手の両方によるネガティブなプレーと考えることができる。主観的なアプローチは、自分が持っている知識と利用できる音声・映像情報に基づきアナリストがこうした決定を行うことを可能にする。主観的アプローチは、プレーヤーの能力に関連させたフィードバックビデオを迅速に作成するために有益であるが、考慮されなくてはならない限界もある。それは、この方法により産み出されたポジティブとネガティブの比率は、メンバー選考の目的に使われるべきではないということである。というのは､それは相対的なポジティブと相対的なネガティブの比率であり､プレーヤーはポジティブまたはネガティブなプレーを特定する上で共通の基準をもって比較されてはいないからである。

❷写　真

ライブでの観察と試合後のビデオでの観察が、スポーツパフォーマンス分析において用いられる生データの主要なソースであるが、写真画像やビデオフレーム（ビデオの1コマ画像）をパフォーマンスの重要な側面の分析に用いた研究もある。テニスのヒット局面における頭の位置に関するLafont（2007, 2008）の研究は、この良い例である。Lafontによる写真画像の質的な分析では､エリートプレーヤーとその他のプロプレーヤーを比較した結果､インパクトの瞬間とフォロースルーの間、エリートプレーヤーでは頭がボールとラケットとのコンタクトゾーンの方向に固定されているという特徴があることを明らかにした。なお、写真の分析に関連して、ビデオフレームの分析がある。テレビ放送では、戦術的な側面を議論しプレーのオプションにハイライトを当てることを可能にするため、分析のためにビデオシークエンスを見ることがよくある。

❸「インナーアスリート」

観察活動の間の質的分析に加えて、パフォーマンスの経験を研究するためにも質的方法が用いられてきた。特に、「自己対面的」なインタビュー（Theureau, 2003）は、パフォーマンスの最中のアスリートの感情や思考、感覚といった観察できないパフォーマンスの側面を研究するために用いられてきた(Poziat et al., 2013)。この種のインタビューは､アスリートに彼らのパフォーマンスのビデオ映像を見せ、そのパフォーマンスに関する経験を「内面から」議論することを求めるという方法で行われてきた。これによって、純粋な観察的方法だけでは手に入らないような実際のスポーツパフォーマンスに関する情報が得られることになる。

❹動きの質的診断

400m走のアスリートによる200mレペティショントレーニングのセッションを考えてみよう。そのアスリートがカーブを曲がり、ゴールに向かってストレートを走っている時、クラブの2人のコーチがそれを話もせずにただ見ていて、観察に没頭しながら、できるだけ多くの情報を得ようとしている。1人のコーチは､アスリートがゴールラインを切った時にストップウォッチを止め､アスリートがスピードを緩めたあとにタイムをチェックするために、その時だけアスリートから目を離す。2人のコーチはアスリートの技術的側面について短く議論し、アスリートが次のランを行う前に何をアドバイスするかについて合意する。アスリートはトラックを200mのスタート地点に向かって歩きながら2人のコーチに近づく。コーチは短いフィードバックをアスリートと一緒に歩きながら伝える。これが「動きの質的診断」の例である（Kundson, 2013）。動きの質的診断は、次の4つのフェイズから成り立っている（Knudson, 2013: 1）。

- 準備
- 観察
- 評価と診断
- 介入

準備は、観察、評価（と診断）、介入をするために必要となる知識を発達させることを含んでいる。アナリストは、対象となるイベントに関する知識、すなわちどうなれば勝利を達成できたり高得点が得られるのかに関する知識やそのイベントの中で成功に結びつく側面に関する知識を必要としている。イベントに関する知識は、そのイベントについての重要な特徴、時間的構造、異なる側面間の関係、異なる課題のために要求される能力などの知識を含んでおり、個々人の直接的な経験と専門的な講習会や教育を通して得られる。また、その知識はパフォーマンスの最終結果のモデルを含んでおり、それにはパフォーマンスの様々な側面間の関連性が示される。例えば、Hay と Reid（1988）は、走幅跳の階層性モデルを使って、異なる側面がそれぞれどのように到達距離に貢献するかを示した。あるイベントにおいてよく起こる失敗に関する知識と、それをどのように見つけるかに関する知識を持つことは、観察者をより情報に通じたアナリストにすることに役立つ。

運動遂行者についての知識を持つこともまた大切である。全てのアスリートが同じという訳ではなく、個々の人体測定学的な特徴、注意のスタイル、その他の心理学的な要因、身体的な能力、そして経験の違いの全てが、同じイベントでもそれぞれ異なって運動遂行をすることを要求する(Knudson, 2013: 86-7)。

観察は、それが適切に準備されている時に最も良く機能する。イベントの本質の理解は、抽象的な概念的モデルを基準として使うことを可能にする。観察のプロセスには、対象となるスキルに関する知識を使うことだけでなく、感覚や知覚を使うことが含まれている。イベントの時間的フェイズを横軸にしたクロス集計表によって、データ収集の様式を設計することができ（Gangstead and Beveridge, 1984）、システマティックな方法で記録をとることが可能となる。

技術的評価に質的方法を用いる時、観察の計画としてはイベントの繰り返しの数を検討しなければならない。失敗のパフォーマンスの原因が結果からは懸け離れたところにあるかもしれないので（Knudson, 2013: vii）、原因を特定するには繰り返し観察することが必要となるだろう。

評価と診断においては、パフォーマンス全体に及ぼす影響の度合いと修正に要する時間の観点から優先順位をつけ、重要となる様々な特徴を幅広く検討する。評価は、観察されたパフォーマンスと理想的なパフォーマンスを比較して行われる（Knudson, 2013: 117）。

Knudson（2013）のアプローチによる介入のステージでは、アスリートへのフィードバックを含んでいる。Knudson（2013: 138）は多様なアプローチを使いながらフィードバックを常に具体的で肯定的に保つことを勧めた。「動きの質的診断」に関するより深い理解のために、著者はこの節でも何回か引用されているKnudson（2013）の著書を推薦したい。

❺質的分析におけるテクノロジーの支援

前項では、コーチやアナリストが質的観察を用いることについて手短に議論した。質的手法を用いる際にはテクノロジーの利用を除外していないことから、ここでは、質的アプローチを支援するために使われているテクノロジーの例を議論する。これは急速に発展している分野である。本章の草稿を書いていたある日の出来事で、著者がちょうど真下に400mトラックを見下ろせるカーディフ・メトロポリタン大学のパフォーマンス分析室で仕事をしていた時のことだった。1人のアスリートと仲間が1組のハードルを並べていた。仲間たちはiPadのビデオカメラ機能を使って、そのアスリートがハードルを飛び越えながら走っているところを撮影していた。走り終えたそのアスリートは歩いて戻りながら、録画したビデオクリップを仲間と一緒に見ていた。そこには数値的なデータはまったくない。あるのは複雑で豊富な情報を含んだビデオ映像だけで、それはより狭い量的分析の制約を受けずに分析することができるものであった。

2009年のカーリングカップの決勝で、マンチェスター・ユナイテッドがトッテナム・ホットスパーを0-0の後のPK戦で4-1で破った。ガーディアン紙はマンチェスター・ユナイテッドのゴールキーパーコーチ、Eric Steeleコーチがどのようにして iPodを使ってゴールキーパーのBen Foster選手を助けPK戦に備えさせたかについて記事を掲載した（www.guardian.co.uk/sport/blog/2009/mar/02/manchester-united-carlingcup, accessed 2 July 2013）。Ben Foster選手は、延長戦とPK戦の間の短い休憩時間に、ピッチ上でiPodを使って相手のプレーヤーがPKを蹴っているビデオを見た。サン紙も、Ben Foster選手による次の引用を付けてこの話を掲載している（www.thesun.co.uk/sol/homepage/sport/football/2283950/Ben-Foster-became-Man-Utds-Carling-Cup-final-hero-thanks-to-his-i-Pod.html, accessed 2 July 2013）。

> 「PK戦の直前に、私はコールキーパーコーチのEric Steeleと一緒にiPodを見ていた。そこにはスパーズ(トッテナム・ホットスパーの愛称)のプレーヤーがPKを蹴る映像があり……もしO'Hara選手がPKを蹴るなら、私の左側に蹴るだろうとコーチに言われた。まったくすばらしい､それはまさにその通りに起き､私は何とかボールをゴールの外に手で弾くことができた……私はスパーズの誰がPKを蹴るかについて非常に多くの研究をした……彼らがどのようにPKを蹴るかについて多くの情報が与えられていた……このiPodはEricの発明だった｡まったく驚くべきツールさ､これまでの準備に即座に磨きをかけることができるんだ。」

いくつかのスポーツでは、スクリーンをサイドラインの外に設置して、コーチが試合の映像を時間遅れで見ることができる。試合でのプレーはとても速く遂行されるので、起きた事柄全てをライブで特定することが必ずしもできない。試合の遅延ビデオはスローモーションでも、複数のアングルからの再生映像でもないかもしれないが、それでもコーチがプレーをライブで見ていた時に比べて何が起きたのかをより詳細に特定することに役立つであろう。プレーをライブで見て、コーチはそれが起きた状況、起こりうる結果、そしてレフェリーの判定を理解することができる。それからコーチは、レフェリーの判定が正しかったかどうかを明らかにするために必要な情報に特に焦点を当てながら、その事象に関する遅延ビデオを（例えば10秒後に）見ることができるのである。最初にライブの観察を使い、その後、遅延ビデオで、より焦点を絞った観察を行うという原則は、レフェリーの判定にだけでなく、プレーヤーのパフォーマンスにも適用できる。Dartfish*5（Dartfish, Fribourg, Switzerland）の「イン・ジ・アクション」機能は、コンピュータの画面上に遅延ビデオを提供してくれる。ビデオは録画されているが、あらかじめ設定した時間が経つまではコンピュータの画面上で再生されない。教育場面を例に取ると、児童があるスキルを実施して、30秒後にコンピュータの画面上で自分のパフォーマンスを見ることができる。一度遅延再生をするように設定すれば、使用者はそれほど多くの操作を必要としないので、時間の節約になる。児童は、教師の監督の下で遅延ビデオからのフィードバックを受けて、焦点を絞るべき事柄を特定しながらスキルを繰り返し実施することができる。教師はまた、児童が考慮する必要がある特定のポイントを明らかにしておいて、アスリートのパフォーマンスをライブで見るかもしれない。その後で教師は、児童と一緒にコンピュータ画面上でアスリートのパフォーマンスの遅延ビデオを見ながら、考慮すべきポイントを児童に指摘することができる。

ビデオはパフォーマンスの永続的な記録を提供するものであり、後に詳細に分析することができる。分割画面は、複数のビデオ映像を同期させることにより、パフォーマンスを異なるアングルから見ることを可能にする。また、分割画面は、2つの異なるパフォーマンスを比較するためにも使うことができる。それは、同じアスリートによる前後2回のパフォーマンスでも、2人の異なるアスリートのパフォーマンスでも比較可能である。

前掲のDartfishの「サイマルカム™」機能は、同じ場所での異なるパフォーマンスについて、1つの映像の上にもう1つの映像を重ねて見せることができるものである。これによって、2つのパフォーマンスを分割画面で見るよりも、もっと直接的な比較が可能となる。その際、画像処理ソフトウェアによって、2つの元のビデオシークエンスにおける異なるカメラアングルが補正され1枚の映像が作り出される。

図2.1はDartfishの「ストロモーション™」機能を示したものである。このストロモーションでは、あるプレーヤーのビデオシークエンスを分析し、これらのビデオシークエンスの個々のフレームにおける背景画像から構成された背景の上に、アスリートまたは物体の一連の静止画像が含まれた1枚の画像を作るものである。この種の画像は、技術の分析や動きの戦術的側面の分析をするために使われる。ストロモーションは、連続する位置上のアスリートを同時に示す静止画像を提供するだけでなく、アスリートが次々と位置を変えて動く時に前の位置の「ゴースト画像」を一緒に表示しながらビデオを映すこともできる。これらの「ゴースト画像」のフレームの位置は、カメラのズーミング*6とパンニング*7を考慮して調整される。

＊5　**Dartfish**：Dartfishのパッケージソフトウェア。
＊6　**ズーミング**：ズームレンズを用いて被写体の像を拡大したり縮小したりする操作。
＊7　**パンニング**：カメラの位置を変えないでカメラの向きを左右に振り、広い場面を写す操作。

図2.1　Dartfishのストロモーション™機能

第1章ですでに説明したように、重要なスポーツ技術のバイオメカニクス分析は、広義のスポーツパフォーマンス分析の中に位置づけられる。質的バイオメカニクスという用語がスポーツパフォーマンスの研究の中で使われている（Knudson and Morrison, 2002）。このようなバイオメカニクスにおける質的分析とは、量的分析が数的な測定値を用いて動作を描写かつ分析するのに対して、動作を「パターン」として捉えることで非数値的に描写かつ分析するものである。

❻強　み

スポーツパフォーマンスの質的分析の強みは、当該のスポーツに関する卓越した知識を持っている経験豊かな熟練の観察者によって行われるという点にある。彼らは「鍛えられた鑑識眼」を持ち、何を探すべきかを知っている。熟練の観察者は、彼らが得た視聴覚情報を客観的なアプローチの場合よりもずっと制限のない方法で分析することができる。実際、パフォーマンスから直接的に観察された情報に基づくだけでなく、背景の知識と情報に基づいて分析を行うことができる。質的分析は、量的分析でのより抽象的なパフォーマンスの表現に比べると、より完全な視聴覚複合情報に基づくものである。人間は非常に複雑な情報を処理できる強力な認知的能力を持っている。量的分析で行われるような回数のカウント、順位付け、時間の計測にのみ依存することで、パフォーマンスの技術的な質、パフォーマンスの文脈、難しさの程度に関する詳細な情報が失われてしまう。

質的分析は、高額なカメラ、コンピュータやスポーツ分析ソフトウェアを必要とせず、費用をかけずに実施することが可能である。コーチは三次元の空間の中で、頭の位置と視点を必要に応じて調節しながら遠近感を持ってプレーを観察できる。これは取るに足らない些細な点に思えるかもしれない。しかし著者は、ネットボールを分析するために、プレーを二次元のコンピュータ画面で観察するか、コンピュータ画面を越えて自然の視界で見るかの選択ができるシステムにおいて後者の方法を選択している。というのは、後者の自然の視界で観察する方が、より簡単にプレーヤーを識別して記録すべきイベントを特定することができるからである。

❼限　界

パフォーマンスの質的分析の限界は、そこに関与する主観的プロセスに関連することである。これは、コーチに対するパフォーマンス分析サポートの必要性の理論的根拠として使われてきたことである（Franks and Miller, 1986; Laird and Waters, 2008）。試合の録画なしのライブでの質的分析の限界には、制限される記憶、観察者の疲労、個人的な偏向、感情、主観的な解釈が含まれている。サッカーの試合中の重大なイベントに関するコーチの記憶をテーマにした研究において、コーチの記憶の正確性は限定されたものであることが明らかになっている。FranksとMiller（1986）は、重大なイベントのうち、正確に思い出されたものは42％のみであったという結果を示した。また、その後のLairdとWaters（2008）による研究では、正確に思い出された重大なイベントは59％であった。

本章では、質的方法は、テクノロジーとアナリストの支援がないコーチの記憶のみに頼る方法に限定されないということを説明してきた。パフォーマンスのビデオ録画は、コーチがパフォーマンスのより完全な分析を行う際に使うことができる。このような状況においてもなお、認識しておくべき質的分析に対する限界がある。すなわち、観察者の疲労はデータの記録の精度を下げる可能性がある。また、パフォーマンスの評価は専門家ごとに異なる可能性がある。質的なアプローチはイベントに関する個人的な解釈を伴っている。サッカーでは、ペナルティエリアでの特定のイベントに関して同じ映像を見ている専門家、プレーヤー、監督の間で、PKを与えるか否かの判断が一致しないことがある。このようなことは毎週起こっているように思われる。また、読者がテレビのスポーツ中継でハーフタイムや試合後に映し出される分析結果を見る時にも同様のことを考えるであろう。多くのスポーツでは、レフェリーはゲームのルールに沿ってイベントの解釈をしなくてはならない(Coleclough, 2013)。レフェリーとしての訓練を受けていないコーチ、プレーヤー、そして観客の間では解釈がもっと一致しないことが予想できる。アスリートおよびチームによって選択された戦術に関するパフォーマンスや思考に関連した、より複雑な問題については、観察者による個々の解釈と導かれた結論に一層大きな幅が生じることになる。

2. 自動的に収集されるデータ

❶物体追跡システム

Hawk-Eyeコーチングシステムは、ボールの追跡テクノロジーをバイオメカニクス分析とビデオ分析に統合したものである。このシステムは審判とテレビ放送の目的で、テニスとクリケットにおいてボールの軌道を視覚的に追尾するために使われてきた。システムは三角測量術[*8]のアルゴリズムを用いて、複数のカメラからの画像を処理している。時間軸の各ポイントで、異なるカメラからの二次元のフレームがボールの位置を計算するための架空の三次元空間を作るために用

＊8　**三角測量術**:三角形の1つの頂点位置に対象物を置き、その頂点を含まない辺の長さ（基線長）と対象物に対する角度によって、対象物までの距離を算出する測定原理。

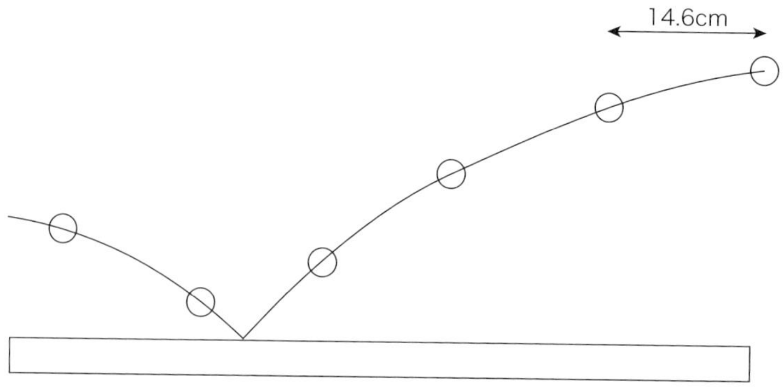

図2.2　Hawk-Eyeテニスボール追跡システム

いられ、一連のフレームがボールの飛行の計算を可能にするために用いられる。テニスでは、Hawk-Eyeの利用例の1つとして、ボールがコート面のどこにコンタクトしたか、その結果、ショットがインかアウトかを決定するために使われる。図2.2に示されているように、ボールとコート面とのコンタクトの瞬間が、カメラに記録されたフレームの中には映っていないかもしれない。しかし、Hawk-Eyeは500Hzで動作しており、これは、時速263kmで移動しているボールについて、14.6cmごとに記録された画像があるということを意味している（このことについては次のパラグラフで説明する）。つまり、不連続かつ不完全なデータにもかかわらず、ボールがコートとコンタクトする位置は、記録されているフレームがあればボールの飛行の予測モデルを用いて計算することができるのである。これらのフレームの中には、ボールがコート面に向かって飛行している時に記録されたものもあれば、コンタクト後にボールがコート面から離れている時に記録されたものもある。Hawk-Eyeにより、見ている人（プレーヤー、ジャッジ、コーチ、観衆、テレビ視聴者）に対して、ボールがインだったのかアウトだったのかを示すボールバウンドのグラフィックアニメーションが作り出される。使われるアルゴリズムは、ボールの飛行の推定と、ボールが様々な角度とスピードでバウンドした時にボールの表面積のどれぐらいがコートと接触するかの仮定とに基づいている。Hawk-Eyeのウェブサイトによると、平均的な誤差は3.6mmであると報告されている（www.hawkeyeinnovations.co.uk/page/sports-officiating/tennis, accessed 29 July 2013）。

本書の執筆段階では、テニスで最も速かったサービスは、2012年5月にプロプレーヤーのSamuel Grothによって記録された時速263kmであった（http://en.wikipedia.org./wiki/Fastest_recorded_tennis_serves, accessed 29 July 2013）。これは秒速で約73.1mである。図2.3に示すように、テニスコートの長さは23.78mであり、最も短いサービスの距離（ダウンザミドル）は18.29mである。500Hzのフレーム速度というのは、それぞれのカメラによって0.002秒ごとにフレームが記録されるということである。秒速73.1mで飛行しているボールは、0.002秒の間

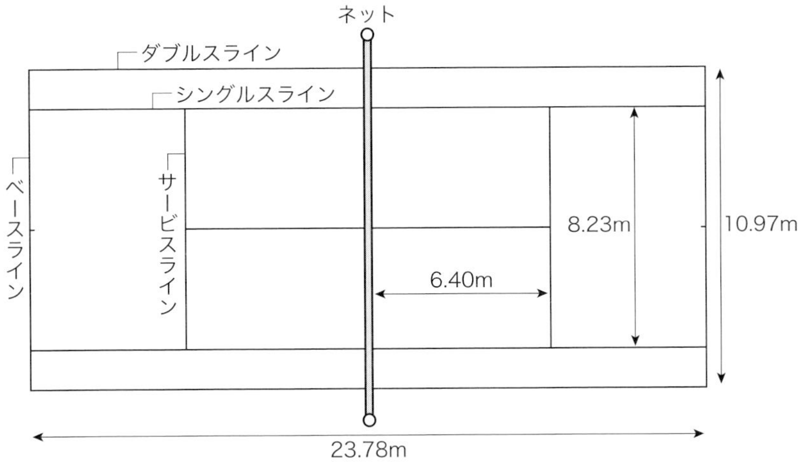

図2.3　テニスコートの規格

に14.6cm（0.002秒×秒速73.1m=0.146m）飛行する。サービスのインパクトの瞬間からコート面に達するまでの間、ボールが一定のスピードでは飛行していないということを思い出してほしい。それゆえに、この14.6cmの距離というのは、サービスが時速263kmで放たれた時の普遍的な値というよりも、一連のフレームのそれぞれにおけるボールの位置の平均値である。

❷ ゴールラインテクノロジー

ゴールラインテクノロジーは、ザ・フットボール・アソシエーション（イングランドのサッカーを統括する競技団体）が主宰するプレミアリーグサッカーで2013-14年のシーズンに導入された。導入する前の数年間、ゴールラインテクノロジーは話題の案件となっていた。FIFA（国際サッカー連盟）の事務総長のJerome Valcke氏は、100%の成功率を保証しているシステムが導入を検討されるだろうと声明を出したと報告されている（goal.com 2011, www.goal.com/en-us/news/1786/fifa/2011/03/14/2394555/fifa-open-to-hawk-eye-goal-line-technology, accessed 30 July 2013）。これはどのようにして可能となるのか。サッカーで記録された最も強烈なシュートは、それぞれ測定方法は異なるが、時速84マイルから96マイルの球速であると報告されている（Guardian, 2007, www.theguardian.com/football/2007/feb/14/theknowledge.sport, accessed 29 July 2013）。時速80マイル（秒速35.8m）の速度でボールがゴールラインを横切り、そのボールが完全にゴールライン全体を越えて5cm飛行した後で、ボールがゴールの中にいるゴールキーパーに弾かれてゴールの外に出されたという状況を考えてみよう。ボールはキーパーが触れた後に時速40マイルでゴールの外へ出されると仮定すると、この場合、ボールがゴールに向かって飛行してくる場合に比べて2倍の時間がかかることになる。ボールは、キーパーが触る前に0.001398秒間、ゴールラインを完全に越えている（0.05m/秒速35.8m）。また、キーパーに弾かれてから0.002796秒間はボールがゴールライン全体の内側に完全に残っている。それゆえ、ボールは0.004195秒の間、ゴールライン全体を完全に越えてゴールの中にあることになる。これを500Hzのフレーム速度で撮影すると、0.002秒ごとのボールの位置を見ることができるので、その結果として、2個か3個のフレームでボールが完全にゴールラインを超えている画像を含んでいるはずである。しかし、FIFAの事務総長が述べた100%正確という基準は、ボールが完全にゴールライン全体を越えている全ての起こりうるケースをテクノロジーによって同定しなければならないということを意味する。もしゴールキーパーがボールに触れた位置がゴールラインを越えて1cmのところ、あるいは1mmのところだったら、どうするのか。このような状況において、ボールが完全にゴールライン全体を越えて映っているフレームの数を予測すると、それぞれ0.420個と0.042個になる（このことは、ボールが完全にゴールライン全体を越えているフレームが得られる確率がそれぞれ42%と4.2%しかないということを意味する）。ボールが完全にゴールライン全体を越えているか否かを推定するために、ゴールに向かって行くボールとゴールから遠ざかって行くボールの映像に基づく予測アルゴリズムを使うことができる。このアルゴリズムは、テニスボールのバウンド位置を決定するために用いられたアルゴリズムが拠り所とする仮定と同様の仮定に基づいている。

❸プレーヤー追跡システム

全地球測位システム*9（GPS）は運動遂行者を追尾し、様々な統計の出力や図表の出力を提供することができる。Catapultシステム*10（Catapultsports, Melbourne, Victoria, Australia）は、あまり目立たないようにプレーヤーが肩甲骨近くに装着できる装置を用いて、GPSデータを心拍データおよび加速度データと統合したものである。この装置は丈夫で、コンタクトスポーツでも用いられている。データは無線を使い、プレーエリアの外にあるノートパソコン、またはiPadやiPhoneにリアルタイムで転送することができる。また、Optimeye S5*11の装置は10Hzで動作し、データはボールの追跡データと統合することができる。他に、指向性無線信号と画像処理を利用したプレーヤー追跡テクノロジーも将来実現の可能性がある（Carling et al., 2008; Carling and Bloomfield, 2013）。なお、Prozone*12（Prozone Sports Ltd, Leeds, UK）やAmisco*13（Amisco, Nice, France）のような画像処理をベースにしたシステムは、品質管理担当者によって求められる操作確認プロセスがあるので、ここでは扱わない（Di Salvo et al., 2009）。

❹他の装置

プロセスの一部として人間の観察者の判断を必要とせずデータが自動的に収集されるものは、どのようなものでも客観的である。例えば、Concept 2ローイング・エルゴメーター（http://cocept2.co.uk/birc/ accessed 30 July 2013）で記録されたストロークの頻度と速度、または

---

*9 **全地球測位システム**：24個の衛星から発射した時刻信号の電波の到達時間などから、地球上の電波受信者の位置を三次元測位するシステム。

*10 **Catapultシステム**：CatapultsportsのGPSを利用したプレーヤー追跡システム。

*11 **Optimeye S5**：CatapultsportsのGPSを利用したプレーヤー追跡システムの商品名。

*12 **Prozone**：Prozone Sportsの画像処理を利用したプレーヤー追跡システム。

*13 **Amisco**：Amiscoの画像処理を利用したプレーヤー追跡システム。

時間測定タグ内のチップに基づいて記録されたマラソンランナーのスプリットタイム（London Marathon 2013, www.virginmoneylondon-marathon.com/marathon-centre/virgin-london-marathon-information/your-timing-tag/, accessed 30 July 2013）は、完全に客観的であるといえる。ただ、データが完全に客観的であるということは、必ずしも完全に正確であることを意味しないということに注意してほしい。それは単に、プロセスの一部として主観的な判断が入っていないということを意味するだけである。他に、陸上競技のフィールド種目で使われる距離測定装置を用いた場合、そのデータは完全に客観的とは見なされない。というのは、フィールド種目では、対象物が地面に落ちたと認識された地点にマーカーを置くためにジャッジが必要となるからである。同様に、アマチュアボクシングで用いられた（2014年まで）コンピュータ式のスコア記録装置は、主観的な判断を明確に含む人間の操作を必要とするため、完全に客観的とは見なされない。

❺量的バイオメカニクス

バイオメカニクスは、解剖学、力学的原理、運動制御を統合した方法論と理論を持っており、それ自体、スポーツ科学の1領域を形成するものである。バイオメカニクスの研究成果の中には、実際のスポーツパフォーマンスが研究されており、スポーツパフォーマンス分析の領域にふさわしいものもある。実際の競技中に侵襲的な方法を用いることが難しいという問題があるために、多くの量的バイオメカニクス研究は実験室の中で行われる。テニスのサービスやゴルフのスイングといった当該のスポーツで重要となるスキルが実験室で分析される場合には、収集されたデータは実際のスポーツスキルのパフォーマンスに近いものであると考えられる（O'Donoghue, 2010: 2)。量的バイオメカニクスでは、被験者のアスリートに付けられたマーカーを捕捉する自動データ収集システムを用いる。これらのシステムには、アスリートの身体に付けられた反射マーカーを複数のセンサーで捕捉するVicon（Vicon motion systems, Oxford, UK）などが含まれる。

❻強　み

完全に自動化されたシステムの主な利点は、データの収集過程において動作や行動に関する人間による主観的な分類が存在しないという点にある。これは必ずしもそのシステムが正確であることを意味しないが、人間のオペレーターによって起こりうる認識の誤りの心配はないということを意味する。Viconのようなバイオメカニクスの分析システムは、非常に詳細な情報を集めることを可能にし、熟練者による技術の観察よりも精度の高い評価を可能にする。また、生データにあるノイズを除去するために、平滑化のアルゴリズムを適用することもできる。

物体またはプレーヤーの自動化された追跡システムは、人間のオペレーターが行う場合よりもはるかに多くの量の記録を正確に行うことができる。これによって研究はより効率的になり、その結果として、より多くのプレーヤーの分析を通じて当該のスポーツをより適切に説明する結果を得ることとなる。

❼限　界

自動化されたバイオメカニクスの分析システムの使用には限界がある。それは非常にコストがかかり、また通常、特別な設備を整えたバイオメカニクスの実験室まで被験者を連れてくる必要があるということである。試合会場に装置を設定することは現実的ではないし、反射マーカーを使うことは侵襲的なことになる。マーカーの取り付けは重要であり、システムから産み出される情報の妥当性に影響を与える可能性がある。近年、この分野での視覚化の革新は大きな発展を見せているものの、多くの実践者にとっては分析結果を理解することが難しくなっている。測定されたパラメーターの量的分析は「過剰」になり過ぎる危険性があり、重要な環境情報やその他の関連がある要素を見過ごしてしまうことがありうる（Knudson, 2013: 6）。

Hawk-Eyeのような物体追跡システムは、カメラの設置位置のわずかな誤りがボールの位置の不正確な記録を招くことになるので、慎重に設置される必要がある。また、プレーヤー追跡システムも、プレーをしているフィールドの表面が完全に平らだという前提に立っているとしたら、同様の問題に悩まされる。例えば、サッカーのピッチは多くの場合、排水を良くするためにセンターサークルに向かって高くなっているからである。

自動プレーヤー追跡システムが、プレーヤーの位置を正確かつ短い時間間隔で頻繁に（例えば10Hzで）記録する場合には、移動距離、移動速度、動きの加速度を推定することが可能になる。プレーヤーの実際の動き（点線）と、その動きの間に0.1秒ごとに記録されたプレーヤーの位置を示した図2.4を考えてみよう。ポイント間を直線で移動すると仮定するプレーヤー追跡システムでは、記録されたプレーヤーが2つの位置の間を実際にどのような軌道をたどって動いたかは不明である。何らかのカーブを適用するアルゴリズムを使ったとしても、プレーヤーによる動きの実際の軌道を完全に正確に表すことができない。

図2.4で考えると、より高頻度（例えば20Hz）で位置情報を記録すれば、正確性を向上させることができる。もしシステムが、より低頻度で位置情報を記録するなら（プレーヤー追跡システムの中には1Hzで記録するものもある）、位置と距離についての情報の正確性は低くなる。移動距離の不正確さは、速度と加速度を計算する時にさらなる不正確さを招くことになるだろう。

また多くのプレーヤー追跡システムは、プレーヤーの向き（向いている方向）を記録せずに、プレーヤーの位置情報を記録している。秒速4mで動いているプレーヤーは、前向きにジョギングしているか、後ろ向きに素早くステップ動作をしているか、あるいは横方向にスキップしているのかもしれない。動きの強度は、動きのスピードだけでなく、プレーヤーの動いている方向にも依存する。後ろ方向または横方向への動きは、同じスピードの前向きの動きよりも高いエネルギー消費を引き出すことが予測される。プレーヤー追跡システムが、前向き、後ろ向き、横向きの動きを識別できないとすると、データの分析は、プレーヤーが高強度での活動に費やしている時間の比率を低く見積もってしまうかもしれない。例えばプレーヤー追跡システムを使った研究では、サッカープレーヤーが秒速4m以上の速さで動いている比率は約7%とされている（Redwood-Brown et al., 2012）。この秒速4mという速度は、陸上競技の見地からの基準では非常に低い速度、つまり100mを25秒、400mだと1分40秒、1マイルだと6分42秒で走る速度である。

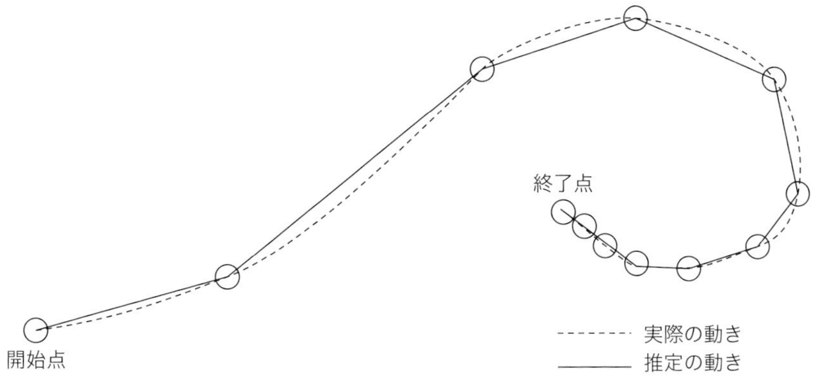

図2.4　プレーが行われている平面上でのプレーヤーの動き

サッカーの主観的なワークレート分析では、プレーヤーは試合時間の10%を高強度の活動に費やしていることが示されている（O'Donoghue et al., 2005b）。熟練観察者による主観的なワークレート分析では、秒速4m以上の速さで遂行される動きの中でいくつかの動きが高強度の活動に分類されないことは大いにあり得る。しかし一方で、秒速4m未満の速さで遂行される動きのいくつかが熟練観察者によって高強度の活動と分類されることもある。このような活動の中には、空中のボールを奪い合うための垂直方向の動きだけでなく、その場でもしくは後ろ方向や横方向へステップ動作をする高強度の動きが含まれている。秒速4m未満の速度で遂行される高強度活動の量は、秒速4m以上の速度で行われる低強度活動の量よりも多い可能性がある。以上のことが、高強度活動の時間の比率について、主観的な分析による10%という値と自動追跡システムで秒速4mという閾値に基づく7%という値の違いを説明している。

速度の閾値が、異なる移動運動に関する推定値を提供するために使われている。例えば、ウォーキングとジョギングの間の閾値として秒速2m、ジョギングとランニングの間の閾値として秒速4.5m、ランニングとスプリントの間の閾値として秒速7mを使うかもしれない。また、例えばGregsonら（2010）は秒速5.5mを高速度ランニングの下限の閾値として、秒速7mをスプリントの下限の閾値として用いた。プレーヤーの中には他のプレーヤーよりも体力的に優れていて、他の人がランニングをする速度でジョギングを行うことが可能かもしれない。このような問題に取り組むために、Prozoneのようなシステムではユーザーがプレーヤーに対して個別の閾値を各移動運動に指定できるようになっている。しかし、SiegleとLames（2010）は、様々な移動運動に対して個々のプレーヤーが使う速度の範囲がオーバーラップしていることを示している。これは図2.5に例示されている。SiegleとLames（2010）は以下の基準で移動運動を分類した。

- ウォーキング：片方の足が地面に接している。両足ともに地面から離れて空中にある局面がない。
- ジョギング：遅い単調な移動速度での動き
- ランニング：はっきりした目的と力発揮がある動きで、通常は長い距離を動いている
- スプリント：最大の力発揮がある速い動き

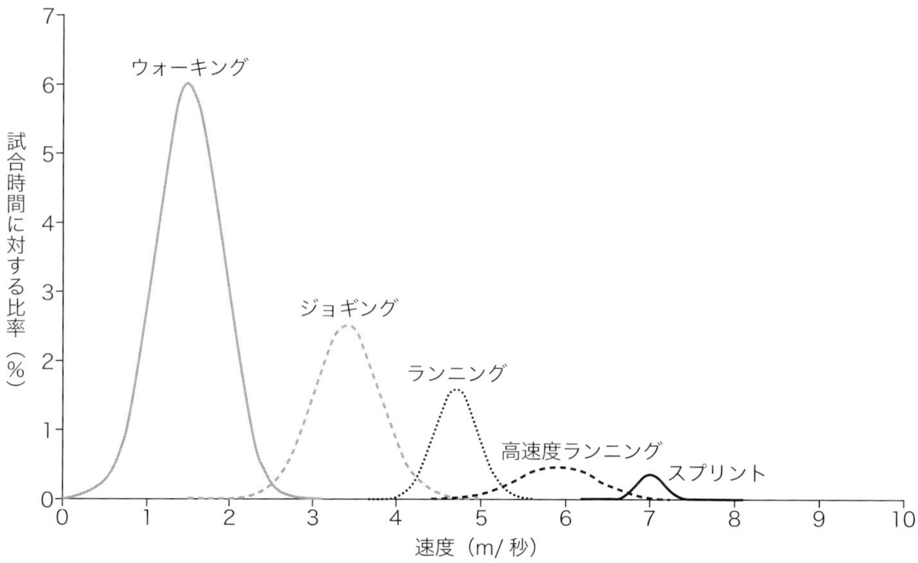

図2.5　各移動運動が遂行される際の速度の範囲

これらの動きは、人間の観察者によって記録された。そしてその後、Siegle と Lames（2010）は、異なる移動運動を遂行していると記録された時に、プレーヤー追跡システムを使って移動運動の速度に関するデータを得た。その結果、各移動運動に対して速度範囲が得られ、それらは分析された速度の平均と標準偏差に基づいて正規曲線として表示された。このことは、図2.5に示されるように、異なる移動運動を遂行するために使われる速度範囲の中にオーバーラップがあることを示唆している。ウォーキングとジョギングの移動運動に対する速度のオーバーラップは、それぞれの移動運動の目的の多様性から説明することができる。サッカーの試合中のウォーキングは、ボールがハーフラインより相手側のフィールドにある時に位置関係を維持するための遅い一様な足取りでの歩行の動きから、例えばスローインをするための位置まで移動が必要な場合のきびきびした歩行の動きまで幅がある。同様に、ジョギングを始めるが、特定の位置あるいは特定の方向へ完全に動き出すことをまだ避けたい時には、毎秒2mより遅い速度でジョギングを遂行することができる。ジョギングはまた、特定の位置に到達するという意図を持っているが、ランニングやスプリントと同程度の力を入れずに秒速4mより速い速度で遂行することができる。プレーヤーが動いている速度が遅ければ遅いほど方向を変える範囲が広くなるので、方向変換能力は移動運動の速度に関連する（Grehaigne et al., 1997）。現在の位置からどれほど遠くまで動くことができるかと、どれほど大きく方向を変えることができるかはトレードオフの関係があり、両方ともその時の動きのスピードに影響を受ける。プレーヤーが速く動いていればいるほど、1秒後には遠くまで到達することができるが、遅く動いていればいるほど方向を変換できる範囲が大きくなる。このことによって、特定の移動運動が、ある幅を持った速度で遂行されることになる。プレーヤーは、もし相手の動きに反応する必要がある時には、容易に方向を変えられるよう意図的にストライドを短くしてジョギングかランニングを行うだろう。また、例えばサッカーのドリブルのようなボールを保持しての動きでは、足で周期的にボールに触れることが必要となるので、結果として一般的な移動運動とは異なるものとなり、その速度に影響を与えることになる。

3. 質的データの量的分析

❶従来的な記述分析

記述分析は、手作業によるものにせよコンピュータ化されたものにせよ、データ収集の時点で主観的な判断が含まれていることが普通である。第1章で紹介したタイムモーション分析の例を考えてみよう。ここでは動きの7分類のバージョンを考えてみる。分析の結果、プレーヤーによって遂行されたジョギングとランニングについて最終的に度数が得られる。また、ジョギングとランニングの平均的な運動継続時間について最終的に数値が得られる。しかしながら、コンピュータ化されたシステムに具体的な事象を入力するデータ収集の時点では、観察対象のプレーヤーがジョギングをしているのか、ランニングをしているのか、あるいは他の動きを遂行しているのかについて主観的に判断が下されている。このことが図2.6に示されている。ここでは2人の観察者が描かれており、1人がプレーヤーの動きを口頭でコード化し、もう1人がそのコード化された動きに対応したファンクションキーを押している。

このプロセスには、動きに関する各人の認知過程を含んでいる。スポーツに関する観察者の経歴が、何をジョギングあるいはランニングとするかの判断に影響を与える可能性がある。陸上競技の経験がある観察者は、球技の経験を持つ観察者に比べ、ランニングをより速い速度で遂行された動きに限定するかもしれない。陸上競技の経験があるということは、前方への動きに心身と

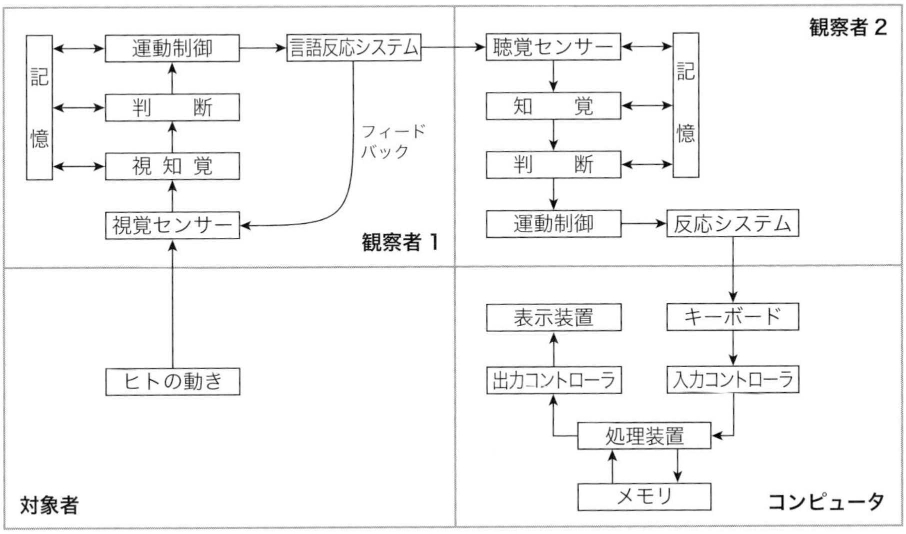

図2.6 人間の情報処理システムのモデル

も全力を傾けてランニングしているアスリートを見慣れているということを意味する。球技のプレーヤーがスペースを探しながら、また、どこに相手や味方がいるか、どこにボールがあるかを見ながら走っている時、陸上競技の経験を持つ観察者はそれをランニングと判定することに他の人より少し消極的になるかもしれない。

別の例としては、アマチュアボクシングで（最近まで）使われていたコンピュータ式のスコアシステムが挙げられ、赤（または青）コーナーのボクサーが得点になるパンチ（以下では得点パンチと称する）を放ったとジャッジが認識した時に、赤（または青）のボタンを押すというものである。1秒間に5人のジャッジのうちの3人以上が同じ色のボタンを押したら、そのボクサーにポイントが与えられる。同じ色のボタンを押すジャッジが1人〜5人の場合があるという事実は、この審判方法が主観的な過程、反応時間の差異、データ入力の誤りを含んでいるということの証拠になる（Coalter et al., 1998）。得点パンチは、グローブの白いナックルパートの部分で打たれ、肩から拳までしっかり体重を乗せて頭もしくは胴体の正面に当たったものと定義される。これは、同じ試合を見ている複数のジャッジがまったく同一に適用できるレベルの精密な定義ではない。このスコアシステムはジャッジのボタンを押すという行動に基づいて客観的にスコアを表示する。しかしながら、その数値スコアは主観的なプロセスが関与した行動から導かれているのである。

さらに、たとえ得点パンチについて5人のジャッジの間で100％の一致が得られていたとしても、得点パンチの数を数えることに関して別の問題がある。ボクサーによって放たれた得点パンチの数は、パンチの質の詳細を無視して単に量的にカウントされたものである。この点において、コンピュータ式のスコアリングシステムは、熟練の審判が知識と専門性を持って勝者を決めるもう1つの方法に比べて劣っている。コンピュータ式のスコアリングシステムそれ自体がアマチュアボクシングの本質を変化させ、ボクサーはこのスコアリングシステムに対応して勝利の可能性を最大化する。例えば、もしそのシステムが1秒間に1回しか、得点パンチを数えることができないとすると、コンビネーションパンチの使用は望ましくない結果を生むかもしれない。もし一方のボクサーが1秒の間に、得点パンチの基準を満たす3発のパンチを当てたとしても、もう一方のボクサーがこの間にそれに反応して得点パンチを1発当てることができたら、どちらのボクサーにも1ポイントが与えられるということが起こりうる。それゆえ、得点パンチを許さないようにしながら一度に1発の得点パンチを成功させるという考えに基づいた戦略が、より有効に見えるかもしれない。

観察者に観察の手引きを与えることによって、従来的な記述分析システムの客観性を向上させる方法がある。例えば、前述したSiegleとLames（2010）のように、ウォーキング、ジョギング、ランニング、スプリントとして分類される動きについて説明文を与えることができる。他の例としては、テニスのネットポイントの定義が挙げられ、この場合には「1回以上のショットがプレーされているラリー中に、プレーヤーがサービスラインを横切って前に出たポイント」として定義される。

❷ 実行できない定義

非常に特殊なものであるが、人間の観察者では正確に実施することができない定義がいくつかある。例えば、ジョギングとランニングを見分ける閾値が秒速4mと定義された場合、ウォーキングより速いが秒速4mより遅い前方への動きは全て「ジョギング」とカウントされ、秒速4m以上の前方への動きは全て「ランニング」とカウントされる。この例では、ランニングとスプリントがランニングという1つのカテゴリーに統合されている。人間の観察者にとって、加速または減速しているプレーヤーが秒速4mに達した瞬間を認識することは非常に難しい。それゆえ、定義は存在するが、それを観察者が正確に適用することはできない。

ここでのさらなる問題は、ジョギングとランニングを区別する閾値としての秒速4mの選択が恣意的なものであるということである。なぜ秒速3.87mではないのか。なぜ秒速4.04mではないのか。競技場の全てのサーフェス条件で同じ閾値を使うべきなのか。後半でも前半で使われていた閾値と同じものを使うべきなのか。プレーヤーが静止状態から加速している時、秒速4mよりも遅い速度をはっきりと認識しているべきなのかといった疑問が生じる。

観察者によって正確に実施できない操作的定義の他の例としては、侵入型の球技におけるパスの方向がある。図2.7に示すように、パスの方向について前方、後方、左方向、右方向を示す90度の扇型を用いることができる。これは明確なものであるが、しかしパスが対角線上に出された場合、パスが2つの扇型のどちらに入るのかを決定することが難しい。さらに検討しなければならないこととして、図2.7に示されているように、特にプレーヤーがフィールドの左または右のサイドにおり、攻撃エリアに斜め横方向のボールを入れようとしている場合には、このような定義自体が適切でないかもしれない。というのは、この場合、使われている定義によればこのようなパスは右横方向になるかもしれないが、戦術上の観点から言えばフィールドの他のエリアから右横方向に蹴られたパスと同じと見なすことはできないからである。

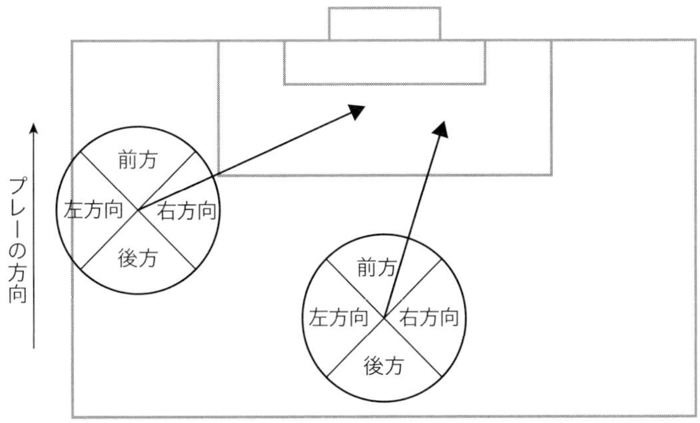

図2.7 パスの方向の操作的定義の一例

❸強　み

主観的に分類されたイベント（質的データ）についての量的分析は、スポーツパフォーマンスの複雑さを効果的に処理する。すなわち、パフォーマンスの抽象的な表現を提供することで、コーチやアスリートの意思決定を支援する。従来的な記述分析法は、熟練観察者の判断からの利益を得ながら、量的な技法をその中に組み込んでいる。記述分析のシステムはまた、自動化されたプレーヤー追跡システムよりも費用がかからずに使用できる。

❹限　界

質的データの量的分析では、正確な定義が、意図したものとは別のものを測定してしまう結果になることがある。テニスでワークレートを評価するためにラリーの長さを記録していると仮定しよう。客観的であるためには、ラリーの開始をサーバーがボールをヒットした時と定義することができるだろう（サービスは入ると仮定、またサービスエースではないと仮定する）。また、ラリーの終わりはルールに従ってポイントが決まった時と定義することができる。ラリーは、ボールがネットに当たった時や相手のコートに入らなかった時のようなミスが起きた時に終わるかもしれないし、ウィナーショットが決まった時に終わるかもしれない。ポイントは、相手がラケットでボールに触れずボールが2回バウンドすると終了する。一方のプレーヤーがサービスをして相手がリターンをしたら、ボールが空中高くに舞い上がって明らかにコート内に入らないと認められる状況を想像してみよう。ラリーはこの時点で実質的に終わっており、両方のプレーヤーはリラックスして次のポイントに備えることができる。しかし、定義によればラリーはサービスリターンのボールがコート面に着地するまでは終わったと記録されない。同様に、プレーヤーがネット近くでスマッシュを打ち、ボールがコート面で弾むや否や、相手のプレーヤーが2バウンド目までにボールへ到達できないことが明白となることがあるだろう。以上で述べたような意味では、客観的であることは、テニスでプレーヤーが行っているワーク活動の量を過剰評価してしまうことになる。熟練の観察者は、与えられた定義に従ってラリーの長さを正確に記録することができるだろう。しかし、それは実際にはラリー終了前に終わっている高強度活動の時間を記録しているというよりも、むしろ形式上のラリーの長さを記録しているのである。

行動の分類は、それによりスポーツパフォーマンスの複雑さをうまく処理する一方で、本来異なる行動が同一の大まかな行動カテゴリーに含まれてしまうという欠陥を伴う。タイムモーション分析で使われた動きの7分類スキーム（静止、歩行、後進、ジョギング、スプリントを含むランニング、ステップ動作、ゲームに関連した活動）を考えてみよう。この中で特に「ゲームに関連した活動」を取り上げると、この動きはプレー中にボールを保有して行われる動き、あるいはボールを奪おうとする動きと定義される。ここで、各動きに対応するファンクションキーを備えたコンピュータシステムをあなたが使っているとしよう。あなたは今サッカーの1人のフォワードプレーヤーに着目しており、ボールが彼に向かって動いているので、「ゲームに関連した活動」を入力しないといけないとすでに予期している。そのプレーヤーがボールを受けた時、あなたは彼が「ゲームに関連した活動」を始めたことを記録するためのファンクションキーを押す。ボールを受けてから9秒の間に、彼はゴールに向かってドリブルをして、相手のディフェンダーによるプレッシャーを受けながら、それをかわし、シュートの機会を得てシュートを決める。シュートを決めると、彼はサイドに飛び跳ねていったので、あなたはステップ動作のファンクションキーを押し、その後も、彼の活動の記録を続ける。この結果、9秒間の「ゲームに関連した活動」が入力されたことになる。次に、同じ分析システムを使って別の試合でディフェンダーを観察していると想像してみよう。相手の攻撃がちょうど不成功になったところで、ゴールキーパーがボールを持っている。両チームのプレーヤーはフィールド上でウォーキングまたはジョギングを始める。歩いているディフェンダーがゴールキーパーの方を振り返り、ボールを受けられる状態になるようにゴールから離れながら後ろ向きにステップをする。彼が自陣の深い位置にいるので、相手のプレーヤーは彼の近くにはおらず、ボールを奪われゴールを決められる差し迫った危険はない。ゴールキーパーはそのディフェンダーに向かってボールを転がす。ディフェンダーはボールを受け取ったので、あなたは定義に従い、ディフェンダーが「ゲームに関連した活動」を始めたと記録するためのファンクションキーを押す。そのディフェンダーは彼の前でボールをコントロールしながら前向きに歩き、フィールド前方での最も良いプレーオプションを探しながらフィールドを見渡す。相手のプレーヤーは彼にスペースを許し、プレッシャーを与えには来ない。ディフェンダーは最初にボールを受け取ってから9秒間、ボールに何回か触れながらドリブルし、相手陣にボールを入れる。あなたは、そのディフェンダーがボールを前方に入れた後、ジョギングをしていることを示すファンクションキーを押す。ここで示されている分析システムによれば、最初に例として記した攻撃プレーヤーと次に例として記した防御プレーヤーは、9秒を費やして同じ「ゲームに関連した活動」を行っていることになる。しかし、前者のフォワードプレーヤーの9秒間の活動の強度は、後者のディフェンダーのそれよりも高かったはずである。これは、サッカーという競技の複雑さを正しく表現するために、少数の動きの分類スキームを使おうとするシステムの限界である。

もう1つの例として、あるプレーヤーが他のプレーヤーよりも体力的に優れていることから生じるタイムモーション分析の問題を考えてみる。サッカーのミッドフィルダーの活動を記録するために、動きの7分類システムを使っているところを想像してみよう。彼のチームはちょうどゴールキックから攻撃を始めようとしているところで、両チームのプレーヤーはフィールドの中央付近に向かって動いている。このミッドフィルダーは現在のスピードで動くことが負担であると感じているように見え、息も上がっているので、あなたはランニングを表すファンクションキーを押した。その後もあなたは観察を続け、ゴールキックが蹴られた時に彼自身が居たいと思っている場所に近づくにつれジョギングへと速度を落とすことを予期している。ミッドフィルダーが依然としてランニングを続けている時に、1人の相手プレーヤーが彼のそばを同じ速度でジョギングしていることにあなたは気づく。ここでの問題は、両方のプレーヤー（ミッドフィルダーと相手のプレーヤー）が同じ速度で動いているということである。1人のプレーヤーにとってはジョギングであるが、もう1人のプレーヤーにとってはジョギングよりも大きな力発揮が求められている。ここではサッカーのゲームで要求されることを理解するために、多くのプレーヤーを対象とする研究の一部として、このミッドフィルダーを分析しているのかもしれない。ここでこのミッドフィルダーがランニングを遂行していると記録したが、それはただこの動きの速度が、他の何人かのプレーヤーにとっては可能となるジョギングではなく、むしろランニングを彼に強要することになったからである。このプレーヤーは他のプレーヤーほど体力的には優れていないかもしれないし、プレーヤーの間には体力レベルに差があることも否定できない。だからこのプレーヤーを分析すると、単に彼が他のプレーヤーよりもハードに活動せざるを得ないという理由だけで、他のプレーヤーよりも高強度活動を遂行していた時間の比率が大きくなるという結果が得られるかもしれない。この状況では、観察をしているプレーヤーへの要求を分析することが最善であり、幸運にも研究の中に十分な数のプレーヤーが含まれていれば、体力的に優れたプレーヤーの活動が、より劣ったプレーヤーの活動に対してバランスを取ることになるだろう。体力的に優れている（もしくは劣っている）プレーヤーを観察している時に、「平均的なプレーヤー」に要求されることについて判断をしようとすることは単に分析作業の困難さを増すだけである。

3つ目の例は、サッカーのシュートである。動きの2分類スキーム（ワークとレスト）を使って、あるフォワードプレーヤーを観察していると想像してみよう。あなたは、プレーヤーが高強度活動を始めると認識した時に特定のファンクションキーをコンピュータ上で押し、プレーヤーが低強度から中程度の活動を遂行していると認識した時に別のキーを押す。その時がインプレー中なのか、試合が止まっている間なのかは関係がない。また、プレーヤーがボールを持っているか否かも関係はない。問題となるのは、プレーヤーが高強度で活動していると認識されるかどうかだけである。プレーヤーが歩いていて、そこからゆっくりとジョギングをする、それは明らかに高強度の力発揮を必要としない。クロスボールがサイドからフィールドを横切って彼のところに来た時、彼は相手のゴールから約30mの距離のところにいるとする。彼はシュートをするが、しかしその際、無造作に足を振ったように見えたので、一瞬の躊躇の後、あなたはワーク活動を表すファンクションキーを押さなかった。そして、プレーヤーはシュートを打った後もゆっくりとジョグを続けている。あなたは何が起こったのかを考え、そのシュートが高強度の力発揮を必要としたのだろうかと疑問に思う。プレーヤーにとってそれは非常に容易だったように見えるが、放たれたボールは速いスピードでゴールに向かって行った。あなたは、ボールをそのように速いスピードで飛ばすためには、ボールを非常に力強く、疑いもなく高強度の力を発揮して蹴らなければならないということを知っている。たとえ観察をしているフォワードのプレーヤーがボールを簡単そうに蹴ったように見えたとしても、それは力学的に力を発揮することが要求されていたに違いない。以上のことが、特定のプレーヤーの体力レベルとは関係なくゲームで要求されることを分析しているのか、それとも観察している特定のプレーヤーに必要となる力発揮を分析しているのかといった問題のもう1つの例である。サッカーにおける高強度活動の研究は十分な人数のプレーヤーを含んでいる必要があるので、それらのプレーヤーの平均的な結果がゲームで要求されることを一般に表すものとなるであろう。

4. 判定がアナリストから独立しているイベント

観察者が主観的な判断を要求されない客観的な観察方法がある。この場合には、アンパイヤーやレフェリー、そしてテクノロジーにより開発された補助装置が判定をする。例えば、テニスでは観察者はマッチオフィシャルの判定に従って単にポイントの結果を入力するだけである。もしボールがアンパイヤーによって「アウト」とコールされたら、観察者自身がそのボールをインと見たかアウトと見たかには関係なく、それを「アウト」と入力する。テニスのチャレンジシステムが使われたら、観察者がそうであったはずだと感じた結果ではなくて、チャレンジシステムによって判定された結果が観察者によって記録される。この場合、審判の認識の誤りが起こりうる。例えば、サッカーでボール全体がゴールラインを完全に通過していないのにゴールが与えられる事象や、ボール全体がゴールラインを完全に通過しているのにゴールが与えられないといった事象である。しかしながら、他の人による判定結果を正確に記録しているアナリストが、追加の誤りを犯すことはここにはない。このようなシステムは、アンパイヤーやレフェリーといった重要な役割に責任を持つ専門家によって下された判定を使うことが必要である。他のアナリストやジャーナリストによって記録されたデータを使うことは、ここで述べている方法としては見なされない。

研究の中には、アンパイヤーによるコールとポイントの結果のみを使用して行われたものもあるが（O'Donoghue, 2013b）、スポーツパフォーマンス分析では様々なタイプのデータをミックスして使うことの方が一般的である。分析システムのオペレーターの判断を関与させる場合もあるし、そうでない場合もある。スポーツパフォーマンスにおけるイベントの中には、他のものに比べて、より「事実に即した」ものがある。表2.2は、テニスのパフォーマンス分析において客

表2.2　テニスで記録される変数の客観性

客観性	変　数	説　明
ある	サービスエース	アンパイヤ―の判定
	ダブルフォルト	アンパイヤ―の判定
	ポイントを取得したプレーヤー	アンパイヤ―の判定
	サービス（ファーストか、セカンドか）	アンパイヤ―の判定
通常はある	ポイントの終了（ウィナーショットか、相手のミスか）	コーチの中にはいくつかのフォーストエラーをウィナーと見なすコーチもいる
たぶんある	グラウンドストロークの種類（フォアハンドか、バックハンドか）	かなり明白
たぶんない	サービスがサービスボックスの三分割のどこに入ったか	位置の判断
ない	ポイントの種類（ベースラインからのショットか、ネットプレーか）	分析手引きの解釈
	サービスの種類（フラットサービス、スライスサービス、キックサービスのどれか）	熟練の観察者が必要
	ミスの種類（フォーストエラーか、アンフォーストエラーか）	観察者の判断

観性のレベルが異なる変数を示している。このような変数に関する客観性の程度については、第9章において紹介する信頼性に関する統計値を用いて表現することが可能である。

❶強　み

アナリストではなくアンパイヤーとレフェリーによって下された判定に基づくデータを用いることの強みは、判定をする人の専門的知識と能力にある。そのデータの質の高さは、スポーツ競技の審判を務めるという重要な役割に起因する。様々な得点経過におけるパフォーマンスを研究しているコーチやアナリストにとって、その時々の試合の状況に関心があるかもしれない。アナリストとアンパイヤーの意見が異なる時、アンパイヤーの判定の方を採用するということは、記録されたスコアがプレーヤーによって経験されたスコアと同じであるということを保証する。

❷限　界

スポーツ競技において遂行されたイベントを記録する際にアンパイヤーの判定を用いることには限界がある。1つ目の問題としては、そのようなアンパイヤーの判定に基づく変数にのみ依存するということは、遂行されている戦術や個々のスキルといった重要な変数を除外してしまうことになる。2つ目の問題は、いくつかのスポーツにおいてはレフェリーが判定を下す際にルールを解釈することが必要であり、これが首尾一貫せずに行われる可能性があるということである(Coleclough, 2013)。実際、レフェリーが下した判定をモニタリングするパフォーマンス分析の部署がある。審判はしばしばテクノロジーの助けを借りることなく試合中に判定を下さなくてはならない。審判のパフォーマンスをモニタリングしている部署では、試合後のビデオ分析が行われ、レフェリーに与えるフィードバックの正確性が最大になるよう繰り返し映像が検討されている。

第3章 スポーツパフォーマンスのデータと情報

第2章では量的データと質的データを取り上げ、これら2種類のデータの分析方法を紹介した。本章の目的は、スポーツパフォーマンス分析に含まれる異なるタイプのデータと情報について解説を行うことである。ここでの主眼は、パフォーマンス指標についての議論と、それらのスポーツパフォーマンス分析における使用についての議論にある。本章ではパフォーマンス指標とは何かを説明し、それに加え、パフォーマンス指標の特性、そしてパフォーマンス指標とスポーツパフォーマンス分析で使われる他のタイプのデータや情報との関連性について説明する。また、パフォーマンス指標の値を解釈するための様々な方法について説明をする。本章ではスポーツパフォーマンス分析の中で得られる生のデータと、それらの生データからどのようにしてパフォーマンス指標が導き出されるかが扱われる。このようなデータの変換を行うシステムのプロセスの詳細については、この後の第4章から第8章で扱われる。本章で言及される重要な測定上の問題は妥当性である。どのような分析システムによっても、パフォーマンスの重要な領域についてコーチやプレーヤーが情報に基づいた意思決定ができるように、妥当性のある情報を産み出さなくてはならない。本章では、関心のあるスポーツにおけるコーチングの文献をどのように参照して、使用すべき最も適切な情報を引き出すことができるかを説明する。

1. 還元的アプローチ

スポーツパフォーマンスは高度に複雑で膨大な量的データを産み出す可能性のあるものである。これは全てのスポーツに当てはまるが、特にチームゲームによく当てはまる。スポーツパフォーマンス分析の主要な任務の1つが、スポーツパフォーマンスの高度なレベルでの複雑さを、意思決定を支援する際に使えるような制御可能な量の情報にまで低減することにある。これには抽象化を必要とする。すなわち、最も重要な情報を含み不必要なノイズを排除して、スポーツパフォーマンスを表現することを必要とする。図3.1はスポーツパフォーマンス分析に使われる還元的アプローチの考え方を示している。テニスの試合を例に考えてみよう。情報を低減することの最初のステージは、試合をビデオ録画することである。ビデオ録画は、ビデオの各フレームの中に膨大な情報を含めることになる。それにもかかわらず、ビデオ録画は、運動遂行者によって経験された多くの関連情報、その場にいた人が経験した場の雰囲気の情報、そしてその時のビデオカメラでは捉えることのできなかったパフォーマンスに関する多くの潜在的な視界を排除してしまっている。テニスでは、試合でプレーされた各ポイントについてデータが記録される。例えば、以下のようなものが記録される。

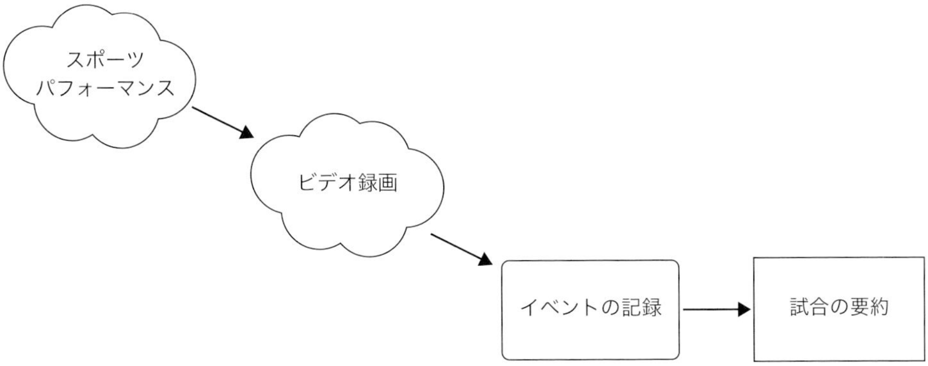

図3.1　スポーツパフォーマンス分析におけるデータ還元の過程

- 各ポイントの始まりの時点でのセット、ゲーム、ポイントに関するスコア
- 誰がサービスをしたか
- ファーストサービスが入ったか否か
- サービスが入った場所（標的となるサービスボックスの左エリア、中央エリア、右エリア）
- 打たれたショットの数
- ポイントの種類(サービスエース、サービスウィナー*1、ダブルフォルト、リターンウィナー*2、ネットポイント、ベースラインラリー)
- ポイントがどのようにして終わったか（ウィナーショット、フォーストエラー、アンフォーストエラー）
- ポイントを取得したプレーヤー

これは、8項目のデータを使ったテニスのポイントに関する抽象的な表現である。このような抽象的表現により排除された大量の情報がある。個々のショットに関する情報、すなわち、どの場所からのショットか、フォアハンドだったのかバックハンドだったのか、ボレーだったのかグラウンドストロークだったのか、ショットのボールがコートのどこに着地したか、ショットの速度、ショットの力学的情報、スピンなどは記録できたかもしれないが、ここでは含まれていない。また、プレーヤーのショットとショットの間の動きやショットを遂行している時の動きに関する情報も排除されている。しかし、それでもテニスの試合は多くのポイントで成り立っているので、記録される多くの情報がある。2012年USオープンの男子シングルスの決勝、アンディ・マレー選手とノバク・ジョコビッチ選手の試合を振り返ってみよう。この5セットにわたる試合では315のポイントがあった。それゆえに、各ポイントに関するデータを表3.1に示すような試合全

＊1　**サービスウィナー**：サービス時に、リターン側のプレーヤーがボールに触れはしたが返せずに決まったポイントのこと。
＊2　**リターンウィナー**：サービスのリターン時に、サーバー側のプレーヤーにボールを触れさせずに決まったポイントのこと。

表3.1　2012年USオープン男子シングルス決勝の試合の全体概要(www.usopen.org, accessed 31 December 2012)

試合の統計	アンディ・マレー	ノバク・ジョコビッチ
サービスエース	5	7
ダブルフォルト	4	5
ファーストサービスの成功	98/150 (65%)	103/165 (62%)
ファーストサービス成功時のポイント取得	61/98 (62%)	65/103 (63%)
セカンドサービス時のポイント取得	25/52 (48%)	26/62 (42%)
最速のサービス	212 km/時	206 km/時
ファーストサービスの平均速度	179 km/時	187 km/時
セカンドサービスの平均速度	134 km/時	146 km/時
ネットプレーでのポイント取得	16/24 (67%)	39/56 (70%)
ブレークポイントでのポイント取得	8/17 (47%)	9/18 (50%)
相手サービス時のポイント取得	74/170 (44%)	64/154 (42%)
ウィナー	31	40
アンフォーストエラー	56	65
取得したポイントの総計	160	155

体のサマリーに変換するために、さらなるデータ還元の過程が必要とされる。この試合のサマリーは、サービスの方向やフォアハンドおよびバックハンドでプレーされた個々のショットの種類(アプローチショット、ドロップショット、グラウンドストローク、ロブ、オーバーヘッドショット、パッシングショット、ボレー）を要約した他の追加の情報とともに、トーナメントの公式ウェブサイトから入手することができる。

表3.1の情報は、サービス、レシーブ、ブレークポイント＊3、ウィナー、エラーといったテニスのパフォーマンスの関連要素の集合体であるので、パフォーマンスのプロファイルと言える。スポーツ科学における「プロファイル」という言葉は、スポーツ心理学やストレングス＆コンディショニングといった学問分野においてもまったく同様の意味で使われる。すなわち、スポーツ心理学における気分の状態のプロファイルには気分に関する6つの異なる要素が含まれており(McNair et al., 1971)、ストレングス＆コンディショニングにおける体力のプロファイルには柔軟性、スピード、パワー、持久力、そしてコーディネーションといった関連変数が含まれる。これらのプロファイルは、それぞれアスリートの気分と体力に関する簡潔で制御しやすい抽象的な記述である。表3.1に示されたスポーツパフォーマンスのプロファイルは特定の個人のパフォーマンスについてのものであるが、複数の試合のデータに基づき平均的なパフォーマンスについてプロファイルを作成することもできる。複数の試合のプロファイルを作成することはまた、パフォーマンスの特定の側面について安定していたり不安定であったりするアスリートのパフォーマンスのばらつきを示すことを可能にする（O'Donoghue, 2005a)。

この還元的アプローチを議論する際に、パフォーマンスに関するビデオ収録はスポーツパフォーマンス分析においてなお非常に重要であるという事実を忘れてはいけない。試合の統計は、

＊3　**ブレークポイント**：あと1ポイントで相手のサービスゲームを奪える状態のこと。

注意を要するパフォーマンスの側面をすばやく特定することを可能にする。それは「何が問題の領域であるのか」「どの側面が効果的に遂行されているのか」を特定することを助ける。コーチとプレーヤーは、このような統計値というエビデンスを持ちながら、次に、関連のビデオシークエンスを詳細に見直して、「パフォーマンスがどうしてそうだったのか」「何ができていたのかもしれないのか」「どんな別の判断を下さないといけなかったのか」「この領域のパフォーマンスをどうしたら改善できるのか」といったことを議論する（O'Donoghue and Mayes, 2013a）。今日利用できる双方向的なスポーツビデオ分析システムでは、ビデオのイベントにタグがつけられ、それらが後に分析され統計値として要約される。そのシステムはまた、関連するビデオシークエンスをすばやく特定して再生することができる柔軟性を有している。関連のビデオシークエンスを見ることで、コーチとプレーヤーは、そこから引き出される多くの複雑な質的情報を用いてパフォーマンスの「なぜ」と「どのように」の検討に入るのである。

ここでは、異なるタイプのデータが異なるタイプの分析において用いられている。パフォーマンスアナリストは、非常に限られた範囲の一組の量的要約データを産み出し処理をする。その中で、アナリストは、事前に決められた目的、パフォーマンス傾向の情報、パフォーマンスの基準、そしてその他の知識を使って、量的な情報を効果的に解釈する。このような基礎的な分析はプレーヤーとコーチの注意を重要な領域に集中させる。一方、コーチとプレーヤーによるビデオシークエンスの分析では、対象のスポーツに関する彼らの広範な知識に支えられた、はるかに複雑な情報が使われる。プレーヤーやコーチにとっては各自のスポーツは人生の一部である。彼らにはレベルは様々であるが競技の経験があり、将来コーチや審判をする可能性があるのに対して、アナリストは非常に多くの場合、分析しているスポーツの競技の経験が全くないかもしれない。コーチやプレーヤーはプレーの原則、戦術的なオプション、そして良いプレーと良くないプレーの特徴について詳細で深い知識を持っている。これらの知識は、関連のビデオシークエンスを分析して今後の試合の準備に関する意思決定を行う際に、プレーヤーやコーチによって使用される。

2. 用語

❶値と変数

スポーツパフォーマンス分析では、事実、写真、ビデオ、言葉による情報を含む様々なタイプのデータが用いられる。量的データにはイベントの名義データ、順序データ、数値データが含まれる。量的データを理解するためには、値と変数を区別しなければならない。表3.2は測定尺度に従って分類されたスポーツパフォーマンス分析からの例である。名義尺度とは、表3.2に示されたテニスにおけるポイントの種類のような限られた数の名前の値である。これらの名義尺度には順序がない。ただポイントの異なる種類があるだけである。順序尺度は、例えば運動遂行の質において「卓越しているexcellent」は「優れているgood」よりも優れていて、「優れているgood」は「普通であるaverage」よりも優れているというような値に順序があるものである。

表3.2　異なる測定尺度の変数と値

測定尺度	変　　数	値
名義尺度	ポイントの種類	エース、ダブルフォルト、サービスウィナー、リターンウィナー、ベースラインラリー、ネットポイント
	フィールド上の位置	ディフェンディングサード左サイド、ディフェンディングサード中央、ディフェンディングサード右サイド、ミドルサード左サイド、ミドルサード中央、ミドルサード右サイド、アタッキングサード左サイド、アタッキングサード中央、アタッキングサード右サイド
	ネットボールのプレーヤー	GK、GD、WD、C、WA、GA、GS（p. 91、図5.1参照）
順序尺度	運動遂行の質	卓越している、優れている、普通である、劣っている、非常に劣っている
	ポゼッションの結果	ゴール、枠内シュート、枠外シュート、アタッキングサードに侵入したがシュート機会を作れず、アタッキングサードに侵入できず
間隔尺度	関節角度	-0.5ラジアン、＋0.25ラジアン
比率尺度	ゴールに結びついたポゼッション率	50.0%、62.4%、34.7%
	運動継続時間	3.5秒、12.4秒、6.2秒
	移動距離	10,424m、11,562m
	1回のラリーあたりのショット数	17、2、1、6
	1回のラリーあたりの平均ショット数	6.2、5.0、4.9
	1回のラリーあたりのショット数の中央値	6、5、5.5
	1回のラリーあたりのショット数の最頻値	5、4

変数の順序は、値と値との間で「より大きい」とか「より小さい」といった比較を可能にする。

数値尺度の変数は、無限の数の値を持つことが可能である。たとえ値が1と2に限られていたとしても、小数点以下の位に制限をつけなければ、1と2の間には無限の数値が存在する。尺度はこれらのポイントの間を連続的につないでいる。数値尺度には間隔尺度と比率尺度の2つの種類があるが、統計分析のパッケージソフトの中には、これら2つが多くの分析の手順を共有しているという理由で1つにまとめているものもある。間隔尺度は、各単位の値の間に一定の決まった間隔があるというものである。例えば、0と1の間の差は、1と2の間や2と3の間の差がそうであるように1である。これによって、値と値の間の差を引き算により説明することが可能になる。間隔尺度の測定値の例は、技術の分析における関節角度である。その際、可能性のある値の範囲には、絶対的な値としてのゼロではなく角度範囲の中央値をゼロとして負の値を含むかもしれない。このことは、ゼロで割るというエラーを生じさせるという理由から、値の割り算を無効にする。

他方、比率尺度の変数は、間隔尺度の変数の特性を全て含んでいるが、それに加え、測定される対象が存在しないことを意味するゼロポイントを持っている。比率尺度の測定値の例は、表3.2で扱われている移動距離である。0mという値はプレーヤーが動いていないことを示している。測定する対象が存在しないことを示すゼロポイントによって、2つの値の間の比率を割り算によって説明することが可能となる。例えば、10,000mは5,000mの2倍の距離である。表3.2における評定の変数は比率尺度ではなく順序尺度である。なぜならば、評定の数値は等間隔の得点を表すものではなく、単に順位を表すために使われる数字コードであるからである。

変数を設定することによって、関連する全ての可能なケースを調べる必要がなく特定の概念を議論できるようになる。例えば、平均ラリー継続時間という変数に対して、対象となり得る全てのテニスの試合からの全ての値についての計算結果を示す代わりに、下記の方程式［3.1］を使うことができる。

［方程式3.1］

平均ラリー継続時間＝ラリーに費やされた時間の合計/プレーされたラリーの総数

3. データと情報

この節の目的は、データと情報という用語がスポーツパフォーマンス分析においてどのように使われているかを明らかにすることにある。「データ」と「情報」という用語は、データ分析のどのプロセスにおいてもそれぞれが異なる意味を持つので、互換的に使える用語ではない。ある1つのプロセスを考える時、そのプロセスへの入力は「データ」と見なされ、出力は「情報」と見なされる。図3.2は、記録されたコーチ行動のイベントに関するデータベースを一組の要約的な結果へと還元していく4つのプロセス経路を示している。この図には、プロセスとプロセスをつなぐ3つのデータの流れとともに、分析全体の入力（個々のイベント）と出力（結果）がある。これら3つのデータの流れのそれぞれには、データと情報の両方がある。出力をするプロセスでは情報であるが、入力として使うもう1つのプロセスではデータとなる。例えば、「コーチ行動の概要」はこの経路の3番目のプロセスによって産み出される情報であるとともに、経路の最後

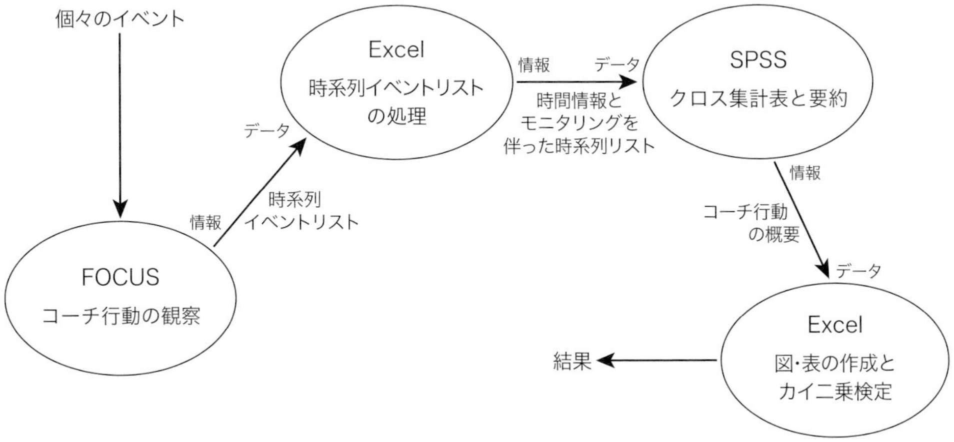

図3.2　スポーツパフォーマンス分析のプロセス経路におけるデータと情報

のプロセスへ入力されるデータとなる。

このようなプロセスの目的はデータを要約的な情報に変換することであり、その後、その要約情報は直接他のプロセスに向かうか、あるいはデータの貯蔵庫に送られる。ここでの貯蔵庫とは、分析システムによって紙ベースの形か、またはコンピュータのファイルになるであろう。同様に、スポーツパフォーマンス分析システムに含まれるプロセスは、手作業か自動化された作業、または両方を組み合わせたものになるであろう。両方を組み合わせた作業の例としては、コンピュータ分析システムがデータの記録のために使われるが、それを人間のアナリストが操作している場合が挙げられる。もちろん、これを2つの別々のプロセスとして表現することも可能であるが（1つは人間によるデータ入力のプロセス、もう1つは入力されたデータの処理のプロセス）、そのようなアプローチは煩わしいシステム図を導いてしまうことになる。

❶ パフォーマンス指標とアクション変数

パフォーマンス指標は、パフォーマンスに関連がありかつ重要な1側面を特徴づけるために使われる変数である。パフォーマンスに関わる他の変数からパフォーマンス指標を明確に区別する特性は以下の通りである。

- 当該のスポーツのパフォーマンスに関連がありかつ重要な側面を代表していなければならない。
- 客観的な測定のプロセスを持っている。
- すでに十分に知られている測定尺度がある。
- パフォーマンス指標の値を解釈する手段がある。

表3.3は、パフォーマンス分析の様々な目的に対するテニスのパフォーマンス指標の例を示している。技術的有効性の分析に関しては、成功率やウィナー/エラー比のような測定値が含まれる。「ファーストサービスのパフォーマンス」を考えてみよう。このままでは非常に曖昧なためにパフォーマンス指標ではない。それはまだ操作化（操作的定義を与える手続き）が必要となるパフォーマンスの1側面である。ある変数を操作化する時には、異なる観察者が一致して測定できるように、また観察者の意見に依存しないように、その変数を客観的に定義する。表3.3では、2つのパフォーマンス指標が「ファーストサービスのパフォーマンス」について示されている。すなわち、ファーストサービスの成功率（%）と、ファーストサービス成功時のポイント取得率（%）である。これらの2つのパフォーマンス指標はパーセンテージという尺度で測定され、コーチやプレーヤーによって理解されうる値を産み出す。このようなパフォーマンス指標が考案されると、そのパフォーマンス指標の計算が可能となるように、集めるべき生のイベントデータを特定することができる。315ポイントがプレーされたUSオープン男子決勝の例に戻ってみると、各プレーヤーがサービスを行ったポイントの合計数を知る必要があり、また、これらのうち、ファーストサービスが入った数と、ファーストサービスが入った時にサービスをしたプレーヤーが取得したポイントの数を知る必要がある。これらのことは、各ポイントからどんな事実を記録

表3.3　テニスにおけるパフォーマンス指標とアクション変数

パフォーマンス分析の目的	パフォーマンスの側面	パフォーマンス指標	アクション変数
技術的有効性	ファーストサービスのパフォーマンス	ファーストサービスの成功率（%）	ファーストサービスが入ったか否か
		ファーストサービス成功時のポイント取得率（%）	ファーストサービスが入ったか否か
			ファーストサービスが入った時にサーバーがポイントを取得したか否か
	アドバンテージコートへのサービスの有効性	アドバンテージコートへのサービス時のポイント取得率（%）	サービスが打たれたコートのサイド
			サーバーがポイントを取得したか否か
	ネットプレーの有効性	ネットプレーでのポイント取得率（%）	プレーヤーがネットに出たか否か
			ネットに出たプレーヤーがポイントを取得したか否か
戦　術	サービスの戦術	サービスボックスの左エリアへのサービスの比率（%）	サービスのボールが着地したコートのエリア
		サービスボックスの中央エリアへのサービスの比率（%）	サービスのボールが着地したコートのエリア
		サービスボックスの右エリアへのサービスの比率（%）	サービスのボールが着地したコートのエリア
	ネットプレーの戦術	ネットに出た比率（%）	プレーヤーがネットに出たか否か
体力的側面	ラリーの長さ	ラリー継続時間の平均値（秒）	個々のラリーの継続時間（秒）
		10秒以上継続したラリーの比率（%）	個々のラリーの継続時間（秒）

する必要があるのかを教えてくれることになる。

記録される生のイベントデータは「アクション変数」と呼ばれ、様々な尺度で測定することができる。例えば、どちらのプレーヤーがポイントを取得したか、ポイントはネットポイントだったか否か、ファーストサービスが入ったか否かは、全て名義変数である。すなわち、それらは限られた数の一組の名前の値である。ポイントがネットポイントだったか否かは、ファーストサービスが入ったか否か、サービスをしたプレーヤーがポイントを取ったか否かと同様に単純なブール型変数（真か偽かの値を持つ型の変数）である。

個々のラリーの長さは比率尺度で測定できる。ラリーの長さはゼロより短いことはなく、6秒のラリーは3秒のラリーの2倍の長さである。それゆえにラリーの長さのような変数を扱う時には、比（または値の割り算）は意味を持つのである。

次に、より直接的なスタイルの攻撃で特徴づけられるチームがある一方で、ゆっくりとしたビルドアップスタイルの攻撃で評価を得ているチームがあるという、サッカーの戦術についての例を考えてみよう。ここで、関心のあるパフォーマンスの側面はボールを保持した時のプレーのスタイルであるが、これはパフォーマンス指標ではない。パフォーマンス指標とするにはあまりにも曖昧である。このパフォーマンスの側面を表すパフォーマンス指標は、1回のポゼッションあたりのパス数の平均値、もしくはその中央値となるであろう。

❷KPI

KPI（Key Performance Indicator）という用語がいくつかの文献の中で使われている。その中で“KPI”はパフォーマンス指標であると考えられる場合もあるが、パフォーマンス指標とさえ言えない場合もある。本章で示されるパフォーマンス指標の質を考慮に入れると、KPIは、単なるパフォーマンス指標と明確に区別できるような高次のパフォーマンス制御情報を表すものである必要がある。

4. パフォーマンス指標の質

❶妥当性

すでに述べた通り、ある変数がパフォーマンス指標としての資格を持つためには4つの特質を備えていなければならない。その1つ目は、パフォーマンスに関連がありかつ重要な側面をそれが代表している、すなわち、妥当性があるということである。変数の妥当性を決定する方法には様々なものがある。統計分析を含むものもあれば、より質的なものもある。レベル5*4のコースワークの目的のために、多種多様な試合データを用いて変数の妥当性に関する統計分析を行うことは実現できそうにない。しかし、公表されている分析結果の中に、参照できる妥当性の証拠が提供されているものがあるかもしれない。同様に、質的な技法のいくつかはレベル5の研究課題にとって適していないであろう。例えば、サッカーの様々な側面について関連がある主要な変数を議論するために、大学のサッカーコーチが20人の学生と面接をすることは実際には難しいと思われる。

O'Donoghue（2010: 150-5）は、スポーツパフォーマンス分析に関連する異なる種類の妥当性と、それらの評価方法を検討した。それを以下に要約する。

- 論理的妥当性あるいは表面的妥当性——これは変数の妥当性が明白であるということである。例えば、10,000m走者のパフォーマンス指標として、10,000mのタイムがこれに当たる。
- 内容的妥当性——これはパフォーマンスプロファイルにおいて非常に関連がある。パフォーマンスに関連する重要な側面全てを網羅するパフォーマンス指標でプロファイルが構成されている時、そのプロファイルは内容的妥当性を有する。
- 基準関連的妥当性——ここではパフォーマンスのいくつかの側面に関するパフォーマンス指標が、その側面に関して信頼できる標準的基準に照らして評価される。最も一般的な基準関連的妥当性の例としては、パフォーマンス指標と試合全体の結果または運動遂行の結果との相関が示される場合である。
- 構成概念的妥当性——これは複数の測定値に基づき、Eagle rating（Bracewell et al., 2003）のような構成概念を作り出す時に適用され、その場合に妥当性を示すことが必要となる。もし、

＊4　**レベル5**：英国の高等教育制度では、レベル4、5、6が学士課程（学部）の1年、2年、3年に相当し、レベル7が修士課程、レベル8が博士課程に相当する。したがって、レベル5は大学の学士課程（学部）2年次を指す。

例えばそのような評価に関する変数が、異なる能力レベルにあることが分かっている運動遂行者の間を明確に識別するならば、構成概念的妥当性があると考えることができる。

- 判定精度――これは、たとえ実際に記録された値が様々な特質に関するパフォーマンスの妥当な測定値ではないかもしれないと考えられても、その変数が少なくとも試合の勝者と敗者を区別できる時に適用されるものである。

このリストにさらに追加できる妥当性の種類は、触媒的妥当性（Cohen et al., 2011: 187-8）と生態学的妥当性（Cohen et al., 2011: 195）である。触媒的妥当性は、分析システムによって産み出される情報が現実の状況で変化をもたらす媒介物として使われるということを意味する。スポーツパフォーマンス分析の場合においては、これは、情報がパフォーマンス強化の役割を持つということを意味する。他方、パフォーマンス分析における生態学的妥当性は、分析システムによって産み出される情報が実際のスポーツパフォーマンスと関連しているという事実から生まれる。

基準関連的妥当性と構成概念的妥当性に関しては、パフォーマンス指標がパフォーマンスの最終的な結果と関連づけられなくても妥当性があることが十分に想定できるということは留意しておく必要がある。パフォーマンスの結果と関連づけられない指標の最も一般的なものは、戦術的な指標である。戦術的な指標はプレーのスタイルを代表するものであり、そのプレーのスタイルが実行された時に成功したか否かとは関係がない。例えば、FIFAの世界ランキングのどのレベルでも、ゆっくりとしたビルドアップスタイルを使うサッカーチームが存在するだろうし、同様に、より直接的な速い突破スタイルを使うチームが存在するだろう。チームの攻撃スタイルを代表するために、1回のポゼッション当たりのパス数の平均値といったパフォーマンス指標を使うことができる。このパス数の平均値は、大きな大会で決勝トーナメントに進むチームとグループステージで敗退してしまうチームの間でかなり似通っているかもしれず、実際、ほとんど同じかもしれないのである。しかし、このことは、このパフォーマンス指標に妥当性がないということを意味するものではない。というのは、この指標の目的がチームの成功と不成功の識別にあるのではなく、異なる戦略を採用するチーム間の識別にあるからである。もし異なる特定の戦術スタイルを使うことで有名なチームがあるならば、このようなプレースタイルの評判に基づいて、チーム間の違いをテストすることが可能である。

パフォーマンス指標の妥当性は、統計分析を用いた比較だけでなく、質的技法を用いても評価できる。あるパフォーマンスの領域を代表する変数の操作化に先立ち、そのパフォーマンスの領域について熟練コーチの意見を確認することができる。また、例えば操作化された変数によって代表されることになる競技の重要な側面を特定するために、コーチングの著作物を調査するといった、より間接的なアプローチを用いることも可能である。

5. 客観的な測定のプロセス

もし変数の値が観察者の意見に依存していなければ、その変数は客観的である。いくつかの変数は、測定の際に人間の活動が含まれないという理由で客観的である。そのような変数には、レーダーガンで測定されたテニスにおけるサービスのボールスピード、例えばHawk-Eyeのようなシステムによって測定されたボールの軌跡に関する変数、そして自動プレーヤー追跡システムによって導き出される動きに関する変数が含まれる。このような場合は、最終的に導き出される全てのパフォーマンス指標に客観性が当てはまるだけでなく、個々のイベントのレベルで記録されるアクション変数にも客観性が当てはまる。

人間の観察者がデータ収集システムの一部である場合、いくつかの変数はマッチオフィシャルに決定を委ねることによって客観的になるかもしれない。例えばテニスでは、アンパイヤーとラインジャッジがチャレンジシステムを併用して下した判定だけに基づいて、インあるいはアウトになるショットの数をカウントするかもしれない。チームゲームでは、ファウルを犯したとレフェリーが判定をした場合に、ファウルが起きたと記録をするかもしれない。これは、テニスのショットがどこに着地したか、またはチームゲームでプレーヤーがファウルを犯したか否かについて、観察者が主観的な判断を行使していないことを意味している。マッチオフィシャルの決定の中に不正確なものがあったとしても、それにより、使用している分析システムの客観性は影響を受けない。このような場合も、客観性は個々のイベントのレベルとそれらのイベントから引き出されるパフォーマンス指標の両方に当てはまる。

他に、人間の判断が避けられず、それゆえに客観性が制限される変数もある。パフォーマンス指標として、テニスのプレーヤーがアンフォーストエラーを犯したポイントのパーセンテージを考えてみよう。このパフォーマンス指標は個々のポイントに対して記録された終了事象に関する名義的データ（ウィナー、フォーストエラー、アンフォーストエラー）を使って決定される。このウィナーとエラーの間の区別は、観察者がテニスのルールを適用する場合には明白である。すなわち、ボールがコートの中に着地し、相手がラケットで打つことができる前に2回バウンドすれば、そのショットはウィナーである。エラーとは、ショットがコートの外に着地した場合や、ネットに当たった場合である。2回バウンドする前に相手がボールに達したかどうかを判別することが難しいという稀な場合もあるが、こうした状況では、ウィナーか否かについての決定をアンパイヤーが行う。フォーストエラーとアンフォーストエラーの間の区別はもっと難しく、熟練したテニスの観察者を必要とする。エラーがフォーストかアンフォーストかを決定する思考過程は、そのプレーヤーが本来は相手コートにショットを入れなくてはならなかった可能性についての観察者の確信に基づく。そして、この可能性は、関連するコートの位置、相手のポジショニング、ボールの速さ、かけられていたスピンに基づくショットの難易度に関する観察者の判断に依存する。多くのスポーツでプレーヤーはプレー中に欺瞞と偽装を使う。そのような欺瞞により熟練のプレーヤーを欺くことができるとするなら、熟練ではない観察者を欺くことは確実にできるだろう。

プレーヤーがアンフォーストエラーを犯したポイントのパーセンテージはテニスにおいて有効なパフォーマンス指標であると、多くの熟練者が主張するだろう。それゆえ、熟練した観察者が用いられる場合、それらの観察者間の一致度を調べることで客観性を決定することができる。他にも、テニスの分析において主観的な判断を必要とする変数について多くの例がある。例えば、観察者はテニスのフラットサービス、スライスサービス、キックサービスの技術の区別を求められるかもしれない。このような状況では、観察者間の一致度の調査によって、データ収集プロセスの客観性のレベルを検証する必要がある。ここに残る問題として、データ収集プロセスの再現可能性の問題がある。特定の研究や特定のチームに関わった観察者が非常に良いレベルの観察者間一致度を示しているかもしれないが、一方で、出版されたガイドラインやビデオによる例示などがなければ、読者はどんな事象がフォーストエラーあるいはアンフォーストエラーとして、またキックサービス、スライスサービス、フラットサービスとしてカウントされたかを完全に知ることはないであろう。

他のケースとして、明確な定義づけがなされているが、人間のオペレーターがイベントの記録時にそれらの定義を適用する能力がないということもある。例えば、テニスにおいて、相手コートの左、中央、そして右へのサービスは、正確に3つに分割されたサービスボックスのエリアに基づいているということを明快に説明することができる。しかしここでの問題は、これら3つのエリアはコート上にはっきりと線で示されているわけではなく、このような細部のレベルで決定を行う独立したマッチオフィシャルもいないということである。観察者がどのエリアとして記録すべきか確信の持てないくらい、サービスボックスを3分割する仮想の境界線の近くにボールが着地するかもしれない。サービスが非常に速いスピードで打たれることも特に留意すべき事実である。このような状況では、高いレベルでの観察者間の一致を示すことが必要である。

6. 既知の測定尺度

パフォーマンス指標は、すでに十分に知られている測定尺度を持っている必要がある。これはパフォーマンス指標の解釈を助ける。このような既知の測定尺度を持つための1つの方法は、イベントの頻度を合計に対するパーセンテージとして表現することである。例えば、3セットマッチの大会の一回戦で12回のサービスエースを獲得し、2セットマッチの大会の二回戦で9回のサービスエースを獲得したテニスプレーヤーを考えてみよう。何セットマッチの試合かがそれぞれ異なるので、頻度の生データを解釈することは難しい。しかし、このプレーヤーが3セットマッチの大会の一回戦で100回のサービスポイント[*5]中12回のサービスエースを獲得し（12.0%）、2セットマッチの大会の二回戦では60回のサービスポイント中、9回のサービスエースであったこと（15.0%）を知っていれば、サービスエースになったサービスポイントの比率が向上して

＊5　**サービスポイント**：自分のサービスで始まるポイント。

いることを見て取ることができる。

中距離走のスプリットタイムも、既知の測定尺度を持っていれば解釈が容易になる。しかし、この尺度はアスリートの能力に相対的なものかもしれない。例えば、ある5,000m走のアスリートが800mを2分、1,500mを4分、3,000mを8分30秒、5,000mを15分、10,000mを30分50秒というパーソナルベストを持っていると考えてみよう。これは、400mのラップタイムが800mの時は60秒、1,500mの時は64秒、3,000mの時は68秒、5,000mの時は72秒、10,000mの時は74秒であることと等しい。異なる中距離と長距離のイベントにおいて用いられるエネルギーシステムについての知識があれば、5,000mレースにおいて適切となるラップタイムの幅を特定することができる。世界選手権のレベルでは、10,000m走のアスリートは最終ラップにおいて800m走のペースで走ることができる。それゆえに、この例に挙げたアスリートに対して60秒のラップタイムを除外することはできない。戦術的な5,000mのレース運びにおいては、アスリートは10,000m走よりも遅いラップで走ることもありうる。それゆえ、もし最も遅いラップを80秒と仮定したら、当該のアスリートの5,000mのレースにおける適切なラップタイムの幅は60秒から80秒の間の20秒に設定されることになる。

❶解釈の方法

パフォーマンス指標を解釈するための2つの主要な方法は、値を試合の対戦相手と比較するか、または基準値と比較するかである（Hughes and Bartlett, 2002）。同じ試合での対戦相手の値と比較するという考えは、同じ試合における別の状況または別の時期の自身のパフォーマンスと比較するという考えまで広げることができる。表3.4は、2012年のテニスのUSオープン男子決勝におけるアンディ・マレー選手とノバク・ジョコビッチ選手のサービス方向の分布を示したものである。これは、表1.2（p. 17参照）で以前に示した度数データに、取得ポイントのパーセンテージを加えたものである。これによって、両方のプレーヤーについて有用ないくつかの興味深い点を観察することができる。例えば、アンディ・マレー選手は、ファーストサービスを左方向（ジョコビッチ選手のフォアハンド側）により多く打つ傾向がある。これはデュースコートへのサービス、アドバンテージコートへのサービスのどちらにも当てはまる。しかし、統計によれば、マレー選手はこれらの状況のどちらにおいても右方向へのサービスの方が有効であることを示している（デュースコートへのサービスでは100％対71.4％、アドバンテージコートへのサービスでは64.3％対50.0％）。サービス方向の分布のような戦術的な変数は意思決定に関係する。戦術的なパフォーマンス指標はそれだけではプレーの有効性とは関係がなく戦術的な意思決定を反映する一方で、選択された戦術は多くの場合、表3.4に示されているような異なる選択肢の有効性という見地から評価される。

表3.4によって、相手コートの他のエリアにサービスした時のプレーヤー自身のパフォーマンスに関連させて、あるいは試合相手のパフォーマンスと関連させて、パフォーマンスの検討を行うことが可能となる。もう1つのアプローチは、関心あるパフォーマンスの母集団に対する基準値に関連させてパフォーマンスの検討を行うことである。これには、公開されている基準値のデー

タが必要である。表3.5はテニスの異なるパフォーマンス指標についての十分位基準値を示している。2012年のUSオープン男子シングルス決勝のノバク・ジョコビッチ選手のパフォーマンス（表3.1）はこれらの十分位基準値と対比させて検討され、各値がパフォーマンスの母集団のどの10%幅に落ちるかを見ることができる。表3.6はジョコビッチ選手のパフォーマンスに当てはまる十分位水準と生データの値を示している。

これらの中のいくつかは高い値の方が良いというもので、特にファーストサービス成功時のポ

表3.4　USオープンの男子シングルス決勝におけるサービス方向の分布（ポイント取得数/サービス数）（www.usopen.org, accessed 31 December 2012）

サービスをするプレーヤー		デュースコート			アドバンテージコート		
		左	中央	右	左	中央	右
アンディ・マレー	ファースト	20/28 (71.4%)	4/13 (30.8%)	7/7 (100.0%)	11/22 (50.0%)	10/14 (71.4%)	9/14 (64.3%)
	セカンド	0/1 (0.0%)	15/28 (53.6%)	1/2 (50.0%)	0/1 (0.0%)	8/14 (57.1%)	1/2 (50.0%)
ノバク・ジョコビッチ	ファースト	11/20 (55.0%)	8/14 (57.1%)	15/21 (71.4%)	11/19 (57.9%)	5/11 (45.5%)	15/18 (83.3%)
	セカンド	4/7 (57.1%)	9/19 (47.4%)	0/1 (0.0%)	1/4 (25.0%)	11/24 (45.8%)	1/2 (50.0%)

表3.5　USオープンテニス男子シングルスにおける各パフォーマンス指標の十分位基準値

パフォーマンス指標	十分位（%）								
	10	20	30	40	50	60	70	80	90
ファーストサービス成功率（%）	52.2	54.3	56.6	58.3	60.2	62.1	63.8	66.6	69.8
ファーストサービス成功時のポイント取得率（%）	57.4	62.3	64.7	66.7	69.5	71.7	74.9	77.9	83.9
セカンドサービス時のポイント取得率（%）	37.0	40.4	44.8	47.4	50.0	51.9	55.0	57.8	62.7
サービスエース率（%）	1.2	2.6	3.5	4.9	6.3	7.1	8.7	10.5	14.4
ダブルフォルト率（%）	1.1	1.4	1.9	2.4	2.9	3.5	4.1	5.1	6.2
ネットプレー率（%）	4.0	5.6	6.2	7.2	7.9	9.2	10.3	11.4	13.5
ネットプレーでのポイント取得率（%）	50.0	55.3	59.1	62.1	64.2	68.0	70.4	75.0	77.8
ファーストサービスの平均速度（km/時）	168	172	174	178	180	182	186	189	193
セカンドサービスの平均速度（km/時）	132	136	138	140	142	145	149	152	157

表3.6　母集団の基準値に関連づけたパフォーマンス

パフォーマンス指標	値	十分位（%）								
		10	20	30	40	50	60	70	80	90
ファーストサービス成功率（%）	62.0					×				
ファーストサービス成功時のポイント取得率（%）	63.0		×							
セカンドサービス時のポイント取得率（%）	42.0		×							
サービスエース率（%）	6.8					×				
ダブルフォルト率（%）	4.9							×		
ネットプレー率（%）	17.8									×
ネットプレーでのポイント取得率（%）	70.0						×			
ファーストサービスの平均速度（km/時）	185.6						×			
セカンドサービスの平均速度（km/時）	145.6						×			

イント取得率やセカンドサービス時のポイント取得率などがそうである。ダブルフォルト率のように低い値の方が好ましい変数もある。高くもなく低くもない最適な値が好ましい変数もある。例えば、ファーストサービス成功率は、プレーヤーがセカンドサービスにあまり頼らないようにするためにはあまり低くてはいけないし、相手にとってリターンが簡単になりすぎないようにするためにはあまり高くなってもいけない。同様に、プレーヤーはネットプレーの頻度が多すぎたり少なすぎたりするが、ネットプレーでのポイント取得率を最大化するための最適値が望ましいであろう。表3.6について考慮しなくてはならない1つの問題は、基準値（表3.5）はグランドスラムで競技した全プレーヤーから導き出されているが、この特定の試合はジョコビッチ選手がアンディ・マレー選手というトッププレーヤーとプレーしたものであり、そのために彼のパフォーマンス指標の値はあまり高くはないかもしれないということである。

さらに考慮しなくてはいけないこととして、パフォーマンス指標の中には単独で解釈することができないものがある。例えば、比較的ダブルフォルトの数が多いプレーヤーは、サービスエースやサービスウィナーが多いプレーヤーであるかもしれない。このサービスウィナーとは、相手がサービスリターンのショットに失敗してサービス側が次のショットを打つことなくポイントを取得した場合を意味する。プレーヤーはサービスエースやサービスウィナーの数を減らすことなく、ダブルフォルトの数を減らすことはできないかもしれない。これらの変数の全ては、サービスの速度とサービスを打つ場所に関係している。

パフォーマンス指標を単独で解釈できない他の例として、あるプレーヤーがファーストサービス成功の時に70%ポイントを取得しており、セカンドサービスになった時のポイント取得率は50%で、相手プレーヤーはファーストサービスが入った時に65%ポイントを取得しており、セカンドサービスになった時のポイント取得率は45%であるとする。このプレーヤーは、サービスについては相手プレーヤーよりも良いパフォーマンスを示しているように見える。しかし、もしこのプレーヤーのファーストサービスがたった40%しか成功していないとしたら、このプレーヤーのファーストサービスとセカンドサービスを合わせたサービス時のポイント取得率は58%に留まる（$40 \times 70/100 + 60 \times 50/100$）。そして、もし相手プレーヤーのファーストサービスの成功率が80%であれば、相手プレーヤーのファーストサービスとセカンドサービスを合わせたサービス時のポイント取得率は61％と値が高くなることになる（$80 \times 65/100 + 20 \times 45/100$）。

7. 悪いまたは良いパフォーマンス指標の例

パフォーマンス指標の特質に関する本節の内容を要約するために、表3.7にパフォーマンス指標ではない変数（変数でさえないものもある）の例をいくつか示している。表の3つ目の列は修正された変数が示されており、パフォーマンス指標が備えているべき4つの特質が全て揃った場合におそらくパフォーマンス指標になるものである。

表3.7　パフォーマンス指標の悪い例とより良い例

パフォーマンス指標ではない変数	問　　題	潜在的なパフォーマンス指標
ネットプレーのパフォーマンス	あまりにも曖昧すぎる	ネットポイントでのポイント取得率（%）（ネットポイントについて明確な定義があるという条件で）
あるポイントがネットポイント（p. 43参照）か否か	これは試合のパフォーマンスに関する指標というより1つのポイントについてのアクション変数である	ネットポイントでのポイント取得率（%）（ネットポイントについて明確な定義があるという条件で）
試合でのサービスエースの数	テニスでは試合によってポイント数が異なるので値は相対的に高いか低いかにした方が良い	サービスエースでのポイント取得率（%）
サッカープレーヤーが試合においてドリブルで進んだ距離	この変数についてどれぐらいの範囲の値が期待されるか、あるいはそれが試合での成功と関連しているか否かが分からない	この変数は、もし値が分かれば意思決定が可能になると理解される変数と取り換える必要がある
プレーヤーが試合で高強度活動を遂行している時間の比率（%）	この変数はデータ収集の時に動きの強度について主観的判断を招きやすい	プレーヤーが試合でランニングあるいはスプリントを遂行している時間の比率（%）（ジョギングとランニングの違いについて望ましい定義があるという条件で）
人間のオペレーターの観察によるもので、プレーヤーが試合で秒速4m以上の速さで動いている時間の比率（%）	この変数は客観的なものであるが、人間の観察者では秒速4mという閾値を正確に判断できないであろう	自動プレーヤー追跡システムの記録によるもので、プレーヤーが試合で秒速4m以上の速さで動いている時間の比率（%）
チームのユニフォームの色	妥当性に疑問がある、すなわちこの変数はコーチングにおける意思決定と関連がない	アナリストはもっとパフォーマンスに関連がある領域を検討する必要がある

チームのユニフォームの色は、スポーツパフォーマンスに関係のない要素についての取るに足らない例のように見えるかもしれない。しかし、ユニフォームの色がスポーツにおける成功と結びついているかもしれないことを主張している研究も発表されている（Attrill et al., 2008; Greenlees et al., 2008）。

妥当な指標ではあるが、コーチによって良くない使われ方をされる可能性があるパフォーマンス指標がある。侵入型のチームゲームにおける「シュートの数」というパフォーマンス指標を考えてみよう。遂行されたシュートの数は得点機会を作り出す能力を代表している。しかし、全てのシュートが同じではなく、その中には得点機会がほとんどなく、シュートをするのにより良い位置にいる味方にパスをした方が戦術的に効果的であった時に打たれたシュートもあるだろう。一連の練習試合でのシュート数に基づいてメンバー選考が行われるだろうとプレーヤーに告げているコーチを考えてみよう。この場合、単にシュートの数を増やすためだけに長い距離からのシュートを打つプレーヤーがいるかもしれない。ここでの問題は、チームが試合に勝つ可能性を最大化するようプレーヤーがプレーするのではなく、むしろパフォーマンス指標の値を最大化するためにプレーヤーがプレーをするということである。

元イングランドのゴールキーパーであるDavid Jamesはガーディアン誌にスポーツの統計に

関する傑出した記事を書いた(www.theguardian.com/football/2007/dec/30/sport.comment1, accessed 4 April 2013)。それはProzoneの統計を「もてあそぶ」ために行動を起こしたマンチェスター・ユナイテッドのゴールキーパー、Peter Schmeichel選手についてのストーリーを含んでいた。このストーリーの真実のほどはいずれにせよ、それはサッカープレーヤーがどのようにして統計をもてあそぶことができるかについての良い例である。

「Peter Schmeichel選手は、どのようにすれば数値をもてあそぶことができるかを鮮やかに示してくれた。数年前、Schmeichel選手はProzoneの導入によって苛立つようになり、そこで、自分の言い分を証明することを決断したという噂が広がっていた。まさに次の試合、その噂のとおり、ボールがピッチの相手側のエンドでデッドになるたびに、Schmeichel選手は高強度ランニングのスタッツの値を上げるため自陣のゴールラインを横切ってスプリントを繰り返した。見ている者は誰もが『Schmeichel選手は体を温めている』と思っただろう。しかし、彼はその試合で最終的に高強度ランニングのスタッツの値においてフォワードの選手1人を打ち負かしたのであった。」

8. パフォーマンス指標を決定する過程

❶ 妥当なパフォーマンス指標を決定するための統計的方法

変数がパフォーマンス指標であるか否かを決定するための統計的過程がある(Choi et al., 2006a/b)。その場合、パフォーマンス指標を特定するために2通りの統計的アプローチがある。すなわち、試合での勝者と敗者のパフォーマンスを比較すること(Lorenzo et al., 2010)と、競技大会などでの成功者のパフォーマンスと成功しなかった者のパフォーマンスを比較すること(Rampinini et al., 2009)である。

まず、1番目のアプローチである。試合の勝者と敗者のパフォーマンスの間を最も明確に識別するものを決定するために、広範なパフォーマンス変数のデータベースを分析することができる。このアプローチについては、2つのエリートチームによる試合では敗者のパフォーマンスであっても非常に高い質のパフォーマンスであるかもしれないという理由で、批判の対象になりうる。同様に、2つの能力の低いチーム同士の試合においては、勝ったチームのパフォーマンスもエリートチームのパフォーマンスと比べると質は高くはないだろう。しかし、それでもこのアプローチには利点がある。コーチは、同じぐらいのランクの相手との試合で何が勝者と敗者を分けるのかを知りたいと思うだろう。このアプローチのバリエーションとして、接戦と比較的差が開いた試合を別々に考慮して勝者と敗者のパフォーマンスを識別する変数を明らかにする方法がある(Csataljay et al., 2009; Vaz et al., 2011)。テニスのように試合がセットとゲームに分割されているスポーツでは、相手より取得したポイントが少なくても試合に勝つことが可能である。これはシンプソンのパラドックスに準じることとして言及される(Wright et al., 2013)。試合はまた一方のプレーヤーが支配的な時間帯と相手が支配的な時間帯を含んでいる。それゆえに、試合全体のパフォーマンスを使うよりもセットやゲームのレベルでのパフォーマンスを分析する方が、パフォーマンス指標を特定するためには良いのかもしれない（Choi et al., 2006a）。これによって、試合の中でうまくいった時間帯に結び付く変数を特定することが可能になるであろう。

パフォーマンス変数を試合の結果に関連づける別の方法は、勝敗者間の得点差のような結果の指標との相関を見ることである（O'Donoghue, 2002）。勝敗者間の得点差と高い相関関係を持つ変数は、潜在的なパフォーマンス指標と考えられるであろう。このアプローチは、バスケットボールのような得点の多いスポーツにおいて好都合かもしれないが、サッカーのような得点の少ないスポーツにはあまり適さないであろう。

2番目のアプローチは、個々の試合での結果は問題にせず、競技大会などでの成功者のパフォーマンスを成功しなかった者のパフォーマンスと比較することである（Koon Tek et al., 2012; Reid et al., 2010）。例えば、FIFAワールドカップの予選プールを通過した16チームのパフォーマンスをプールステージで敗退した16チームのパフォーマンスと比較することが可能であろう。同様に、総当たりのリーグ戦で真ん中より上位で終了したチームのパフォーマンスを下位で終了したチームのパフォーマンスと比較することも可能であろう。この場合、成功したチームの全ての試合が勝利ではないし、成功しなかったチームの全ての試合が敗北というわけではないが、これら2グループのチームのパフォーマンスに関してパフォーマンス変数を比較することができる。その結果、2グループのチーム間で明らかに値が異なっている変数はいずれもパフォーマンス指標の候補となる。

上記の2つのアプローチ（試合の勝者と敗者のパフォーマンスの比較、成功した者と成功しなかった者のパフォーマンスの比較）のいずれに対しても、技術的有効性に関連するパフォーマンス指標を特定する傾向があるという批判がある。例えばテニスにおいて、試合の結果と最も関連しているパフォーマンス変数は、ファーストサービスが入った時のポイント取得率とセカンドサービスの時のポイント取得率である（O'Donoghue, 2002）。しかし、ファーストサービスとセカンドサービスのいずれにおいてもより多くのポイントを取得する必要があるとテニスのコーチやプレーヤーにアドバイスをしたとしたら、彼らは「そんなことは分かっている、私たちの知らないことを何か教えてくれないか」といった返答が戻ってくるに違いない。そして、他の戦術よりも成功の機会を多く与えてくれる戦術の詳細について、もっと多くの情報を知りたいと思うはずである。

さらに次の問題として、いくつかの変数は戦術やプレーの仕方に関係しているということがある。例えば、相手のサービスボックスの左3分の1または右3分の1のエリアにサービスをするパーセンテージは、テニスのサービス戦略の指標になりうる。これらの変数については、ファーストサービス時とセカンドサービス時のデュースコートとアドバンテージコートに対して値を求めることができる（先の表3.4を参照）。また、実際に値を解釈する際には、左利きあるいは右利きの相手に対しての試合はそれぞれ別々に検討されることになるであろう。この種の戦術的変数は、試合の結果とは関連がないかもしれない。世界ランキングのあらゆるレベルにおいて、異なるサービス戦略がプレーヤーによって使われるであろう。パフォーマンス指標の妥当性は、重要性、関連性、そして試合の準備においてコーチが意思決定を下す際にそれを使うことができるか否かに依存している。それが成功しているか否かに関わらず、対戦相手のプレーの仕方を理解することは重要である。この意味において、戦術的な指標は妥当なパフォーマンス指標となりうる。戦術的な指標の妥当性は、特定の戦術を使うと専門家が判定するプレーヤーやチームを比べることによって評価することができる。

❷ 妥当なパフォーマンス指標を決定するための統計によらない方法

レベル5の学生がコースワークを行う際には、妥当なパフォーマンス指標を決定するためにパフォーマンスの十分に広範なデータベースにアクセスをしたり、そのようなデータベースを作り出したりすることはできないであろう。通常、レベル5のスポーツパフォーマンス分析のモジュールにおける最初のコースワークでは、学生は分析システムを開発し、それを彼らが選択したスポーツのパフォーマンスを分析するために使うことが求められる。パフォーマンスに関する広範なデータベースを分析することは、このようなコースワークの演習の範囲からは外れている。それゆえ、学生は最初のコースワークに対してより実行できそうなアプローチを採用する必要がある。最初のコースワークで取り組むべき重要な測定上の問題は妥当性である。学生は基本的に、あるスポーツについて分析が重要となる領域を選択し、その領域での情報要求に応える分析システムを開発し、そしてそのシステムを適用することが求められる。このことは、パフォーマンス指標の特定に関する統計的方法を用いなくても可能である。ある場合には、統計的なアプローチよりも別の方法の方がパフォーマンス指標を決定するために有効かもしれない。学生はまたそれらをパフォーマンス指標であると言わないで、予備的に変数を分析するシステムを開発するかもしれない。分析システムで使うべき変数を特定するための3通りの非統計的方法がある。

- スポーツパフォーマンス分析に関する研究の調査
- コーチングの実際や専門的仕事に関する文献の調査
- 専門家の意見の利用

スポーツの中には、他のスポーツよりも広範囲にわたって研究されてきたものがあり、そのようなスポーツでは、特定のパフォーマンス指標の使用を支持する研究エビデンスがある。学生は研究論文を批判的にレビューすることで、当該のスポーツの選択された側面についてパフォーマンス指標を選定することができる。その際に、学生は自らのコースワークがオリジナリティを欠いているように見えるということを心配しなくても良い。というのは、彼らはそのパフォーマンス指標の値を求めるために必要なデータを集める分析システムを考案する必要があるからである。さらに、そのパフォーマンス指標は、学生が調べようとしている競技レベルではこれまで適用されたことがないのかもしれない。したがってそのような場合、特定の競技レベルでの当該のスポーツに関して新しい情報を生み出すことになる。

スポーツパフォーマンス分析の研究がこれまでほとんど行われてこなかったスポーツもある。研究への関心がこれまでほとんど、もしくはまったく払われてこなかったスポーツを学生が分析してみたいと思う場合は、データソースと変数を特定するために専門的なコーチングの文献の調査から始めると良い。関心あるスポーツに関するコーチのための指導書は、通常、重要となるパフォーマンスの領域、関与する技術、そして戦術的な側面を明らかにしてくれる。これらは、指導書の中で示されている時は、概略的で漠然としたものかもしれない。学生はこれらの中から1つを選択し、選択したパフォーマンスの側面を代表するために操作化された変数を作り出すことができる。観察すべき側面を選択するにあたって、学生はコースワークの必要条件を満足させるに足るだけの、かつ記録するのに多すぎないデータが得られることを確認する必要がある。いくつかのスポーツでは、もし対象とするパフォーマンスの側面が運動遂行の間に十分に繰り返して生じ、それに関連した幾つかの変数があるなら、分析を狭い範囲に集中させることが可能となるであろう。他のスポーツでは、コースワークで要求される努力の期待量から考えて十分な量と言えるデータがあることを確実にするために多様なイベントを分析することが必要かもしれない。

本章を準備するにあたり、著者は、パフォーマンス分析の研究から知識がまったく得られないスポーツを分析したいと望んでいる学生の立場に自分自身を置いてみた。はじめに著者が行ったことは大学の図書館にあるスポーツの実技書に当たることであった。書棚は、人気のあるスポーツに関する予想以上の多くの書物で一杯であった。これまでほとんどパフォーマンス分析の研究が行われていないスポーツの好例となるウィンドサーフィンについての本（Evans, 1986）が1冊あった。ウィンドサーフィンについてパフォーマンス分析のコースワークに取りかかろうとしている学生と著者との違いは、学生はウィンドサーフィンに関する興味や経験からそれを選ぶということであった。ウィンドサーフィンの戦術や技術の知識がまったくない著者によって、分析対象となるウィンドサーフィンの領域を特定しようとするこの試みは、うまくいけば、読者が知識を持ち関心を持っているスポーツにパフォーマンス分析を適用することを促すことになるであろう。

まず探求しなければならないことは、ウィンドサーフィンというスポーツの本質、このスポーツの種類、試合方法の種類、ルール、そして何よりも大事なことは勝利の基準となるものである。Evansの本（1986: 132-5）には、ウィンドサーフィンにおける判定、ルール、規定のトリック（技の総称）、そして一定のルーティン（一連のトリックから構成される演技）が記載されている。トリックを遂行することはフリースタイル・ウィンドサーフィンにおけるパフォーマンスの鍵となる側面である。分析することができるトリックの種類は、ピルエット、フリップ、ジャンプ、スプリット、レイルライドである。トリックに加えて、分析システムが扱うことができるパフォーマンスの他の領域は、トリック間の移行である。後進や風上に向かっての帆走を含む異なる種類の帆走法についても、Evans（1986）によってまとめられている。遂行されたトリックの数、トリックの技術的な難しさ、ルーティンの独自性、トリックの遂行におけるスタイル、ルーティン全体のスタイルが評価される。これらの特性のそれぞれが20点満点、合計100点で採点されるとEvansの本の中で記載されている。この本が1986年に出版されたものであり、おそらくウィンドサーフィンというスポーツがそれ以降発展していることを考慮に入れると、学生の次のステップは、現在の規則を確認するためにインターネットを使うことであろう。学生の分析システムでは、パフォーマンススコアを出すためにこれらの規則を必ずしも適用する必要はない。学生の分析システムの目的がパフォーマンスを評価することではないかもしれないけれども、ウィンドサーフィンについて分析するために選択されたどの側面に関しても、その妥当性を示すためにどのように採点が行われ勝敗が決まるかを理解することは有益である。遂行されたトリックの各種類の数を求めることは、学生のコースワークにおいて異なるパフォーマンスを比較するために使用できる基礎的な情報を与えてくれるであろう。しかし、もしその分析システムがトリックの遂行の質についても分析していたならば、コースワークはより高い成績を得ることになる。記録すべき追加のデータを求めるとすると、トリックを壮観または優美と分類することもできる（Evans, 1986: 132）。Evans（1986: 136）はまた、トリックの遂行中にボードの上でスリップすることを避けるように勧めている。また、レイルライドを遂行する時には、バランスが重要であると言及されている（Evans, 1986: 138-9）。分析システムによって区別されるバックワードやリバースのようなレイルライドのバリエーションもある（Evans, 1986: 140-1）。

上記のパラグラフでは、ただ1つの参考文献のみが使われている。すなわち、大学の図書館にあるウィンドサーフィンの本だけである。学生はウィンドサーフィンのどの側面を分析するのか、大まかに言ってそれが戦術、技術、ワークレートのどれに関連しているかを良く考えるべきである。その後、対象とするパフォーマンスの側面が他のスポーツではどのように扱われているかについて文献を調べて、裏付けとなる文献に言及しながら、他のスポーツから導かれた原理をウィンドサーフィンに適用するための理論的根拠を明らかにすることができる。それから、分析システムを開発し、適用し、評価することができる。それゆえ、もし読者が関心のあるスポーツを分析したいと思っているが、それについての文献を見つけることに苦しんでいるのなら、そのスポーツを学生のコースワークの中で使うという方法がある。そのようなコースワークの成績を採点しているスタッフは、コースワークの中で新しいスポーツにスポーツパフォーマンス分析が適用されることに常に興味を持っている。

分析すべき変数を特定するための第3の方法は、専門家の意見を使うことである。個々のコーチとの探索的インタビューの間やフォーカスグループを用いて、これを行うことができる。例えば、ラグビーの経歴がない2人のアナリストによるラグビーワールドカップのパフォーマンスの研究（McCorry et al., 1996）がある。この研究では、重要となるラグビーの領域に関するインタビューの中でラグビーの専門家に助言を求めている。このインタビューでは、ラグビーの試合のビデオ映像を見る時間を途中にいくつか入れて、ラグビーで何が重要なイベントか、そしてそれらをどのようにすれば認識できるかを専門家が効果的に説明できるように工夫している。学生は、大学にいる優れたコーチや外部の専門家にインタビューすることが可能か否かを考慮する必要がある。100人以上のスポーツパフォーマンス分析の学生のクラスで、大学のサッカーコーチにインタビューをしたいという学生は20人以上はいるかもしれない。そのような場合、専門的知識を利用したいと望む全ての学生に対して、コーチはインタビューを叶えてあげることはできないであろう。

分析対象となるパフォーマンスの領域を特定するためにどのような方法が使われたとしても、

学生は、どの変数が最も重要となるか、そして必要となる生データを集めることが実現可能かについて十分に考慮すべきである。データを収集・分析して情報を提供するための分析システムの開発は、次章（4章）の主題となる。

第4章 分析システムの開発

本章では、要求の引き出し、システムの設計、プロトタイプ*1の作成、信頼性のテスト、運用、メンテナンスといった段階を含むスポーツパフォーマンス分析システムのライフサイクルを解説する。要求の引き出しは、分析システム開発の鍵になる段階であり、そこでは関心のあるパフォーマンスについて重要となる領域とそれらの測定方法をアナリストとコーチが決定する必要がある。望ましい出力を効率的に生み出すための生データ収集の方法は、システム設計の問題である。通常は、システム要件がシステム設計を始める前に確定されて要求の引き出しとシステム設計の過程が直線的に生じるのではない。その代わりに、進化的なプロトタイピングアプローチによって、コーチとアナリストがシステムに満足するまで、要求の引き出しとプロトタイプの設計の過程が繰り返される。その後、システムオペレーターが分析システムを使うためのトレーニングを受けることが可能となり、オペレーター間の一致度を検討することによってシステムの信頼性が決定される。そして、分析システムがコーチング場面で使われることになるが、ルールの変更やコーチングでの強調点の変更によって、あるいはスポーツの分析とフィードバックに関する新たなテクノロジーの開発を利用するために、システムの改良を必要とするかもしれない。

1. システムのライフサイクル

システムのライフサイクルは、オリジナルの開発、フィールドへの適用、そしてメンテナンスを含んでいる。スポーツパフォーマンスの分析システムは一般に、それが作動しているコンピュータのハードウェアが旧式なものになったとしても、それらのライフタイムの最後に解体されることはない。システムの開発過程は、ユーザーグループの性質、使用できるテクノロジー、システムの規模を含む様々な要因に依存している。大量のデータの収集と分析の過程、大きなデータベース、高価な設備が関与するような大規模なスポーツパフォーマンス分析システムは、ビジネスの他の領域での大規模コンピュータシステムと似たような方法で開発される必要がある。図4.1は、European Space Agencyによって用いられたV字型システム開発モデルである（Robinson, 1992）。このモデルと、比較的小規模なシステムの開発で用いられるアプローチとを区別している主要な特徴は、設計の段階にある。大規模なシステムではおそらく、開発者のチームを必要とするであろう。各構成要素が実装される前に、開発チームはシステム全体の仕様、開発しようとしている全ての構成要素の役割と目的、そしてそれらの構成要素がシステムの他の部分とどのよ

*1　**プロトタイプ**：システム開発の初期の段階で作成する試作品のこと。

うに相互作用しているかについての理解を必要とする。本章では、システム開発において同様の段階が含まれているが、1人のアナリストによって開発されるシステムに、より照準を合わせている。要求分析（requirement analysis）は特に重要な段階である。というのは、この段階で誤りがあると、その誤りはシステムの妥当性テスト*2の際に行われる利用者の受け入れテスト*3の時まで検出されないからである。このような誤りが起きると、やり直しをするために設計と実装において非常に大きな手間を必要とする。誤りが早い段階で起きるほど、修正のためのコストは大きくなる。それゆえに、要求分析では、その内容に利用者が同意する受け入れテストの計画までが含まれるべきである。受け入れテストは要求を明確にし、追加の要求を引き出すための方法として機能する。要求が分析されたら、システムは入力データ、出力情報、データベース、関与するデータ処理過程の観点から仕様を決めることができる。その仕様にはシステムが「何を」行うかが記載される。検証*4の段階では、最終的なシステムが仕様を満たすかどうかをテストする。検証と妥当性テストの違いは、検証が開発者の満足についてのテストであるのに対し、妥当性テストはユーザーの実際の要求に合致しているかをテストするという点にある。システムを設計する段階では、開発者の関心の的が「何を」から「どのように」に移行する。アーキテクチャ設計がシニア開発者によって実施され、主要なプロセス、データの保存、そしてユーザーインタフェース*5を含むシステムの全体的な構造が決定される。詳細設計により、個々の構成要素を実装する開発者が、各構成要素の機能、入力、出力、データ構造、コミュニケーションのプロトコル、そしてインターフェース*6について完全に理解できるようになる。

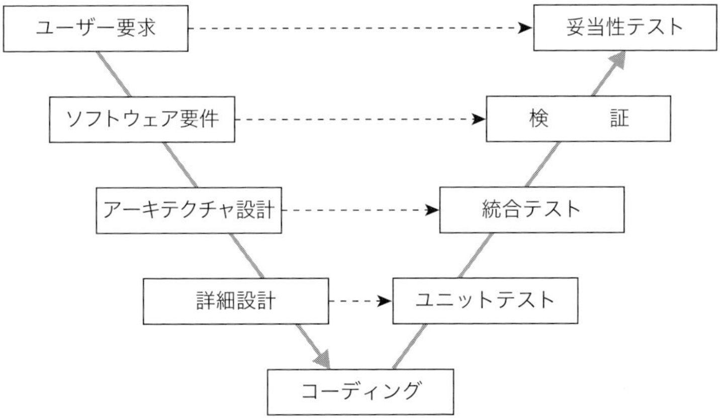

図4.1　大規模なソフトウェアシステムのためのV字型開発モデル

＊2　**妥当性テスト**：開発したシステムが利用者の要求に適っているかを確認するためのテスト。
＊3　**受け入れテスト**：開発したシステムが利用者の要求に適っているかを確認するために利用者側が行うテスト。
＊4　**検証**：開発したシステムの機能が仕様や設計の通りであるかを確認するためのテスト。
＊5　**ユーザーインターフェース**：コンピュータシステムあるいはコンピュータプログラムと人間（ユーザー）との間で情報をやり取りするための仕組みの総称。
＊6　**インターフェース**：ハードウェアやソフトウェア、人間（ユーザー）といった要素が、互いに情報をやり取りする際に接する部分のこと。

「何を」から「どのように」への移行の原理は、一般的なシステム開発の原理であるだけでなく、記述分析システムの具体的な開発においても提唱されてきたものである。Hughes と Franks (2004c: 122) は次のように述べている。

> どのようなデータを収集したいかという非常に明瞭な考えを持っていなければ、分析システムは、混乱を生むような情報や、時には無関係の情報を収集してしまうことになるだろう。

図4.1に示されたシステムの開発過程を考察する時に、システムから何が求められているかを完璧に理解しておくことは、システムの開発の際に起こりうる代償の大きい多くの間違いを避けることに役に立つ。システムの開発においてコーチはできるだけ早い段階で関与し、必要としている事柄をできるだけ多く詳細に提供する必要がある。要求の引き出しは難しい領域である。というのは、ユーザーグループはしばしば曖昧で不完全な要求を出しておきながら、受け入れることができるシステムを開発者が作ることを期待してしまうためである。

上述のアプローチでは、データを記録し分析するメカニズム（「どのように」）を考案する前にシステム要件（「何を」）の詳細を定めている。このアプローチは大規模のシステム開発に用いられるが、より小規模のスポーツパフォーマンス分析システムの開発においてもおそらく有益であろう。Franks と Goodman（1984）はスポーツパフォーマンスを評価する際の3つの作業をリストアップした。すなわち、①対象とするスポーツの特徴を描写すること、②スポーツパフォーマンスのキーファクターに優先順位をつけること、そして③データの記録と分析のための効率的な方法を考案することである。1つ目と2つ目の作業は、システムが「何を」行う必要があるかということを検討することであり、3つ目の作業は、システムがその要求を「どのようにしたら」満たすことができるかを扱っている。しかし一方で、スポーツパフォーマンスの分析システムの開発のために進化的なプロトタイピングアプローチも提唱されており（O'Donoghue and Longville, 2004）、このアプローチでは、要求が完全に理解されていない状態でシステムの各構成要素の実装が始まる。図4.2は、O'Donoghue と Longville（2004）が作成したもので、ネットボールの分析システムを開発するための進化的なプロトタイピングアプローチを示している。最初のプロトタイプは、ソフトウェアパッケージ（Focus X2, Elite Sports Analysis, Delgety Bay, Fife, Scotland）で何ができるかをコーチに伝えるという目的のためだけに、試合の一部を分析するために開発され使用された。これはコーチとの議論を促進し、分析システムに対する要求を引き出すのに役立った。各段階で関与するコーチとプレーヤーがこの後のプロトタイプの中で実装される提案を出し合いながら、要求の引き出しと実装の過程を反復する間にシステムは一連の改良を経た。あるバージョンのシステムが使われ、ライブの試合ではなく試合のビデオ映像を使ってデータ収集のプロセスが総合的に検討された。このことにより、その後に取り組むユーザビリティ[*7]の問題が提起された。これはシステムの「予行演習」の例であり、完全なパフォー

＊7　**ユーザビリティ**：ソフトウェアの使い勝手のこと。

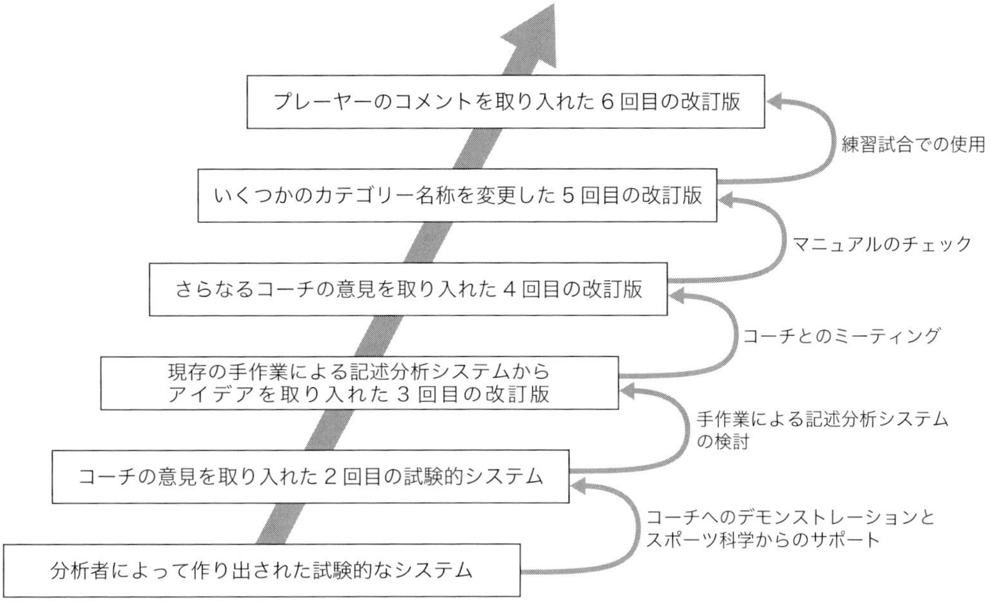

図4.2　試合分析システムの進化的な開発過程（O'Donoghue and Longville, 2004）

マンスを分析する必要も、ライブの試合でシステムを使う必要もなく、システムが確かに機能するかがテストされる。

市販の汎用的なビデオタグ付けパッケージソフト*8を使ってコンピュータ化された試合分析システムが開発されるという事実は、進化的なプロトタイピングアプローチを促進する。すなわち、多くの分析システムは、相互にアクセス可能な統計出力と関連のビデオシークエンスを作り出せる汎用的なビデオタグ付けシステムの特殊なバージョンである。「プレーヤー」「ポジション」「アクション」「時間」という核になる構成要素（Hughes and Franks, 2004b: 111）は多くのシステムで共通であり、経験を積んだ開発者は、このようなシステムに関する彼らの知識を使ってユーザーに要件を提案することができる。

進化的なプロトタイピングアプローチやV字型開発モデル、あるいはその他のシステム開発過程のどれが用いられたとしても、要求分析、システムの仕様決定、そしてテスト活動が実施されなければならず、これらのことは本章の残りの節において議論される。分析システムが引き渡された後は、メンテナンスが施され、コーチによって要求される新しい機能を取り込むために定期的に改良がなされる必要がある。

＊8　**ビデオタグ付けパッケージソフト**：ビデオのシークエンス（場面）にタグ（目印）を付加することを目的に開発され、商品として市販されているソフトウェア。

2. 要求分析

❶要求の種類

分析システムに対しては大まかに2つの種類の要求がある。すなわち、①機能面の要求（機能要求）と②機能面以外の要求（非機能要求）である（Pyle et al., 1993: 32）。

まず、機能面の要求を見ていこう。機能要求には以下に対する要求が含まれる。

- データの入力
- 情報の出力
- システム内でのデータのリポジトリ*9
- プロセスまたは機能
- プロセス、データのリポジトリ、ユーザーのそれぞれの間のデータの流れ

図4.3は半自動プレーヤー追跡システム*10のデータの流れを表している。楕円形はプロセスを表し、皿形（ビデオフレーム、プレーヤーの軌跡など）がデータのリポジトリを表している。カメラのようなデータソースや、品質管理の担当者のようなオペレーターとの相互作用も図の中に示されている。システム内のプロセスの中には、下位の階層レベルの図に細分化されるような複雑な機能もある。実際、大規模なシステムはしばしば機能の階層として設計され、そこでは階層の最上位に総体的なシステムが1つの高次のプロセスとして存在する。どのような入力データ

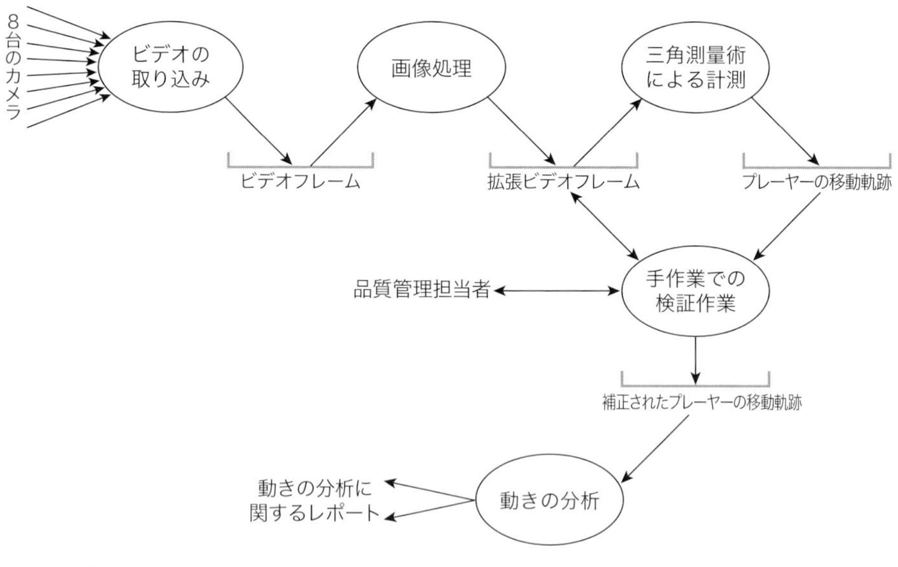

図4.3 プレーヤー追跡システムにおけるデータの流れ図

*9 **リポジトリ**：システムを構成するデータやプログラムの情報が納められたデータベース。
*10 **半自動プレーヤー追跡システム**：完全な自動化はされておらず、データの検証や品質管理に人の手を必要とするプレーヤー追跡システム。

も、その構造、量、タイプの観点から詳細が定められなければならない。おそらく入力データは、試合における多様なイベントについて入力されるイベントの詳細になるであろう。各イベントは、そのタイプ、結果、遂行しているプレーヤー、試合場での位置、生じた時間によって特徴づけられる。イベントの記録は、イベントタイプによって、構造上、異なるであろう。例えば、テニスにおいてサービスをするプレーヤー、ポイントを取得したプレーヤー、ポイントの種類、ショットの数、そして全てのポイントについてファーストサービスから始まったものかセカンドサービスから始まったものかを知りたいかもしれない。もしポイントの種類がサービスエースか、サービスウィナーか、リターンウィナーか、ダブルフォルトであるなら、ポイントの決まり方についての付加的な情報は必要がない。しかし、対象にするポイントの種類がネットポイントか、ベースラインのラリーでのポイントであるなら､ポイントがウィナーで終わったのか､エラーで終わったのかが分かるようなイベントの記録をするために追加のデータ項目が必要となるだろう。システムの出力についても、その量、フォーマット、そして構造が理解される必要がある。出力される情報の正確なレイアウトは開発過程の後の段階になって決まることもあるが、しかし出力の中身は分かっている必要がある。システムにおけるプロセスとは、データを情報に変換する機能である。第3章で言及した通り、どんなプロセスの出力も、そのプロセスの立場からは産生された情報であるが、他のプロセスの立場からみると、それは入力されるデータかもしれない。システムはしばしばビデオとイベントのデータベースを貯蔵しておく必要があり、それらは双方向的な機能により分析が可能となる。データのリポジトリはデータの量やタイプを含めて詳細が明らかにされる必要がある。非常に多くの場合、システムは、開発時には想定されていなかった非定型的なクエリ[*11]に対応するために使い勝手が良いように開発される必要がある。

図4.3のデータの流れに関する図は、静的な機能要求の対象を示している。もう1つ、動的な機能要求として言及される別のタイプのものがある。それは、システムのイベントの順番、システムのアクションの繰り返し、システムの状態、そして状態間の移行に関係がある。

図4.4はテニスの時間測定システムの状態図を示している（O'Donoghue and Liddle, 1998）。このシステムには3つの主要な状態がある。

- ポイントとポイントの間（ポイント間）
- ファーストサービスの後
- セカンドサービスの後

図4.4の円は、時間が測定されている状態を表している。矢印は、サービスの遂行またはポイントの終了といった、ある1つの状態から別の状態への移行を引き起こす瞬間的なイベントを表している。ファーストサービスが打たれた時、システムはサービスがインになるかアウトになるかを知ることはできない。この瞬間からの時間測定は、入力される次のイベントに依存している。もし次のイベントがポイントの終了の場合、測定された時間はラリーについての記録になる。し

＊11 **クエリ**：データベースからのデータの抽出や操作などの処理を行うための命令。

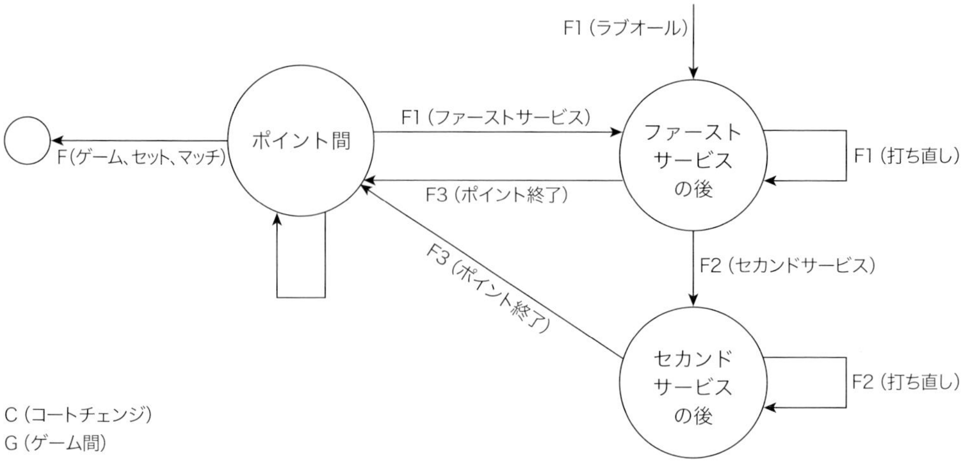

図4.4　テニスの試合に関するダイナミックモデル

かし、もし次のイベントがファーストサービスのやり直し、もしくはセカンドサービスであるなら、測定された時間はサービス間についての記録になる。したがって、状態は「ファーストサービスの後」になる。

他に、分析システムの機能要求に加え、機能に関連しない非機能要求もある。このような非機能要求としては、現実的な制約、システムのパフォーマンスの要求、そして信頼性の要求がある(Pyle et al., 1993: 39-42)。現実的な制約は、データのリポジトリまたは機能の場所、サイズ、重量、使用に際しての消費電力といったものである。いくつかの環境下でシステムを使うために必要となるバッテリーの容量については詳細が示されていなければならない。ここで使う「パフォーマンスの要求」という用語は、アスリートのパフォーマンスではなくてシステムのパフォーマンスに言及している。システムのパフォーマンスの要求はシステムがどれだけ速く課題を処理できるかに関連しており、そして、これらの要求には一連の情報処理に関する処理速度と応答時間が含まれている。試合中にイベントのデータが入力される場合、CPU（中央演算装置）の時間は大部分、アイドル（待機）状態になっている。というのは、今日のコンピュータは高速で動き、60分の試合中に1000回/秒の入力を容易に処理できるからである。しかし、分析システムの中には、決定的な事象が起こった後にコーチやプレーヤーがすぐにそれを見ることができるように、ベンチにある外部スクリーンに遅延ビデオを送るように設定できるものもある。このようなビデオ情報は、入力されたビデオフレームがキャプチャされ、それにイベントの入力を行っているユーザーがタグ付けをした時に作り出され、外部のスクリーンに送られる。この時、コンピュータが高速のCPUを持っていないと、コマ落ちが起きるかもしれない。さらに考慮すべきことは、遅延ビデオ供給の追加の処理はCPUに大きな要求が生じ、結果として、遅延ビデオを供給していない時よりもバッテリーの消耗が早くなる。それゆえに、システムのパフォーマンスの要求が現実的な制約に関連を持つことになる。信頼性は、作動中のシステムの継続稼働能力と機能不全に関連している。機能不全を起こしている間の平均時間や機能不全の発生率といった計量値が、コンピュータ化されたシステムについて使用される（Sommerville, 1992: 394-5）。システムとそれを作動させるコンピュータに対するこれらの信頼性の要求に加え、回復に関する要求もある。例えばアナリストは、電源が切れたりシステムクラッシュを招くようなソフトウェアのエラーが起きたりした際にも、定期的にキャプチャされたビデオが保存されることをパッケージの内容として要求するかもしれない。信頼性の要求は、バックアップのデータ貯蔵に関する機能要求とリンクしている。

現在利用できる汎用的な試合分析パッケージソフトを用いれば、システムのインターフェースを新たに作り出したり既存のものを変更したりすることが非常に素早くできる。このことは、ほぼ30年にわたるコンピュータシステムの開発の中で最も重要なことと考えられてきたインターフェースの開発に対して、ユーザー中心のアプローチを奨励することを促進する（Norman and Draper, 1986）。柔軟な開発アプローチの中で、インターフェースが作り出され、そしてそのインターフェースがユーザーに呈示され、予備テストをされ、修正されることが可能となる。

❷視点志向の要求引き出し

視点志向の要求引き出しとは、ハードウェアの制約、有用性の問題、ユーザーグループ、コーチングへの応用、そしてアナリストの役割を含む多様な視点から、計画した分析システムを検討することを意味する。要求分析の過程の間に意見を求められる利害関係者によって、様々な視点が示される。最も重要な視点は、システムの最終的な利用者（エンドユーザー）となるコーチの視点である。コーチは、システムに関する情報ニーズを明らかにする最良の専門家と考えられる（Hughes and Franks, 2004b: 108）。コーチはコーチング哲学を示すこともでき（Franks et al., 1983）、このことは、プレーヤーとチームによって用いられる戦略に関連した情報ニーズを明らかにすることに役に立つ。Franksら（1983）はまた、対象とするスポーツの主要な目標と過去の試合に関するデータベースを検討することによって、要求収集をどのように導くことができるかを説明した。

特定のスポーツを検討する際、パフォーマンスの抽象的なモデルを構築し、フローチャートとして示すことができる（Hughes and Franks, 2004b: 108）。これらのフローチャートでは、チームゲームにおいてポゼッションが交互に移り変わるような論理的なイベントの連続として、ゲームが表現される（Hughes and Franks, 2004b: 109）。試合の間に観察できるイベントの連続性は、ある状態においては次のイベントで起こりうる事柄の数が限定されるといったシンタックス*12に従う（Olsen and Larsen, 1997）。これらのスポーツパフォーマンスの概念的モデルは、フローチャートの階層性として整理できる（Franks and Goodman, 1984）。そこでは、広い概念としてのポゼッションとその移り変わりが高次の抽象レベルでモデル化されており、同時に、その広い概念としてのポゼッションが分解されて、より細部に分割されたモデルが示され、どのようにポゼッションが始まり終わったかとポゼッション時に起きたイベントの詳細が考慮されている。

*12 **シンタックス**：文を構成する単語や語群の配列の法則。

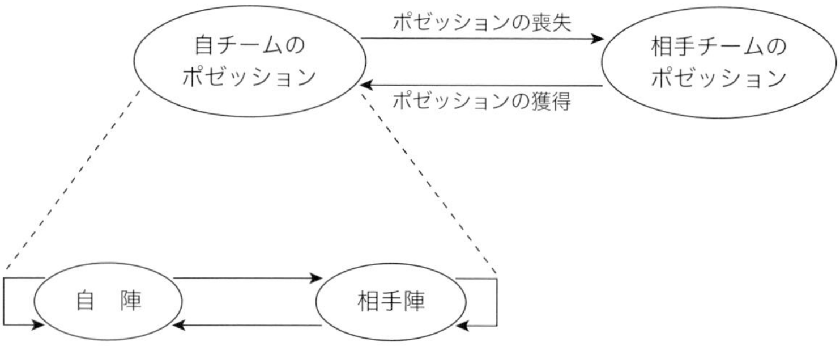

図4.5　スポーツ行動の階層的モデル

このアプローチへの批判は、ポゼッションの交替に2回の入力があることに対して向けられる。それゆえ、こうした要件を扱うアナリストは、あるチームのポゼッションの終わりともう一方のチームのポゼッションの始まりが同じイベントであるということを理解する必要がある。例えば、パスがインターセプトされたら、これはボールを失ったチームにとっては1つのポゼッションの終わりであり、インターセプトを成功させたチームにとっては1つのポゼッションの始まりを意味する。ポゼッションは、ポゼッション時の活動に細分化できることに加え、「ボール獲得」と「ボール喪失」にも細分化することができる。しかし、プレーヤー、特定のアクション、イベントの位置といった、より低次のレベルの情報は、イベントの階層的な構造というよりもむしろ同じレベルのデータ項目である。図4.5には、ポゼッションとその移り変わりについての高次のレベルのフローチャートと、ポゼッションが細分化されてポゼッション時のテリトリーの情報を示す低次のレベルのフローチャートが示されている。

ポゼッション時の個々のイベントとしてパスを含むことができ、その際にはパスの種類や結果といった追加の情報を伴う（Hughes and Franks, 2004c: 122)。遂行された成功パスと不成功パスの数は、成功パスのパーセンテージを決定する。コーチはこのような変数について目標値をプレーヤーに知らせることができるが、しかしどんな目標値であってもプレーヤーの現在の能力に対して現実的であることが重要である（Franks et al., 1983)。

チームゲームにおけるコーチは、チーム、下位ユニット、そしてプレーヤー個人のレベルで必要となる情報を伝えるかもしれない(Hughes and Franks, 2004b: 113-7)。Gerisch と Reichelt（1991）は、サッカーにおけるチーム全体のパフォーマンスと同様にプレーヤー個人を評価するために、1対1の状況に関する同じ未加工の情報をどのように使うことができるかを示した。

しばしば、開発者自身がアナリストであったり、かなりのスポーツパフォーマンス分析の経験を持つ者であったりする。その場合、開発者は、最終的なシステムを使って試合を分析するアナリストの視点を代表することができる。ユーザーグループから集められた要求は実現困難であるかもしれない。例えば、ライブでの分析ができないにもかかわらず、ユーザーがライブで分析したいと望むことがあるかもしれない。例えば、サッカーの試合において、パスをしたプレーヤー、ピッチ上の位置、パスの種類、そしてパスの結果を試合中にライブで入力することは不可能である。同様に、ユーザーグループは試合の翌朝のデブリーフィングのために、チーム、相手、個々のプレーヤーについて非常に多くの量のデータを求めるかもしれないが、これはアナリストにとって無理な場合もある。開発者は、ユーザーグループによって提示された要求を検討し、ライブでの分析システムのイベント入力のペースと試合後の分析のために必要となる時間を算出する必要がある。これらは推定になるであろうが、このような推定の正確性を高めるために、試合のビデオの一部を分析してみることは可能である。ライブでの分析システムでは、イベントが起きた時に入力が行われることから前もって設定される時間が試合時間に等しいために、イベント入力のペースが検討される。試合後の分析は、試合の時間に拘束されないので、実際に必要な時間で仕事量が表現される。

考慮すべき他の視点には、観察する位置、分析作業の物理的な環境、人間とコンピュータのインターフェースといった人間工学的な問題が関係する。スポーツパフォーマンスの分析システムは、長年にわたって入力または出力に使える周辺機器の進歩を追いかけてきた（Hughes and Franks, 1995）。デジタイズ用のタブレット*13（Dufour, 1991）、音声による入力（Taylor and Hughes, 1988; Cort, 2006）、グラフィカルユーザーインターフェース（Hughes and Franks, 2004a: 103）、タッチ感応スクリーン*14（Claudio and Dimas, 1995）が、これまで試合分析システムの入力デバイスとして使われてきた。グラフィカルユーザーインターフェースは、これまでのキーボードよりも技術的に優れているけれども、キーボードインターフェースの方が試合のイベントデータの入力を行うためには正確であるかもしれない。というのは、グラフィカルユーザーインターフェースを使う場合、ユーザーはスクリーン上でポインタの位置を調整しながらマウスを操作しなくてはならないからである。しかし、このことは全てのスポーツの全ての分析に当てはまらないであろう。それゆえにアナリストは、与えられた作業に対して異なる入力方法の相対的なメリットを検討する必要がある。また、GPS装置（Carling et al., 2008; Carling and Bloomfield, 2013）や超広帯域（UWB）無線*15（Leser and Kwon, 2014）のような自動化された、または半自動化されたデータ収集の方法もある。

さらに、ハードウェアのキャパシティ（容量）も考慮する必要がある。この視点は、操作の異なるモード下でのバッテリーの容量、ビデオのキャプチャと処理の能力、無線での通信の可能性などを含んでいる。ビデオの圧縮、DVDの作成、他のデバイスへのビデオの書き出しをするためにアナリストのコンピュータが使用される場合には、これらの作業が他の作業を遅らせることがあるので、これらの作業に必要となる時間が考慮されなくてはならない。コンピュータのバッテリーが持続する時間は、ハードディスクとプロセッサの使用状況によって変わってくる。状況によっては、バッテリーが試合の終わりまで持つように、バッテリーの残量が少ない時にはコンピュータのスクリーンを暗くしなくてはならないこともある。

異なる視点からの要求の間で対立が起きるかもしれない。特に、ユーザーが求めることとシス

＊13 **デジタイズ用のタブレット**：平面盤とペンで構成されるコンピュータの入力装置。
＊14 **タッチ感応スクリーン**：ディスプレイのメニュー画面を直接触れることで操作できる装置。
＊15 **超広帯域（UWB）無線**：超広帯域（UWB）無線を用いた位置情報の追跡システム。

テムを操作するアナリストができることの間で、要求の対立が起きるかもしれない。そのような対立は、要求分析の際に議論され解決される必要がある。これを行う1つの方法は、どれが優先順位の高いものかが分かるように、そして関与する利害関係者の間で解決ができるように、視点を階層的に整理することである（Curran et al., 1994）。

3. システムの設計と実装

分析システムの設計と実装[*16]の活動は、要求が理解されてシステムの詳細が明らかにされた後に行われるか、もしくはこれら2つの活動と要求分析が交互に生じる進化的なプロトタイピングアプローチでは中途で何回か行われることになる。設計と実装は、システムの目的を達成する方法を考案することに関わっている。設計と実装の違いは、設計が実装の前により抽象的なレベルで方法を考案することであるのに対して、実装は予定されたハードウェア／ソフトウェア環境でシステムのプロトタイプもしくは最終的なシステムを開発することである。進化的なプロトタイピングアプローチでは、初期の段階のプロトタイプ開発の際に設計の活動が行われ、その結果、機能、入力、出力、データ保存について概略的な解決策が理解されると、通常は要求分析と実装の活動が交互に行われる。設計と実装の段階は、手作業の記述分析システムを扱う場合には、ペンと紙による作業を伴う。もちろん、この場合、プロトタイプと最終の分析システムのフォームはワープロにより作成され、印刷されることになる。手作業の記述分析システムにおける設計と実装の区別については、設計の活動は、使われるべき出力のフォームを明らかにするとともに、データの取り込み、保存、処理をするためにどこでフォームが使われるかを明らかにしながら包括的にシステムを検討するということであり、一方、実装の活動は、特定のフォームが必要であるということを単に確認することではなく、実際にそのフォームを開発するということである。

分析システムを実装する時、開発者は、データの収集と分析ができるだけシンプルであることを確実に実現しなくてはならない（Hughes and Franks, 2004c: 128）。同じ結果を得るために取り得る方法はたくさんあるので、開発者は分析環境におけるユーザビリティの観点から実現可能な選択肢を検討する必要がある。データを記録するという作業は、データの記録が観察作業の延長となるように、対象となるスポーツにおけるイベントの順序を反映すべきである。2つの情報をそれらが観察される順序（AそしてB）に従ってシステムに取り込むことは、システムのユーザビリティを劇的に向上させる。BそしてAと入力することがデータ収集の上では同じボリューム[*17]を必要としても、アナリストはBの後に入力できるようにイベントAを覚えておくという不自然な方法で試合を見なくてはならない。この例として、テニスのプレーヤーがネットに出ていく時の原因と結果を入力する場合が当てはまる（O'Donoghue, 2010: 140-1）。ネットポイントの結果が、ネットに出ていく原因の前に入力されるという試作版は、比較すると非常に使いに

＊16 **実装**：コンピュータのハードウェアやソフトウェアに新しい機能を組み込むこと。
＊17 **ボリューム**：入力されたデータを記録するための領域の大きさ。

くいものであった。

コンピュータ化された分析システムを開発する際に、グラフィカルユーザーインターフェースへのボタンの配置に関しては、アナリストによって入力される情報の順番を考慮する必要がある。ボタンのシンプルな配置により、イベントのデータ入力においてカーソル（マウスポインター）が扱いやすい左から右への移動が可能となる。システムの中には、低次のイベントが入力されたら自動的に高次のイベントが開始されるという「アクティベーションリンク」機能を持つものもある。これにより、アナリストに必要とされるデータ入力のボリュームを低減することができる。さらなる可能性はデータの処理のためのスクリプトの利用であり（O'Donoghue, 2013a）、それは高次の情報を自動的に生み出すためにシステムに組み込まれるものである。全てのアナリストがスクリプトを作成できるわけではなく、これは非常に熟練した開発者を必要とする。幸運にもスクリプトの作成はシステム開発の中で行うことができ、最終的なシステムが使われるたびに繰り返しスクリプトの作成を行う必要はない。

分析システムは、データの入力と分析のためには良く機能するが、貧弱な表示によって出力が役に立たないかもしれない。言い換えれば、そのシステムは機能要求を満たし正しい出力情報を産み出すことはできるが、表現形式において情報を効果的に伝えることができない。HughesとFranks（2004c: 132）は、システムの出力に基づいてシステム全体が評価されると述べた。すなわち、システムの出力は明瞭で、綺麗にレイアウトされており、シンプルに提示されなくてはならない。次の第5章と第6章で手作業の記述分析システムにおけるフォームの設計と出力が扱われ、第7章と第8章でコンピュータ化されたシステムの出力画面とデータ入力画面のレイアウトが扱われる。

4. システムのテスト

分析システムを現場に応用する前に、それが使えるものであり正確に作動するかをテストする必要がある。テストをするという活動はシステムが完成するまで待つ必要はなく、特にシステムが多数のコンピュータ処理の構成要素やオペレーターを含む大規模なものである時はそうである。システムは試合の中の短い時間を使ってもテストできるので、テストは必ずしも1試合全体について実施される必要はない。システムの開発の段階によって、異なる種類のテスト活動がある。それには以下のものが含まれる。

- モジュール*18テスト
- 統合テスト
- ユーザビリティテスト
- 信頼性テスト

＊18 **モジュール**：ハードウェアやソフトウェアにおけるひとまとまりの機能や要素。

▩妥当性テスト
▩検証

モジュールテストは、システムの構成要素が正しく働くかのテストを意味する。例えば、入力の構成要素は、試合のデータが確かに意図通りに作り出されるかがテストされる。Sportscode(原書発行時はSportstec Inc, Warriewood, New South Wales, Australiaだったが、現在はHudl, Lincoln, NE, United States）では、タイムラインにイベントを入力するためにコードウィンドウが使われる。入力されるイベントの中には、特定のリードタイム*19とラグタイム*20を持つものがある。その場合には、それらのイベントについてのビデオシークエンスに、コーチとプレーヤーが議論をするために見る必要のあるアクションの全てが確かに含まれているかをチェックしなければならない。開発者は、全てのエクスクルーシブリンク*21が意図どおりに、すなわち、あるイベントをオンにするとリンクが掛かっている他のイベントがオフになるよう作動するかをチェックすべきである。同様に、アクティベーションリンク*22については、自動的なトリガー*23として設定されている特定のイベントが他のイベントを確かに開始させるかをチェックしなくてはならない（巻末の付録にある説明資料を参照のこと）。

出力の構成要素については、記録された特定の生データに対して正しい情報を確かに表示できるかをテストする必要がある。進化的なプロトタイピングアプローチでは、入力と処理の構成要素が出力の構成要素よりも先に開発されるであろう。システムは、構成要素が追加されるたびにテストされるべきである。というのは、入力の構成要素で生じたエラーは、それが処理と出力の構成要素にエラーとして蔓延することになるからである。システム要件に関するユーザーグループとの議論を促進させるために、入力と処理の構成要素に先立って出力の構成要素を開発することが必要となる状況があるかもしれない。このような状況では、開発者は、出力の構成要素によって使われる全ての構成要素を統合する必要がある。例えばSportscodeでは、開発者は、入力データから値を出すためのスクリプトのプログラムを作らずに、出力の構成要素に送られるテストの値のみが含まれるスタッツウィンドウを作るかもしれない。

統合テストは、複数の構成要素が調和して確実に作動するかがテストされる。進化的なプロトタイピングアプローチが用いられる時には、進化中のシステムに新しい構成要素が追加されるたびに統合テストが行われる。これは「ボトムアップ」開発の例であり、そこではシステムは処理過程の階層として設計され、まず、より低次のレベルの構成要素が完成されて実装が行われる。「トップダウン」の実装は、完成された実際の構成要素ではなくて、ダミーの低次の構成要素を使っ

---

*19 **リードタイム**：Sportscodeの機能で、イベントを記録するボタンをクリックした瞬間から何秒前をイベントの開始点にするかの設定時間のこと。

*20 **ラグタイム**：Sportscodeの機能で、イベントを記録するボタンをクリックした瞬間から何秒後をイベントの終了点にするかの設定時間のこと。

*21 **エクスクルーシブリンク**：Sportscodeの機能で、イベントを記録する2つのボタンの間にON-OFFの排他的な関係を持たせる仕組みのこと。

*22 **アクティベーションリンク**：Sportscodeの機能で、1つのボタンの起動が複数のボタンを起動させる仕組みのこと。

*23 **トリガー**：あるイベントの開始が別のイベントの開始のきっかけとなること。

て高次のレベルの構成要素がテストされる場合に可能となる。

ユーザビリティテストは、人間の操作が集中する構成要素を用いたシステムにとって特に重要である。データ入力作業がシステムのオペレーターにもたらす負荷量は、そのような活動がテストされるまではおそらく完全に理解されることはないであろう。試合のデータを記録するためにソフトウェアシステムを開発することはできたが、人間のオペレーターが試合を観察しながらライブでデータを入力することは不可能であるということが明らかになるかもしれない。このことは、データ入力のいくつかの領域を試合後の分析まで遅らせる別の設計案が検討されなければならないということを意味している。ユーザーは練習によってシステムの操作に習熟するので、十分なテストが行われるまでは、ユーザーインターフェースを使用不能として捨て去るべきではない。入力の構成要素があまりに難しくて使えないことから無駄なシステム開発となることを避けるために、ユーザビリティテストはできるだけ早期の段階で行われるべきである。

システムが完成したら、それが手作業によるシステムであろうとコンピュータ化されたシステムであろうと、信頼性が評価される必要がある。システムのコンピュータ化された部分は確定的であるかもしれないが、システムの人間が関わる構成要素はエラーを起こしやすいかもしれない。オペレーター間の信頼性の検討がシステムの客観性を決定するために行われる。そこでは2人のオペレーターが別々にシステムを使って同じパフォーマンスを分析する。オペレーター間のどのような不一致も、それはシステムの信頼性における弱点を示しており、ユーザーグループにとって多かれ少なかれ懸念材料になるであろう。この信頼性については、第9章で詳しく議論される。

妥当性テストはシステムが実際にユーザーグループの要望を満たしているかをテストすることであり、一方、検証はシステム全体が開発者の意図どおりに確実に作動するかをテストすることである。

5. 運用とメンテナンス

分析システムが完成すれば、それをコーチングの場面で、または元々意図されていた他の応用場面で使うことができる。しかしその後、システムが長期にわたって同じままであることは稀であり、様々な理由によって改良される必要がある。オリジナルのシステムの開発に関与しなかったコーチから、追加の情報が求められるかもしれない。このことが起きる理由としては、コーチングスタッフが交代したことや、分析されるべき特定の情報をチームの戦術が必要としていることが挙げられるだろう。システムはまた、フィードバックのテクノロジーの進歩に追随するために更新される必要がある。著者は、2004年にFocus X2*24パッケージソフトでネットボールの分析システムを開発し、それはその後数年にわたって多くの変更を行った。ある変更は、広義のイベントとしてのターンオーバーをいくつかの異なる種類のターンオーバーに分割するものだっ

*24 **Focus X2**：Performance Innovationのパッケージソフトウェア。

た。他の問題は、撮影ができなかった将来の対戦相手との試合があるということであった。それゆえに、著者が関わっているチームに対してだけでなく、そのような将来の対戦相手に対しても同じ統計値を求めることが可能となるように、手作業バージョンのシステムを開発した。その手作業バージョンのシステムを2シーズン使った後に、将来の試合におけるパフォーマンスの解釈の助けとなるような様々なパフォーマンス変数の基準値を開発することが可能になった。著者がコーチとともに他のチームに移った時、そのチームではIBMのPC互換機の代わりにAppleのMacintoshコンピュータを使っており、システムをSportscodeに実装することが必要であった。この時の主要な問題は、Focus X2が行動を瞬間的なイベントに抽象化するのに対し、Sportscodeは行動を継続時間があるイベントにも抽象化できるということであった。Sportscodeのパッケージソフトはまた、試合の間に自動的に出力を作り出すスタッツウィンドウも備えていた。さらに、Team Performance Exchange＊25（Team Performance Exchange, Best, Netherlands）やReplay＊26（Replay Analysis, London, UK）のようなインターネットを基盤としたパッケージソフトを使って、プレーヤーにビデオシークエンスを配信するシステムが開発されるようになった。AirPort＊27無線LANシステムによって、ベンチでコーチが使えるiPhoneやiPadにデータを送り、試合のインターバルの間にプレーヤーに見せることが可能になった。フィードバック・テクノロジーにおけるこれらの進歩は、コーチング過程そのものの抜本的な変化を促し、その結果として、他の情報ニーズの出現を引き起こすことになる。

スポーツにおけるルール変更もまた、分析システムに変更を求めることになる。例えば、テニスのチャレンジシステムの導入は、プレーが行われた時点で入力されたデータが、チャレンジ成功の結果として変更されるかもしれないことを意味している。著者が開発した分析システム（O'Donoghue and Ingram, 2001）では、チャレンジが行われる前に、ポイントが終了したらすぐに入力されたデータを保存してしまうので、現在では使うことができない。したがって、このシステムを現在でも使えるようにするためには、チャレンジが成功した結果として、ポイントの記録を変更できるように改良する必要があるだろう。このことは、操作が面倒ではなくシンプルかつ効果的であるようにシステムを実装することを必要とするであろう。

＊25 **Team Performance Exchange**：My Team Performanceのインターネットを使ってチーム内のデータを共有するシステム。

＊26 **Replay**：Replay Analysisのインターネットを使ってチーム内のデータを共有するシステム。

＊27 **AirPort**：アップルの無線LANシステム（日本国内ではAirMacと呼称）。

第5章 手作業による記述分析システムのためのガイドライン

本章では、手作業による記述分析システムを設計する際の詳細について述べる。システムの設計にあたって、アナリストは、①集めるべき生データ、②観察すべき事柄、③結果情報のフォーマット、そして④コーチが下すことになる意思決定を検討しなくてはならない。必要となる生データを記録するための最も効率的な方法はどのようなものか。結果の出力を産み出すことを可能にするための最も効率的な生データの記録方法はどのようなものか。散布図や時系列的イベントリストを使うことが必要なのか、あるいは手作業による度数記録システムを使うことが適切なのか。以下では、異なる種類の分析システム、フォームのデザイン、フォームのレイアウトをそれぞれいつ使うべきかについてのガイドラインが与えられる。

1. なぜ手作業による記述分析システムを使うのか

今日では、様々なスポーツでの使用に合わせて改変ができる費用対効果の高い、コンピュータ化されたビデオ分析システムがある。これらのシステムの中には、球技の戦術的な側面の分析に適しているものもあれば、技術面の分析に優れているものもある。また、汎用性のあるMicrosoft Excelのようなデータ処理パッケージソフトやMicrosoft Accessのようなデータベースパッケージソフトを用いて、コンピュータによる高速処理に適したデータ構造を供給したり、ユーザーフレンドリーなデータ入力インターフェースを供給したりするように設定することが可能である。Microsoft Excelの場合では、例えばVisual Basicのフロントエンド*[1]を使うことができる。あるアナリストが上記のようなソフトウェアパッケージを用いることにおいてまさに天才的であったとしても、必ずしも優れたパフォーマンスアナリストであるとは限らない。Mike Hughes教授はかつて、ビデオ分析パッケージソフトの1つを使ってひたすら分析を行っている学生たちを評して、「彼らはとても優れたパフォーマンス分析の技術家だが、優れたパフォーマンスアナリストではない」と著者に語ったことがある。カーディフ・メトロポリタン大学では、学生が学士学位プログラムの2年目で取るレベル5のモジュールの設計にあたって、モジュールの後半でソフトウェアパッケージの実習を行う前に、前半で意図的に手作業による記述分析システムを扱うことにしている。手作業による記述分析システムを開発することは、スポーツパフォーマンス分析を学ぶ学生にとって有益なトレーニングになる。手作業による記述分析システムを開発する過程は、関心のあるスポーツそれ自体の理解とそのスポーツの重要な側面の理解、これら

＊1 **Visual Basicのフロントエンド**：Visual Basic（マイクロソフトのプログラム言語）においてデータ入力や表示を担う部分。

重要な側面の操作化、必要とされる生データの特定、そしてこれらのデータを収集し分析するためのシステムの考案を学生に求めることになる。第3章ではスポーツパフォーマンス分析において使われる異なるタイプのデータと情報を扱い、第4章ではこれらがシステム開発の中でどのように考慮されるべきかを説明した。特に、分析システムの機能要求に関しては、システムによって産み出されるべき情報、収集して貯蔵されるべきデータ、そしてデータを情報に変換するシステムのプロセスが扱われることになる。関心あるスポーツの重要な側面の抽象的な表現として、階層的なモデルとフローチャートを利用することができる。分析システムで達成しなければならない事柄と関与するデータおよび情報について正しく理解を深めることができると、システムの開発において望ましい位置に立つことができる。このことは手作業による分析システムとコンピュータ化された分析システムの両方に当てはまることなので、読者の中には、なぜ手作業による分析システムまで扱わなければならないのかと質問する人がまだいるかもしれない。システムを開発する際に、試験的な分析作業は、システムが意図どおりに作動するか否かを確かめることに役に立つ。今日手に入れることのできる柔軟で汎用性のあるビデオ分析システムの入力インターフェースを改良することは非常に簡単なので、あまり深く考えなくてもそのような改良はできるだろう。しかし、手作業によるデータ収集フォームの1つのバージョンを別のバージョンに置き換えることは、それがワードプロセッサで作成されていても、それほど単純ではない。このことが意味することは、手作業による記述分析システムを開発する学生は、最初のシステム設計の際に、また試験的作業におけるシステム改良の際に、より深く考えることになるということである。

2. 手作業による記述分析システムの種類

Hughes と Franks（2004c: 118）は、手作業による記録フォームについて、単独で使われるかあるいは1つのシステムの中で組み合わせて使われる以下の3つの種類について、その特徴を記載している。

- 散布図
- 度数記録システム（度数表）
- 時系列記録システム

本章では、異なる種類のスポーツと、スポーツパフォーマンスの異なる側面を取り上げながら、これらの手作業によるデータ収集フォームの例について解説する。

まず、最初に説明する散布図では、プレーフィールドの平面図（ピッチ、コートなど）が描かれ、関心のあるイベントの位置が記録できる。散布図の利点は、イベントの正確な位置が記録でき、運動遂行の間または直後にコーチがそれを素早く検証できることである。一方、弱点は、時間やテンポに関する情報が通常は記録されないことである。そのような時間的な情報を供給するために、イベントが生じるたびに番号を付けることは可能だが、データを追加することで散布図をより使いにくいものにしてしまうだろう。

次に、度数記録システムは、イベントの度数を記録するために用いられる。その際、イベントの種類にイベントの結果のような他の変数を組み合わせて、度数を記録することができる。例えば、度数記録システムは、イベントの種類ごとに、成功または不成功の数を記録する欄を設けることができる。このようなシステムをさらに、プレーフィールド上の異なるエリアで行われたイベントの度数が記録できるように拡張することも可能である。実際、情報が求められているイベントと関連を持つ変数であればどのようなものでも、度数記録システムに取り込むことができる。度数記録システムの利点は、イベントの度数が運動遂行の間または直後に使用できることである。イベントの成功数と不成功数が記録されたら、イベントの成功率を計算して、それをフォームに記録することが必要になる。これには、前・後半終了後や試合終了後にそれぞれ数分間の時間を要するだろう。一方、弱点は、イベントの正確な位置が記録されず、プレーフィールド上の一定のエリア内での頻度に限定されることである。また、イベントの時系列的な順序が記録されず、表の中に現れる合計数しか得られないという点も弱点である。

最後に、時系列記録システムは、試合のイベントについて時間順に並べられたリストを記録するために用いられる。イベントタイプ、プレーフィールド、イベントを遂行するチームとプレーヤー、そしてイベントの結果のような多くの変数を記録することができる。時系列記録システムの利点は、イベントの時系列的な順序を記録しておけるので、パフォーマンスの時間的側面について分析ができる点にある。一方、主な弱点は、データの収集が終わった段階ではイベントの度数や比率をただちに利用できず、度数や比率を求めるために追加のデータ分析が必要になることである。また、イベントが生じたエリアは記録できるが、正確な位置は記録されないという弱点もある。

3. 散布図の例

❶ ネットボールのフィードパスの分析

ネットボール（図5.1参照）では、プレーヤーが動ける範囲がコートの特定のエリアに制限されている。例えば、シューティングサークル（実際には半円形であるが）に入ることができるのは、攻撃側のゴールアタック（GA）とゴールシューター（GS）、そして守備側のゴールキーパー（GK）とゴールディフェンダー（GD）のみである。ネットボールのパフォーマンスの重要な側面は、シューティングサークル内のプレーヤーへフィードパスを送ることである。これは基本的には、シューティングサークルの外からシューティングサークルの中へのパスになる。シューティングサークルを除いたアタッキングサード*2内では、センター（C）、ウィングアタック（WA）、

*2　**アタッキングサード、ミドルサード、ディフェンディングサード**：サッカーなど（この場合はネットボール）のピッチ（コート）をゴールラインに平行な線で三分割した時の相手ゴールに近いエリアをアタッキングサード、中央のエリアをミドルサード、自ゴールに近いエリアをディフェンディングサードと称する。

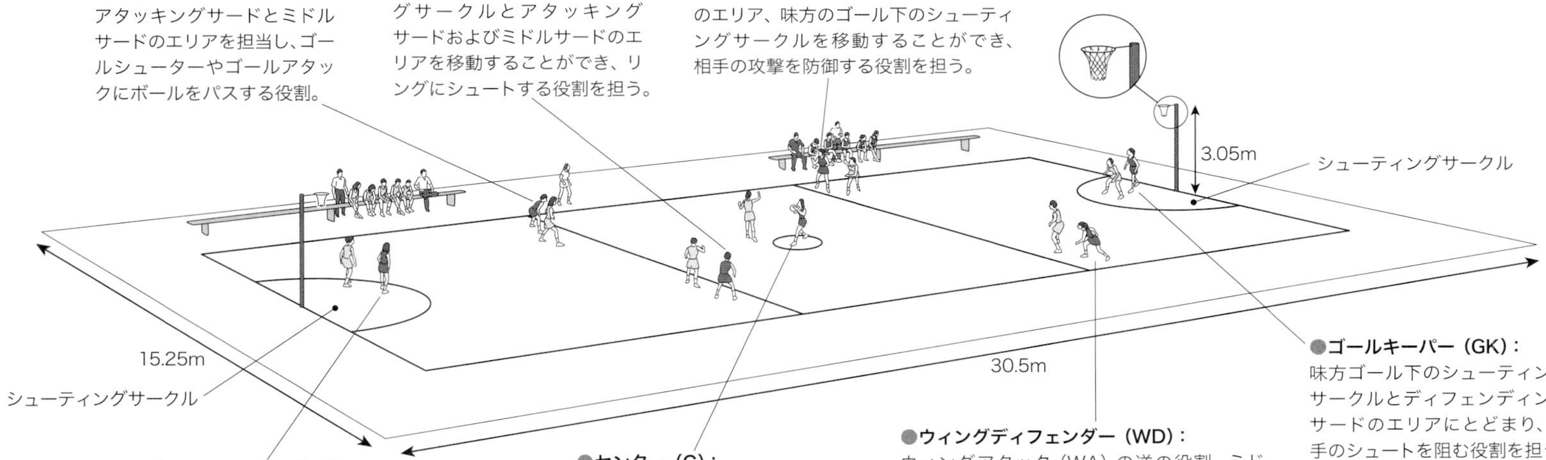

●ウィングアタック（WA）：
アタッキングサードとミドルサードのエリアを担当し、ゴールシューターやゴールアタックにボールをパスする役割。
●ゴールアタック（GA）：
相手ゴール下のシューティングサークルとアタッキングサードおよびミドルサードのエリアを移動することができ、リングにシュートする役割を担う。
●ゴールディフェンダー（GD）：
ゴールアタック（GA）の逆の役割。ミドルサードとディフェンディングサードのエリア、味方のゴール下のシューティングサークルを移動することができ、相手の攻撃を防御する役割を担う。
3.05m
シューティングサークル
15.25m
シューティングサークル
30.5m
●ゴールキーパー（GK）：
味方ゴール下のシューティングサークルとディフェンディングサードのエリアにとどまり、相手のシュートを阻む役割を担う。
●ゴールシューター（GS）：
相手ゴール下のシューティングサークルとアタッキングサードのエリアにとどまることができ、シュートする役割を担う。
●センター（C）：
ゴール下のシューティングサークル以外、すべてのエリアでプレーでき、攻撃エリアと防御エリアをつなぐ役割を担う。
●ウィングディフェンダー（WD）：
ウィングアタック（WA）の逆の役割。ミドルサードとディフェンディングサードのエリアを担当し、相手のゴールシューターやゴールアタックによる攻撃を防御する役割を担う。

ネットボールは女性のみがプレーする伝統的なスポーツ。1チーム7名のプレーヤーによる2チームが、相手陣コートにあるリングにボールを入れた点数を競い合う球技である。コートは3つのエリアに区分けされており、各エリアでプレーヤーがボールに触れなければ前に進めることができない。なお、各エリアに配置されたプレーヤーは、各々のエリアから離れるとオフサイドの反則となる。

ゲームは、センターパスによって開始される。ドリブルは許されておらず、ボールを受けた後の1ステップのみが許されており、パスでボールをつなぐ。プレーヤーはそれぞれのエリアによって役割があり、ゴールアタック（GA）とゴールシューター（GS）のみがシューティングサークルの内側からのシュートを許されている。また、プレーヤーはボールを3秒以上保持することができない。

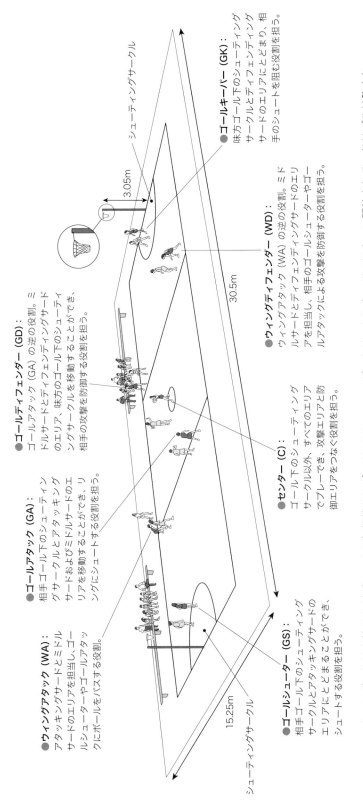

図5.1　ネットボールの競技概要

GA、GSの4人のプレーヤーがプレーをすることが認められているので、シューティングサークルの外でパスをすることは、より簡単かもしれない。一方、ミドルサード*2内では、GD、ウィングディフェンダー（WD）、C、WA、GAの5人のプレーヤーがプレーをすることが認められている。シューティングサークルへフィードパスを送る際に、そのパスをサークル内で受けることができるプレーヤーは、GAとGSの最大2人である。

図5.2は、コートの2/3、すなわちミドルサードと片方のアタッキングサードを示しているコート図（散布図）である。パスは、1つの1/3のエリア内か、隣接している2つの1/3のエリア間でしか行うことができない。したがって、ディフェンディングサード*2とアタッキングサードの間で、直接パスを通すことはできない。このことが、シューティングサークルへのフィードパスを考える際に、ディフェンディングサードを表示しなくても良い理由である。

このコート図には、フィードパスを出すプレーヤー（GD、WA、C、GA）が示されている。この図は、試合の1つのクォーターにおける一方のチームについて示されたものである。これ以上のデータは、パターンを分かりにくくさせてしまうだろう。シューティングサークル内でフィードパスが1つ記録されている（GA——●）。これは誤りだろうか。それはフィードパスに関する定義に依存する。もしフィードパスはシューティングサークルの外からシューティングサークル内のプレーヤーへのパスであると先に示した定義に従うなら、これは誤りである。しかし、シュートを打つ前の最後のパスを見たいと考えているコーチがいるかもしれない。そのような場合には、シューティングサークル内でのパスを図に示すことは誤りではない。このようなシューティングサークル内でのパスについては、そのパスに先立って、シューティングサークル内でパスをしたプレーヤーへ送られたフィードパスを図示するかどうかを次に考慮する。さらに、プレーヤーがシューティングサークル内で接触され、サークル内でフリーパスを与えられる場合もある。この場合には、シューティングサークル内のプレーヤーにボールを渡すためのサークル外からの

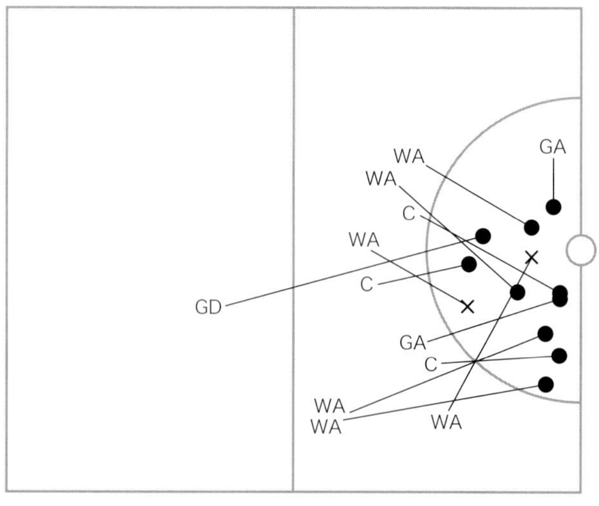

図5.2　ネットボールのフィードパスの分析

フィードパスは必要としないことになる。

各ラインはパスの経路を表しており、パスの速さや、軌道に関する情報、パスがバウンドしたか否かといった情報は含んでいない。ラインの終端にある記号はシュートの結果を表している。●はゴール成功を表し、×はゴール失敗を表している。考慮すべき別の問題として、フィードパスを受け取ったGSまたはGAは、もしシュートを打つためのより良い位置を見いだす必要がある場合は、ボールをサークル外にバックパスできるということがある。そのような場合は、シューティングサークルの外へのバックパスを表すための3つ目の結果を必要とするかもしれない。以上の問題を検討するための最善の方法は、分析システムの中で取り扱うべきプレーの側面に留意しながら、ネットボールの試合の1クォーターを観察することである。この記録フォームで識別ができないことの1つは、2人のシューティングプレーヤー（GAまたはGS）である。そのため、各クォーターで、2人のシューティングプレーヤーについて別々のシートを使うことができるかもしれない。散布図の弱点は、区分されたエリアについてのデータが記録されないということであり、このことは統計的な情報がフォーム上に示されないということを意味する。この統計的な情報は、データをさらに分析することで導き出される。しかし、ここで示した方法の方が度数記録の手法よりも失う情報が少ないので、実際の位置の詳細はこのような図を見るコーチとプレーヤーに、より多くの利益をもたらすであろう。

❷バドミントンのワークレート分析

タイムモーション分析は、現在、GPSやその他のプレーヤー追跡装置を使って行うことができる。しかし、アジリティの要件、ジャンプ、ターンの分析においては、手作業による方法にもまだ役割がある（Bloomfield et al., 2007)。手作業による記述分析に関するコースワークにおいて、学生はタイムモーション分析の勉強をする意欲を削がれるべきではなく、それをすることに対する正当な理由を与えられるべきである。というのは、タイムモーション分析が戦術分析や技術分析よりもコーチングの分野で重要度が低いと考えられているからである。タイムモーション情報を作り出すための労力は、情報の有用性によっては正当化されないかもしれない。しかし、手作業によるタイムモーション分析を用いて分析をするための興味深い事柄があるかもしれない。この項では、男子バドミントンの試合での移動距離をシングルスとダブルスで比較するためにLiddleら（1996）が使った方法について説明をする。この研究では、コンピュータ化されたシステムがなかったため、ラリー中の動きに関する手作業による記述分析にビデオ装置の使用が組み合わされた。図5.3に示されているような1枚のコート図（散布図の1つのバリエーション）が、1回のラリーごとで用いられた。コート図は、分析対象のプレーヤーが位置しているサイドのコートのみが示されている。ラリー中のプレーヤーの移動距離は、試合後の分析において、コート図に移動経過を描くことによって測定された。プレーヤーが方向を変えるたびにビデオが停止され、その停止されたビデオフレームまで、遂行された動きを表すラインが描き込まれた。移動の軌跡の長さを計測するために定規が使われた。コート図は1/100に縮尺して描かれおり、1つのマス目は0.5m×0.5mの広さを表していた。テープがマーカーとして実際のコートの側方と後方に

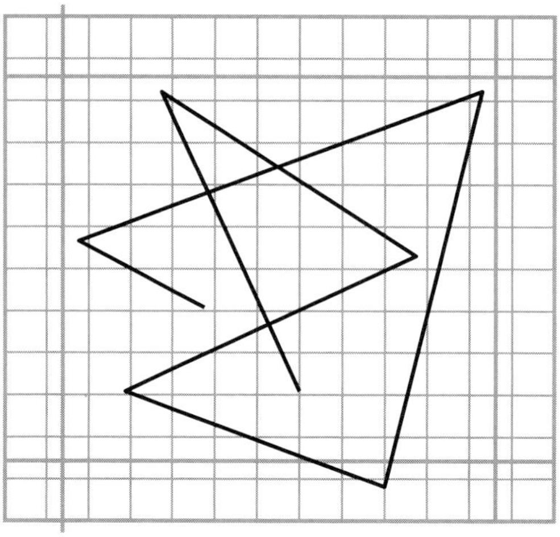

図5.3　バドミントンの手作業によるタイムモーション分析（Liddle et al., 1996）

貼られたので、これらの0.5m四方のエリアはビデオ画像上に表示できた。図5.3は1回のラリーについて完成されたコート図を示している。これは完全に紙の上に集約された方法である。全てのラリーがこのように分析されたら、ラリーでの移動距離の分布が特定される。例えば、棒グラフによって、5m未満、5m以上10m未満、10m以上15m未満、15m以上20m未満、20m以上25m未満、25m以上30m未満、30m以上の移動距離の度数や比率が示されるであろう。また、ラリーでの移動距離の平均値や中央値といった、データを要約するための補完的な統計値を使うこともできる。

4. 度数記録システムの例

❶チームゲームにおけるパス

チームゲームにおいて、チームの戦略の特徴を明らかにする方法の1つが、ポゼッション当たりのパス数の分析である。もしポゼッションあたりのパス数の平均値が低ければ、おそらくそのチームはロングパスを使うダイレクトスタイルの攻撃プレーを採用しているであろう。また、ポゼッションあたりのパス数の平均値が高ければ、おそらくそのチームはより緻密にゆっくり攻撃をビルドアップしていくスタイルを使っていると思われる。図5.4は、異なるパス数を示すポゼッションの度数を記録するために使われたフォームである。ポゼッションの結果については、ボールがアタッキングサードに到達したか否かによって分類され、もしアタッキングサードに到達した場合は、そこで得点機会があったか否かが分類された。チームがポゼッションを得るたびに、アナリストはパスの数を数え、最終結果を書き留めて、その後で適切なセルに記録の印を入れた。最後の行（ポゼッションあたりのパス数が11回以上）は2通りに使える。第1には、他の行と

ポゼッションあたりのパス数	アタッキングサードへの侵入に至らず	アタッキングサードに侵入したがシュートに至らず	枠外へのシュートで終了	枠内へのシュートで終了	ゴール成功	合　計
1	卌 ||||	|				10
2	卌 卌 ||	|		||		15
3	卌 卌 卌	|				16
4	卌 卌 ||	|||				15
5	卌 |	||		|	|	10
6	|||	|	||	|		7
7	|||	|				4
8	|		|			2
9		|				1
10						0
11＋	12　13	15　11			12	5
合　計	63	13	3	4	2	85

図5.4　ポゼッションあたりのパス

同じく単純に記録の行として用いることができる。これは、そこに失われている情報があるために、ポゼッションあたりの平均パス数を計算することができないことを意味している。しかし、ポゼッションあたりのパス数の中央値は求めることができる。このポゼッションの中央値は、ポゼッションをパス数の順番で見た時に真ん中に位置するものである。それゆえ、各行の合計を求め、それを足し算してポゼッションの合計値、Nを得るのである。もしNが奇数であれば、ポゼッションの中央値は(ポゼッションの合計値N＋1)/2である。つまりNが85であれば、ポゼッションごとのパス数が小さい値から順に並んでいると考えられる時、中央値は43番目のポゼッションである。図5.4に示されるように、10回のポゼッションが1パス、15回のポゼッションが2パス、16回のポゼッションが3パス、15回のポゼッションが4パスであれば、3パス以下のポゼッションの累積度数が41で、4パス以下のポゼッションの累積度数が56であるので、中央値は4パスである。それゆえ、ポゼッションあたりのパス数が昇順に並んでいると考えられる時、43番目のポゼッションには4パスがある。平均値を求めるためには、パス数が11以上ある各ポゼッションに対して、ポゼッションあたりのパス数を書き出す必要がある。例えば、5回のポゼッションそれぞれに12、13、15、11、12のパス数があったとしよう。図5.4に示されたように、85回のポゼッションがあったとすると、［方程式5.1］を使って、平均値を求めることができる。パス数が15のポゼッションが1回あるので、Σの繰り返しの数は15になることに注意が必要である。この場合、ポゼッションあたりのパス数の平均は $(1\times10+2\times15+3\times16+4\times15+5\times10+6\times7+7\times4+8\times2+9\times1+10\times0+11\times1+12\times2+13\times1+14\times0+15\times1)/85=356/85=4.19$ で、4.19となる。

［方程式5.1］

$$\text{平均値}=(\Sigma_{i=1..15}\, i\times \mathrm{Freq}_i)/N$$

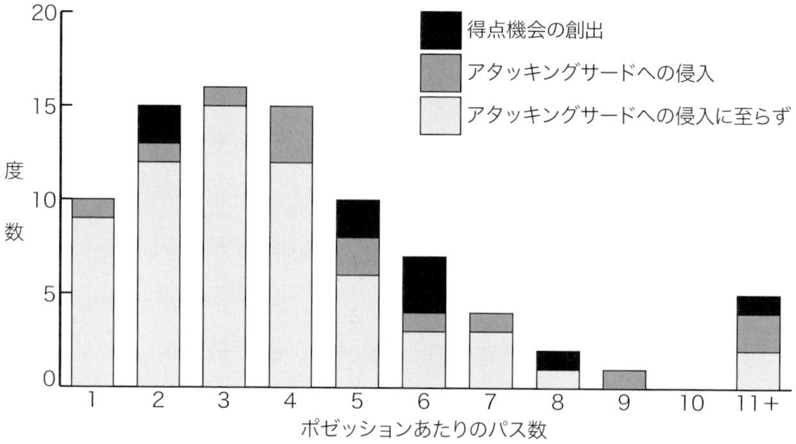

図5.5 異なる長さ（パス数）のポゼッションの有効性を要約した棒グラフ

平均値または中央値だけでは、チームのポゼッションを完全に表現していない。それゆえに、データは表またはグラフで表す必要がある（図5.5）。このグラフは、異なるパス数のポゼッションの度数に最終結果の内訳を示した積み上げ棒グラフである。HughesとFranks（2005）は、得点の機会またはゴールの数だけを考えると、データを誤って解釈してしまう可能性があることを示した。例えば、図5.4を見ると、5～6のパス数のポゼッションが全部で9回の得点機会のうち5回を占めることから、最も効果的であると結論づけてしまうかもしれない。しかし、HughesとFranks（2005）が説明しているように、それぞれのポゼッションがどのくらい生産的であったかを決めるためには、様々な観点から検討することが必要である。最も効果的なポゼッションの長さ（パス数）を明らかにするためには、アタッキングサードに侵入した（得点機会を含めて）比率と、全ての種類の得点機会（表の最後の3列で示されている）に至った比率の両方の観点から、最も効果的なポゼッションが決定されるべきである。図5.4で示されたデータは、11以上のパス数があるポゼッションがアタッキングサードに侵入するために最も効果的であることを示している。すなわち、ポゼッションの60%（3/5）でチームがアタッキングサードに侵入しているという結果を示している。ここでは、パス数が9のポゼッションを除外している。なぜなら、それは1回しかないため、アタッキングサードへの侵入が0%または100%になるからである。得点機会を創ることが成功の基準であるなら、ポゼッションの42.9%（3/7）が得点機会に結びついていることから、パス数が6のポゼッションが最も効果的である。図5.4のような記録フォームを別々に、試合で対戦している2つのチームを比較するために使うことができる。得られた結果を表示する時に知っておかなくてはいけないことは、全てのポゼッションはチームが意図した時に終わるわけではないということである。チームは技術的に未熟でポゼッションを失ってしまったために、特定のポゼッションでのパス数が3になっているだけかもしれない。したがって、このような場合には、ポゼッションを得た時のパス数は、採用されている戦術を反映していないことになる。

パスの分析について使うことができる他のシステムがある。例えば、パスをその長さ（ショート、ロング)、方向（前方、後方、左、右)、そして結果（成功、不成功）で分類することができる。これらの変数は、一貫した分析を可能にするために定義されている必要がある。例えば、パスの方向を分類するために図5.6に示すような90度の扇形が使えるかもしれないし、ショートパスとロングパスを区別するためには、例えばパスの長さが10mといった閾値を使えるかもしれない。また、成功したパスは、味方が受け取ったパスと定義できるかもしれない。

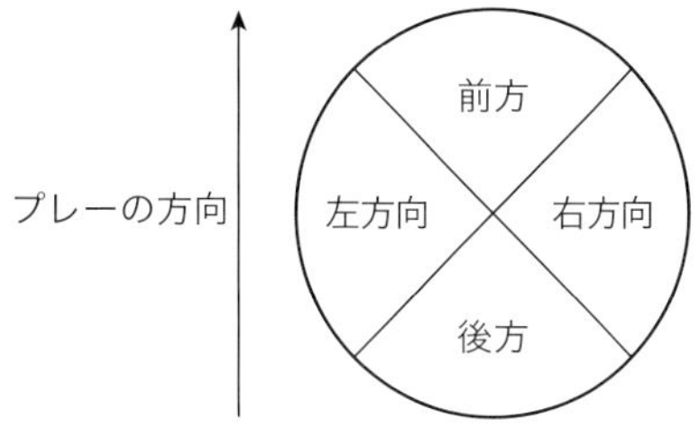

図5.6　パスの方向

❷ McCorryら（1996）によるラグビーのシステム

ここでの度数記録システムの例はラグビーについてのもので、ゲームのテリトリーの側面とポゼッションの入れ替わりを分析するためのシステム開発の一例として取り上げる。これをここで取り上げるもう1つの理由は、その時の著者を含めてラグビーの経験を持たない2人のアナリストによって開発されたシステムであったということである（McCorry et al., 1996)。それゆえ、この分析システムは、手作業による記述分析システムを開発するために多くの学生が行わなければならないことを示す例として役に立つ。アナリストは、テリトリーとポゼッションという2つの広い領域の分析対象について助言を行うラグビーの専門家とともに、ラグビーの重要な側面について議論した。これらの重要な側面の1つ目は、フィールドのアタッキングサードに侵入することによるテリトリーの獲得であった。その際、結果としてチームがアタッキングサードに侵入できたか否かにかかわらず、テリトリーを獲得するための方法もまた重要であると考えられた。2つ目の重要な側面は、セットプレーとオープンプレーの間のポゼッションの入れ替わりであった。

McCorryら（1996）は、最終的にデータの要約が可能となる数種のデータ収集フォームを含む探索的な方法を用いた。収集されたデータの中には、必要以上に詳細なものもあった。これは、アナリストが情報ニーズにあまり精通していない場合の探索的な分析システムの例である。HunterとO'Donoghue（2001）は、既に知られている情報ニーズに基づき、より効率化した手法を用いて研究を行った。図5.7は、必要とされるデータを収集するために使用できる1つの記録フォームを示している。最初の2つの欄は、防御側チームの貧弱な防御プレーによってアタッキングサードに侵入したか、それとも攻撃側チームの優れた攻撃プレーによってアタッキングサードに侵入したかを記録する。McCorryら（1996）はこれら2つのプレーについての例を示している。アタッキングサードに侵入したチームは、優れた防御プレー、貧弱な攻撃プレー、もしくは得点によって、アタッキングサードから退出することになる。一般に、テリトリーを獲得する方法は、相手を回避する（ランとパスのプレー)、相手を飛び越える（前にキック)、または相手を突き破っていく（コンタクトして前進、ラック、モール）に分類される。オープンプレー

日　　付：
大 会 名：
チームA：
チームB：
補足情報：

アタッキングサードの分析（チームAのアタック）

侵　　入	退　　出
消極的要因　貧弱な防御プレー（チームB） 記録：	積極的要因　優れた防御プレー（チームB） 記録：
積極的要因　優れた攻撃プレー（チームA） 記録：	消極的要因　貧弱な攻撃プレー（チームA） 記録：
	得点（チームA） 記録：

アタッキングサードの分析（チームBのアタック）

侵　　入	退　　出
消極的要因　貧弱な防御プレー（チームA） 記録：	積極的要因　優れた防御プレー（チームA） 記録：
積極的要因　優れた攻撃プレー（チームB） 記録：	消極的要因　貧弱な攻撃プレー（チームB） 記録：
	得点（チームB） 記録：

テリトリー獲得の手段

チームA			チームB		
パス／ラン	キック	コンタクトプレー／ラック・モール	パス／ラン	キック	コンタクトプレー／ラック・モール
記録：	記録：	記録：	記録：	記録：	記録：

ポゼッションの入れ替わり

チームAからチームBへ		チームBからチームAへ	
セットプレー	オープンプレー	セットプレー	オープンプレー
記録：	記録：	記録：	記録：

図5.7　ラグビーの分析フォーム

とセットプレーを通じて起きるポゼッションの入れ替わりも記録される。各種類の分析において、単純な度数記録の方法が使われる。

❸チャンスとリスク

図5.8は、様々な状況における運動遂行者のオプションに結びついたチャンスとリスクを分析するための一般的なシステムを示している。状況1を考えてみよう。この状況でオプション1aは、相手に得点を与えることはありそうにないが、得点をすることもありそうにない低リスクのオプションである。一方、オプション1cは、得点をするか、それとも相手に得点を与えるかという結果になりうる高リスクのオプションである。スポーツにおいて最も大きな成功のチャンスを持つ戦術的な選択が最も高いリスクを伴う例がある（Hibbs and O'Donoghue, 2013）。例えば、テニスにおいてセカンドサービスでエースを取ろうとすることは、ダブルフォルトのリスクを伴う。図5.8から導き出すことのできる他の有益な情報がある。例えば、状況4に陥ることは、より安全な状況になるチャンスがほとんどなく、得点を与えてしまうことにつながる負のスパイラルの始まりのように見えるので避ける必要がある。反対に、状況2は、到達すべき非常に重要な状況である。というのは、より有利な状況につながる最大のチャンスを持っているように見えるからであり、特にこの状況でオプション2aが選択された時にはそうである。状況3では、オプション3bが他のオプションよりも多く選択されている。このオプションは比較的安全であるように見える。ここで行われた分析に基づけば、この状況ではオプション3cをできるだけ選択し、オプション3aを避けるようにアドバイスされるべきであろう。このタイプの分析システムは、様々なスポーツでの使用に合わせて改変できる。しかし、いずれの場合も、運動遂行の異なる状況があり、そして異なる戦術的なオプションがあって、それらのオプションには異なるチャンスとリスクがある。

状　況	オプション	失　点	より悪い状況	同様の状況	より良い状況	得　点
状況1	オプション1a		|	卌 |	||	
	オプション1b		|||	卌 ||||	卌 |	|
	オプション1c	||	||	||	|||	|
状況2	オプション2a			||	||	|
	オプション2b		|	||		|
	オプション2c			|||	|	
状況3	オプション3a		|||	|		
	オプション3b		|	卌	||	
	オプション3c			||	||	
状況4	オプション4a		|			
	オプション4b		|||	|	|	
	オプション4c	|	||			

図5.8　異なるオプションのチャンスとリスクを分析するための度数記録システム

5. 時系列記録システムの例

❶ 陸上競技の中距離走レース

陸上競技の中距離走のイベントには800mと1500mがあり、特にアスリートが予選、準決勝、決勝を走らなくてはならない大会のレースではしばしばペース配分の戦術が伴う（Brown, 2005）。このような戦術は、レースの異なる時点でのアスリートの位置に関するカテゴリーデータとスプリットタイムを用いて評価することができる。BrownとO'Donoghue（2006）は、100mごとにアスリートの位置が図で記録できる手作業での記述分析フォームの例を示した（図5.9）。これは、球技で使用されるコートやピッチではなく陸上競技場のトラックの一部が描かれているという違いがあるだけで、散布図の1つである。これを作成するためには、レース中のアスリートの位置を記録する時点で一時停止ができるビデオプレーヤーを必要とする。（例えば）100mごとの一連の画像は、コーチが戦術的な評価を行うことを可能にする。アスリートの位置を特定のカテゴリーに類別して記録するというもう1つの手法は、記録はより簡単になるが、レースでは多数のアスリートが競い合っているためにライブでの記録はやはり無理である。通常、800mでは8人のアスリート、1500mでは12人のアスリートが走る。全体の中での「前後関係の」位置については、以下のように全てのアスリートを分類することができる。

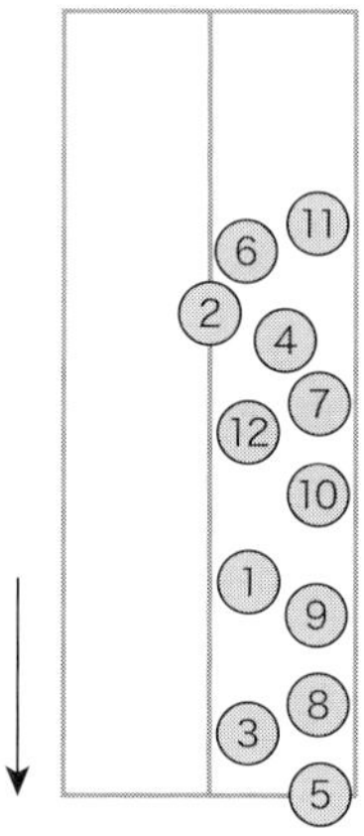

図5.9　中距離走における順位と位置に関するデータの記録

- 先頭を走っている
- 先頭集団の中ごろにいる
- 先頭集団の後方にいる
- 先頭集団にいない

アスリートの側方の位置については、以下のように分類される。

- 内側に1人単独でいる
- 集団の外にいる
- 集団の中にいる

以上のようなカテゴリー変数を使うことは、データの記録に要する負担を軽減するが、同時に図で記録するアプローチに比べて情報の損失を伴う。例えば、あるアスリートが集団の中にいる場合、その集団は「動けない状態にある」のかもしれないが、これは彼らの前にアスリートがいるか否か、彼らのすぐ後ろにアスリートがいるか否か、そしてあとどのくらいの距離を走らなくてはならないかに依存している。アスリートの戦術は、レースの様々な時点における全てのアスリート内での位置によって評価することができる。800mにおいて、1周目は先頭集団の後ろを走り、2周目に前に出て行こうとするアスリートは、1周目から先頭を走るアスリートとは異なるレース戦術を使っている。こうした戦術的な違いは、カテゴリー化された位置変数を使うかあるいは図で記録する手法を使って認識することができる。Horwill（1991）は、ランナーを彼らが使う戦術に従って、リーダー、ペーサー、ブレーカー、キッカーに分類した。対戦相手との相対的な強さや弱さに依存して、同じアスリートが、あるレースでは「最後の200mでの追い込み」戦術を採用し、別のレースでは「先行逃げ切り」戦術を採用することは可能である。ここで示したタイプの分析に関する重要な疑問は、それが役に立つのかということである。学生は、作ろうとしている分析システムについて熟考して、それが必要とされるのか否かを自らに問わなければならない。例えば、800mのレース全体のビデオ映像は2分もあれば見ることができる。だから、図5.9に示された種類のデータはどんな目的に役立つのか。もしコーチとアスリートがビデオの中で何を見るべきかを知っているとしたら、このデータはビデオを見ることを手助けすることになるのか。学生はコースワークをまとめる時に、自分が行った分析に対してこれらのことを自問し説得力ある説明をしなければならない。

スプリットタイムもまた、レース戦術を評価するために用いることができる。そしてそれによって、レースの序盤から速度を上げて走るアスリートや、終盤あるいは中盤で速度を上げるアスリートを特定することが可能になる。スプリットタイムは経過時間から求めることができ、その経過時間はMicrosoft Excelのようなパッケージソフトでプログラムが組まれたスプレッドシートに直接入力することによって最も効果的に分析ができる。それゆえに、システムは実際には手作業による記述分析システムではないが、特殊な用途を持つコンピュータ化されたシステムを使うこともない。スプリットタイムに基づく分析システムは、スプリットタイムをストップウォッチや携帯電話で記録しながら、1人のアスリートに対してはライブでも使用が可能である。このシステムは、複数のアスリートを分析している場合はライブでは使えない。その場合には、レースのビデオを分析して、アスリートが100mごとに到達した時間を記録しなければならない。これはストップウォッチや携帯電話を使ってか、あるいは丹念にビデオを見て各アスリートが100mごとに到達したフレームを記録することによって行うことができる。これらのデータ収集方法の選択には、時間と正確性のトレードオフがある。各アスリートの経過時間がスプレッドシートに入力され、それから引き算によってスプリットタイムが求められる。具体的に言うと、例えば300mから400mまでの100mのスプリットタイムは、400m地点での経過時間から300m地点での経過時間を引いた時間である。何人かのアスリートは他のアスリートよりも速く走れるので、レース戦術を評価するために未加工のスプリットタイムを使うことには問題があり、結果として、戦術的な側面よりもアスリートの体力に関係したデータになるかもしれない。それゆえに、収集したスプリットタイムを平均スプリットタイムに関連づけるか（平均的なレースに比べて、どの程度速いかまたは遅いか）、もしくはアスリートのパーソナルベストのタイムに基づくスプリットタイムの期待値に関連づけるようにして、スプレッドシートをプログラムする方が良い。図

	アスリート1			アスリート2			…	アスリート8		
	ET	ST	%PB	ET	ST	%PB	…	ET	ST	%PB
100m	14.2	14.2	98.8	14.3	14.3	97.4	…	14.6	14.6	103.6
200m	28.7	14.5	100.9	28.8	14.5	98.7	…	29.2	14.6	103.6
300m	43.4	14.7	102.3	43.6	14.8	100.8	…	43.9	14.7	104.3
400m	57.9	14.5	100.9	58.3	14.7	100.1	…	58.3	14.4	102.2
500m	72.6	14.7	102.3	73.3	15.0	102.1	…	72.8	14.5	102.9
600m	87.3	14.7	102.3	88.5	15.2	103.5	…	87.4	14.6	103.6
700m	102.1	14.8	103.0	104.1	15.6	106.2	…	102.1	14.7	104.3
800m	116.7	14.6	101.6	119.6	15.5	105.5	…	116.3	14.2	100.8
PB	115.0			117.5				112.7		

※ET＝経過時間、ST＝スプリットタイム、%PB=各100mについてイーブンペースと仮定した時のパーソナルベストタイムに対するスプリットタイムのパーセンテージ

図5.10　スプリットタイム分析

5.10は、そのようなスプレッドシートの例を示している。すなわち、経過時間を入力すると、スプリットタイムとパーソナルベストに対するパーセンテージ（%PB）が、プログラム化されたセル内に計算されて自動的に現れるようになっている。この場合、%PBはイーブンペースのパーソナルベストを仮定している。例えば、800mのパーソナルベストが2分(120秒)のアスリートは、各100m区間を15秒で走ることが期待されるだろう。この列で100％より小さい数値を示している場合は、アスリートは当該の100mの区間をパーソナルベストのペースよりも速く走っており、100％よりも大きい数値を示している場合は、パーソナルベストのペースよりも遅く走っていることになる。図5.10では、スプリットタイムはアスリート1とアスリート2が2回目のラップでスローダウンしていることを示している。経過時間は、アスリート1が最初の400mで0.4秒リードしているが、アスリート8はこれを500mで0.2秒までに縮めていることを示している。また、アスリート8が各100m区間をパーソナルベストのペースよりも遅く走りながらも、レースに勝ったことを示している。

中距離走のパフォーマンスに関して記録できる他のデータに、レースの異なる時点におけるアスリートの位置（1番目、2番目、3番目、4番目…）がある。スプリットタイムや位置を用いることの1つの不利な点は、それらが時々アスリートの戦術的選択よりも疲労を反映してしまうことにある。例えば、O'Donoghue（2012）は、2000mの室内ボートレースのタイムを分析し、異なるタイプのパフォーマンスを示した。レースの後半よりも前半のタイムが速かったアスリートのパフォーマンスは、必ずしも戦術的な見地から説明することができないだろう。このようなアスリートの中には、後半に早く漕ごうとしているにもかかわらず、それができなかったのかもしれない。400mハードルのようなイベントでは、アスリートの踏切脚が接地した時点からハードルをクリアしてリード脚が地面に着くまでの時間、すなわちタッチダウンタイムがパフォーマンスを分析するために用いられてきた（Greene et al., 2008）。

図5.10で記録されたスプリットタイムのデータを異なる方法で表示することができる。BrownとO'Donoghue（2006）はスプリットタイムのデータを2つの方法で示した。第1の方

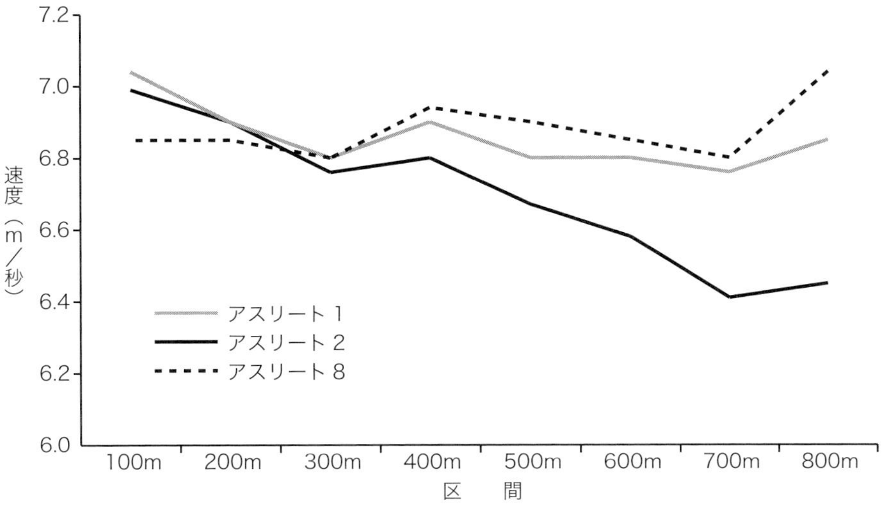

図5.11　陸上競技の中距離レースのパフォーマンスを示す速度のグラフ

法では、アスリートが目標のフィニッシュタイムに対する予定時間からどれぐらい早いあるいは遅いところにいるかを、架空の一定ペースでのパフォーマンスに対して評価される。これにはスプリットタイムよりも経過時間が用いられ、コース特性が重要なマラソンのパフォーマンスの分析に効果的に使用されてきた（Brown and O'Donoghue, 2006）。もう1つのデータ表示方法は、中距離レースにおける各100m区間での平均速度を求めることである（図5.11）。これは100mを各100m区間のスプリットタイムで割り算することによって求められる。値が高ければ高いほど、アスリートは速く走っていることになる。また、グラフ上の線の傾斜における変化によって、アスリートがどこでスピードを上げているか、もしくは下げているかが示される。この手法は、10mか20mの区間を使って短距離走のパフォーマンスを分析することにも有益であった（Bruggemann et al., 1999; Bruggemann and Glad, 1990）。

レース時間の分析はまた、競泳、自転車競技、トライアスロンといったスポーツにおいても有益である。時間の測定によって、スイマーがターンに集中する必要があるのか、それとも泳ぎの技術に集中する必要があるのかが分析されるかもしれない。また、屋外の自転車ロード競技では、時間の測定がコース特性と関連づけられる必要がある。そして、トライアスロンでは、水泳と自転車、または自転車と長距離走の種目交代のところが評価され、そこで時間をロスしていないかを調べることができる。

❷格闘技

手作業による記述分析が格闘技に適用される場合は、イベントの度数が報告されることが多い（Williams and O'Donoghue, 2006; Hughes and Franks, 2004d: 146-51）。しかし、時間的分析は、より大きな注意を必要とする格闘技の重要な側面であり、学生はイベントの度数分布を報告するより、むしろ格闘技の試合中の動的な行動を評価することが推奨される。今度テレビやその他のメディアで格闘技の試合を見る時に、通常は当該の格闘技スポーツに関して深い知識を持っているはずの専門家の解説に耳を傾けてみよう。試合中のある状況で、しばしば解説者はアスリートが選択できるオプションについて考えをめぐらし、そのうちどれが最大のチャンスを生むか、そしてそれに伴ってどんなリスクがあるかを推論する。そのあと、様々な戦術的選択があることを示唆しながら解説者が予測したオプションの1つをアスリートが使うところを見ることができる。それゆえ、コーチが関心を持つ状況において、異なる選択がなされた時に異なる結果が生じたケースの数を記録するための分析システムを開発することができる。また、この分析システムによって、試合で生じる状況の変化を示すことができる。初めの状況（行）と終わりの状況（列）を示し、状況間の移行ごとにチェックを入れて度数が記録できるような単純な表を使うことができる。このような手法は、チームゲームにおけるプレーヤー間のパスパターンを分析することにも用いることができるであろう。

時間的なデータの分析について、格闘技から単純な例を使って、具体的にはボクシングにおけるパンチのコンビネーションの分析を例にして説明をする。パンチのコンビネーションはボクシングにおいて重要であり、一般によく生起するコンビネーションが分かっている場合は別だが、そうでない場合、パンチの種類別の単純な度数分布を示すだけではこのようなパンチのコンビネーションに関する情報を提供することができない。コンビネーションを分析する1つの方法は、探索的な記述分析システムを用いて、コンビネーションとして打たれたパンチを記録することである。このような分析システムは、コンビネーションの性質を決定するために使われ、また前提となる情報が公表されていなければ、どれが最も一般的なコンビネーションかを決定するために使われる。生起する可能性のあるパンチのコンビネーションを全て1つの度数記録フォームに含めることは、非常に数が多いために不可能である。ボクシングには9種類のパンチがあり、分析されるコンビネーションの長さの中で最初の4発のパンチについて、2発、3発、4発のそれぞれのコンビネーションを観察しているとしよう。すなわちこれは、2発のパンチのコンビネーションで9×9種類のコンビネーション、3発のパンチのコンビネーションで9×9×9種類のコンビネーション、4発のパンチのコンビネーションで9×9×9×9種類のコンビネーションがあることを示すものである。合計では2発〜4発のパンチのコンビネーションで7,371種類があることになり、そのほとんどは試合の中でまったく見られないものである。それゆえに、コンビネーションと単発のパンチを別々に記録できるもので、もっと使いやすいフォームが考案されるべきである。図5.12はこのような時系列的記録システムの例を示しており、これは紙に印刷して用いたり、データを直接入力できるMicrosoft Excelのスプレッドシートで用いることができる。Harries とO'Donoghue（2012）によって使われた9種類のパンチとそれに結びつけた1つあるいは2つの文字コードは以下の通りである。すなわち、ジャブ（J)、左フック（L)、右フック（R)、ストレート（S)、アッパーカット（U)、ボディへの左フック（LB)、ボディへの右フック（RB)、ボディへのジャブ（JB)、ボディへのストレート（SB）である。図5.12は3回の単発のパンチと、2種類のパンチによる2回のコンビネーションを示している。表の右側4つの列には、打たれたパンチの種類の詳細が含まれている。これらのデータをMicrosoft Excelに入力すると、7番目

	A	B	C	D	E	F
1	ラウンド	ボクサー	パンチ1	パンチ2	パンチ3	パンチ4
2	1	赤	J			
3	1	青	J	L		
4	1	青	S			
5	1	赤	J	S		
6	1	青	J			
7						
8						

図5.12　ボクシングの単発のパンチとパンチのコンビネーションに関して部分的に記録が行われたフォーム

単発またはコンビネーション	赤	青
単発のパンチ		
ジャブ		
左フック		
右フック		
ストレート		
アッパーカット		
ボディへの左フック		
ボディへの右フック		
ボディへのジャブ		
ボディへのストレート		
コンビネーション		
ジャブ—ストレート		
ジャブ—ジャブ		
左フック—右フック		
右フック—左フック		
ジャブ—右フック		
左フック—ストレート		
ジャブ—左フック		
ストレート—左フック		
アッパーカット—左フック		
ジャブ—ストレート—ジャブ		
ジャブ—アッパーカット		
ジャブ—ジャブ—ストレート		
その他		

図5.13　通常よく使われるパンチのコンビネーションが分かっている場合の記録システム（内容をより良く理解するために原書の図を改変）

の列でCOUNTA機能が使われて、1つのデータ行に入力されたパンチの数が決定される。1発のパンチが打たれている場合、それは単発のパンチである。2発以上のパンチが打たれている場合、コンビネーションが存在することになる。Microsoft Excelの「&」機能は、テキスト列を組み合わせるために使われる。最初のコンビネーションである「J」と「L」がセルC3とD3に入力され、そのコンビネーションには2発のパンチしかなかったのでE3とF3が空欄になっている。8番目の列は「＝C3&D3&E3&F3」(スプレッドシートの3番目の行)とプログラムされ、それによりテキスト列が結合され「JL」が導き出される。そして、双方のボクサーが繰り出した単発のパンチとコンビネーションの種類ごとの数を出すために、単純なピボットテーブルの機能を用いることができる。

ボクシングで通常よく使われるパンチのコンビネーションについて公表された資料がある場合は、選択された試合においてそのようなコンビネーションを記録するための度数表を単純に用いれば良い。例えば、HurriesとO'Donoghue (2012) は、バンタム級、ミドル級、ヘビー級のそれぞれにおいて遂行された全てのパンチのコンビネーションの43％、58％、64％が12種類の特定のコンビネーションからであることを見いだした。これらは図5.13に示された表にリストアップされており、この表は単発のパンチの度数とパンチのコンビネーションの度数を記録するために用いられる。図5.12と図5.13に示されているデータ収集フォームは、各パンチの列を2つの列に分割することでパンチの結果が記録できるよう改変できる。すなわち、これら2つの列における最初の列はパンチの種類を記録するために使われ、2番目の列はパンチがターゲットを捉えたか否かを記録するために使われる。図5.13のような記録フォームで得られたデータは、ボクサーの戦術について教えてくれる。すなわち、どんな種類の特有の単発パンチを使っているか、どんなパンチのコンビネーションを最も多く使っているかを教えてくれる。加えて、パンチの結果に関するデータがある場合は、ボクサーが異なるパンチの種類をどのくらい効果的に遂行しているかを見ることができる。

❸ 技術集約型のスポーツ

技術の分析はスポーツパフォーマンスの主要領域の1つであり、それゆえ、原書出版社であるRoutledgeの現在のスポーツパフォーマンス分析シリーズの中でそれに関する教科書を出版する正当な理由がある。技術の分析では、あるスキルを遂行する際の戦術的な選択が適切であったか否かに関係なく、スキルがどのくらい巧みに遂行されたかが検討される。Lees (2008) はスキルをイベントスキル、メジャースキル、マイナースキルに分類した。イベントスキルとは、当該のスポーツを構成する動作のことで、例えば、陸上競技のフィールド種目における跳動作や投動作のことである。ランニング、水泳、自転車は、例えばランニングのストライドのような基本スキルの繰り返しのパフォーマンスのみでほとんど成り立っている循環スポーツである。メジャースキルは、繰り返し遂行され、当該のスポーツの成功に対して大きな影響力があるゴルフのスイング動作やハードルのクリアランス動作などが含まれる。マイナースキルは、重要ではあるがメジャースキルほどゲームの結果に与える影響が大きくない、サッカーにおける様々な種類のキック動作などが含まれる。Lees（2008）はテニスのサービスをマイナースキルに挙げているが、それは議論の余地がある。というのは、サービスが全てのポイントの出発点であり、プロのプレーヤーの場合、レシーブ時よりもサービス時の方が多くのポイントを取得しているという観点から、サービスはメジャースキルであると主張することもできるからである。

技術の分析をしながらビデオフレームに注釈をつけることができる、例えばSiliconcoach*3（Siliconcoach, Dunedin, New Zealand）やDartfish（Dartfish, Fribourg, Switzerland）のようなコンピュータ化されたパッケージソフトがあるが、これらのパッケージソフトには、関心のある部分の角度や距離を推定するための数量的な測定ツールが備えられている。技術のより正確で詳細な分析は、バイオメカニクスの分野において精巧な機器やソフトウェアを使って行われている。ここでの目的は、大掛かりではない、ペンと紙を使っての技術分析の役割を考えることである。第2章で言及したように、技術は、身体の要素とイベントの時間的局面をクロス集計するデータ記録フォームを使って分析ができる（Gangstead and Beveridge, 1984)。このようなフォームによって、コーチはイベントのパフォーマンスに関する記録ができるようになる。速記法の記号を使うことで、リアルタイムの観察中に求められる筆記の量が減少する。図5.14はコーチがスキルを分析するための汎用的なフォームを示している。ここではスキルの6回目までの試技が分析できる。この分析フォームを当該のスポーツに特化したものにするために、各行は当該のスポーツにおける技術の重要な側面で埋められる。例えば、陸上競技のハンマー投げを考えてみよう。図5.14をハンマー投げというイベントを分析するためのフォームに変えるために、学生はどのように取り組めば良いだろうか。まず初めに行うことは、ハンマー投げについてコーチングの文献を調べてみることである。ハンマー投げについては、Carl Johnson（1984）によって書かれた英国アマチュア陸上競技評議会（British Amateur Athletic Board）のガイドブックにおいて、記録フォームに含めることのできる技術の側面が以下のように示されている。

(a) グリップ

(b) 開始のポジション
- 足を置く位置
- サークルの後ろ

(c) スイング
- ハンマーの運動量の蓄積
- スローのリズム
- ハンマーの飛行面の確立
- バランス
- スイングの数
- スイングの速度
- ハンマーの加速度

*3 **Siliconcoach**：Siliconcoachのパッケージソフトウェア。

パフォーマンスの技術的側面	1	2	3	4	5	6

図5.14　汎用的なスキル分析フォーム

(d) ターンの開始
- バランス
- タイミング
- リラクゼーション

(e) ターン
- つま先の動き
- ターン時のスイングの角度

(f) リリース

その他の文献(Pedemonte, 1985)において、記録フォームに組み入れることができるハンマー投げの他の側面が議論されている。これらには、投射力学、リリースの角度、リリースの高さ、リリースの速度、ターンの半径と旋回動作、ターンとスイングのリズムと滑らかさ、そして足とハンマーヘッドとのコーディネーションが含まれている。技術分析のための記録フォームは通常、イベントの局面の時間的順序に従って配置されている。このことが、技術の分析を時系列記録システムの節に含めている理由である。

ハンマー投げに特化した記録フォームは、アスリートによって遂行されたスキルの各試技について列（1から6）に記録を入れることによって使われる。各試技における技術的側面それぞれについて記録が入れられる。もし記録するべき事柄が特にない場合は、空白にしたまま置かれる。

ポジティブな側面（✓）、ネガティブな側面（×）、高すぎる（↑）側面、低すぎる（↓）側面を記録するためにそれぞれ記号を使うことができる。スポーツパフォーマンスにおける多くの変数は、高すぎることなく低すぎることなく最適であることを必要とするので、どちらの矢印の記号も注意すべき技術的側面を示している。もし分析者が当該のスポーツに関して熟練の観察者でないなら、評価を行うためにはスキルの遂行を収録したビデオを必要とするだろう。熟練者は通常、一連の試行を通じてスキルの遂行をライブで観察し、その後で知的なメッセージを構築する。そして、そのメッセージが各試行後に記録フォームに記入され、アスリートにフィードバックされる。学生の場合は、スキルの遂行を収録したビデオを繰り返し観察し、当該のスキルに関する知識と良いパフォーマンスを構成する要素に関する知識に基づき、注意が必要となる技術的側面を特定することになる。

第6章 手作業による記述分析システムの開発例

本章では、手作業による記述分析システムを説明するために、2つのシステム開発の例を用いる。1つはテニスの例であり、もう1つはサッカーの例である。1つ目のテニスの例は度数記録システムであり、相手のデュースコートとアドバンテージコートへのファーストサービスとセカンドサービスについて、ポイントを取得したか否かに加え、スライス、フラット、キックサービスのどの技術を用いて、サービスボックスの左、中央、右のどのエリアに打たれたかを見るものである。両方のプレーヤーについて、サービスを打つコート、サービスの種類、サービスの方向、ファーストサービスかセカンドサービスか、そしてポイントの結果を組み合わせた情報が全セットにおいて必要となる場合、分析システムをどのように開発すれば良いだろうか。必然的に、作業はシステムを因数分解するようにデータの記録欄を分割することが求められる。このように設計することにより、要素のあらゆる組み合わせに関する質問に対して、単純な度数記録システムによって集められたデータを用いて効果的に答えることができるようになる。次に、2番目の例はサッカーの分析システムであり、異なる種類のポゼッションを結果の観点から評価できるようにするものである。このシステムは、ポゼッションの順序に関する時間的データを保存する時系列記録システムである。学生には、この分析システムを用いてサッカーの試合を観察し同級生とその結果を比較して、記録されたデータにおける不一致点の原因を議論することを推奨する。

1. テニスの例(度数記録システム)

❶問題

図6.1は、このテニスの例における観察作業を描写している。アナリストは普通、テニスがテレビ放映される時と同じようにコートのエンド側から観察する。今、各プレーヤーのサービス戦略の分析と、異なる種類のサービスが相手コートの異なる場所に打たれた場合にそれらがどれくらい成功しているかの分析をすることが課題であるとする。そのために、テニスのサービスに対して、以下の変数を記録したい。

- サービスがフラット、スライス、キックサービスのいずれであったか。
- サービスボックスの左、中央、右のいずれのエリアにサービスが打たれたか。
- ポイントを取得したか失ったか。

そして、以下についてのデータを供給できることを可能にしたい。

- 相手のデュースコートへのサービスとアドバンテージコートへのサービス

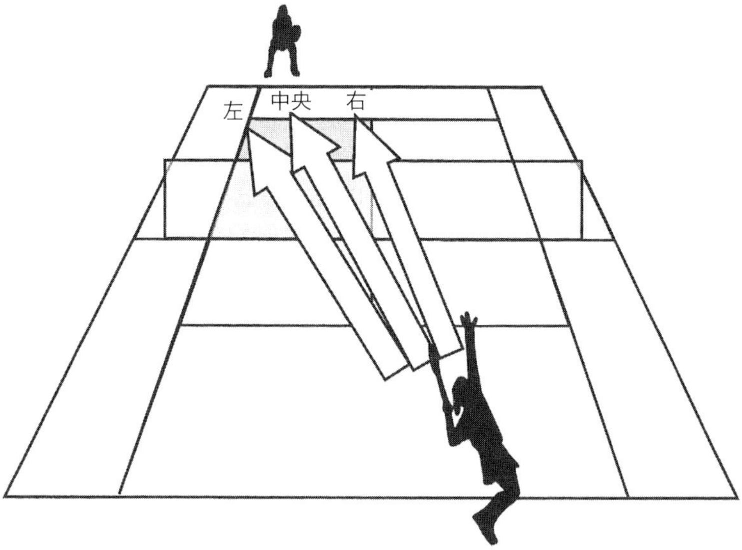

図6.1　テニスにおけるサービスの方向

■ファーストサービスから開始したポイントとセカンドサービスから開始したポイント
■異なるセットにおけるサービス戦略

分析フォームは、個々の変数についての質問、もしくは複数の変数が組み合わされた質問に答えるために用いられる。回答をする際に分析フォームの支援が必要となる質問は、例えば以下のようなものである。

■ファーストサービスが成功した数またはパーセンテージは？
■フラットサービスが使われた数またはパーセンテージは？
■取得したポイントの数またはパーセンテージは？

非常に多くの場合、複数の変数が組み合わされた質問は、異なる種類のサービスが有効性の観点から評価できるようにポイント取得のパーセンテージを含んでいる。そのような質問の例は以下の通りである。

■ファーストサービスが成功した時のポイント取得のパーセンテージは？
■相手のデュースコートへサービスをした時のポイント取得のパーセンテージは？
■スライスサービスを使った時のポイント取得のパーセンテージは？
■ファーストサービスが成功し、併せてそれが相手のデュースコートへのサービスであった時のポイント取得のパーセンテージは？
■相手のアドバンテージコートへフラットサービスを使った時のポイント取得のパーセンテージは？
■セカンドサービスにスライスサービスを使った時のポイント取得のパーセンテージは？

他に、2つの変数が組み合わされたもので、分析システムによって支援されるべき質問として、例えば以下のようなものがある。

- 相手のデュースコートへのサービス時にファーストサービスが成功した時のポイント取得のパーセンテージは？
- 第2セットでファーストサービスが成功した時のポイント取得のパーセンテージは？

❷ 度数の記録エリアの分割

この分析システムのシステム要件には、テニスにおけるゲームやセットでのポイントの時間的順序もしくは得点経過を調べる必要性が含まれていない。それゆえに、(次節のサッカーの例で用いられる)時系列記録システムではなく度数記録システムが使われる。サービスが打たれたコート（デュースコートとアドバンテージコート)、2つのサービス（ファーストサービスとセカンドサービス)、3つのサービスの種類（フラットサービス、スライスサービス、キックサービス)、サービスボックスの3つのエリア（左、中央、右）の4つの変数において2×2×3×3＝36の組み合わせがあり、それぞれについてポイント取得のパーセンテージを試合または特定のセットについて見たいと思うかもしれない。また、単独の変数を分析するだけでなく、それに加えて、起こりうる変数の組み合わせを全て分析することができる記録フォームを開発する必要がある。ここではこれらのうち、2つの変数だけを考えてみよう。すなわち、ファーストサービスが成功したかセカンドサービスが必要であったかと、分析対象のサービスが相手のデュースコートへのサービスであったかアドバンテージコートへのサービスであったかである。

記録フォームを設計する場合、先にリストアップした質問項目に対して必要となる情報を引き出すためにそのフォームが使えるかということを検討する必要がある。このことに関する挑戦しがいのある難しい側面は、変数が組み合わされた質問に答えることである。行うべきことと行わないようにすべきことについての考え方を示すために、ここではただ2つの変数を使って、より小さな規模の例を考えてみる。すなわち、ファーストサービスが成功したか否かと、ポイントを取得したか否かの変数である。図6.2は、これら2つの変数についての質問に別々に答えるために使うことはできるが、2つの変数を組み合わせた質問に答えることはできない。合計で30ポイントがプレーされており、ファーストサービスの成功は30ポイント中17ポイント（56.7%）で、サービス時のポイント取得は30ポイント中20ポイント（66.7%）であることがこの表から分かる。しかし、ファーストサービスが成功した時のポイント取得のパーセンテージ、またはセカンドサービスが必要であった時のポイント取得のパーセンテージについては分からない。図6.2の

変数	値	記録
サービス	ファースト	𝍸 𝍸 𝍸 ‖
	セカンド	𝍸 𝍸 |||
結果	取得	𝍸 𝍸 𝍸 𝍸
	喪失	𝍸 𝍸

図6.2　変数を組み合わせて分析することができない粗悪な試み

		結果	
		取得	喪失
サービス	ファースト	卌 卌 |	卌 |
	セカンド	卌 ||||	||||

図6.3　変数の組み合わせに対応できるように改良された記録フォーム

もう1つ別の不都合な点は、各ポイントについて2回の記録が必要になることである。すなわち、ポイントがファーストサービスから開始されたか、それともセカンドサービスから開始されたかを示すために1回記録し、次にポイントの結果を示すためにもう1回記録することになる。同様に他の変数全てを加えることを考えてみよう。その場合、1回のサービスについて、記録を6回しなければならなくなるだろう。すなわち、①ファーストサービスかセカンドサービスか、②デュースコートへのサービスかアドバンテージコートへのサービスか、③サービスの種類、④サービスボックスのエリア、⑤ポイントの結果、そして⑥プレーされたセット、のそれぞれについて記録が必要になる。

2つの変数が組み合わされた質問に答えるためには、記録フォームを「因数分解」することが必要である。ファーストサービスとセカンドサービスに関する記録エリアを分割し、各ケースにおけるポイントの取得と喪失を別々に記録し表示できるようにする。これは図6.3のようになるだろう。この表でも、全体で20ポイントが取得されており、10ポイントが喪失されていることを確認することができる。これはファーストサービスから開始された時の値にセカンドサービスから開始された時の値を加えることで求められる。さらに、ファーストサービスが成功したのは17ポイントであり、セカンドサービスは13回必要であったことが分かる。これは、ポイントの取得時と喪失時の値を加えることで求められる。図6.3は、ファーストサービスとセカンドサービスの欄がポイントの結果に基づいて分割されているので、変数を組み合わせた質問にも答えることができる。すなわち、ファーストサービスが成功した時は17ポイント中11ポイントの取得（64.7%）で、セカンドサービスが必要だった時には13ポイント中9ポイントの取得（69.2%）であった。このプレーヤーはセカンドサービスの時の方がポイント取得のパーセンテージが高いので、ファーストサービスをわざと入らないようにすべきかもしれない。図6.3の別の利点は、各ポイントについて2回ではなく1回だけ記録をすれば良いというところである。これは、4つの記録セルのそれぞれがサービス（行）と結果（列）に関連しているからである。それでは次に、関心のある変数全てに対する記録フォームをデザインする際に、記録エリアの分割化を適用することを試みてみよう。

❸解決策

図6.4は、この演習課題に対する筆者の解決策である。その考えは以下の通りである。

ポイントを記録するエリアを2つの行に分割する。すなわち、1つの行はファーストサービスが成功した時のポイントに関するエリアで、もう1つの行はセカンドサービスが必要になった時

サービス	サービスの種類	結果	デュースコート			アドバンテージコート		
			左	中央	右	左	中央	右
ファースト	フラット	取得						
		喪失						
	スライス	取得						
		喪失						
	キック	取得						
		喪失						
セカンド	フラット	取得						
		喪失						
	スライス	取得						
		喪失						
	キック	取得						
		喪失						

図6.4　5つの変数についての解決策（セットについてはそれぞれ別のフォームで分析される）

のポイントに関するエリアである。これら2つの行は、それぞれ2つの区画に分割される。すなわち、1つは相手のデュースコートへのサービスに関する区画で、もう1つは相手のアドバンテージコートへのサービスに関する区画である。この段階で、2×2の表における4つの記録エリアが作られる。そして、デュースコートへのサービスとアドバンテージコートへのサービスの各列を3つに分割し、サービスボックスの左、中央、右の各エリアを表すようにすることができる。この段階で、データ収集フォームには12のセルがあることになる。次に、ファーストサービスとセカンドサービスの2つの行をそれぞれ3つの行に分割し、3つの異なるサービスの種類(フラット、スライス、キック）が記録できるようにする。そして最終的に、各行をそれぞれポイントの取得と喪失が記録できるように2つの行に分割する。この結果、2×2×3×3×2の構造の中に72の記録エリアができることになる。図6.4で行っていない1つのことは、セットを扱うことである。記録フォームをこの程度まで細分化した場合には、セットごとに別々のフォームを用いることを推奨する。これによって、セットごとに分析ができるようになり、試合全体の統計を得るために異なるセットの記録フォームを用いて合計を求めることができるようになる。

これは、考えうる唯一の解決策というよりも、解決策の1つである。どの変数が行あるいは列であるべきかの決定は、読者の解決策において異なってくるかもしれない。著者はサービスが打たれたコートがデュース側かアドバンテージ側かと、サービスボックスのエリアが左か中央か右かを列にすることを決めたが、それはテレビ放送を見ながら分析を行うことが多いからである。テニスのテレビ放送では通常、片方のベースラインの背後からの視点でプレーを見せる。このフォームは、プレーヤーが手前側のベースラインからサービスを打つ時にはうまく機能するが(図6.1参照)、プレーヤーが奥側のベースラインからサービスを打つ時には回転させる必要があるかもしれない。

そうなった時に1つの可能性は、記録フォームを上下逆さまにして使い、表の項目見出しを逆さまにしてフォームの下と右に複写することである。これは図6.5に示している。一般に、最も

手前側のベースラインからのサービス

サービス	種類	結果	デュースコート			アドバンテージコート		
			左	中央	右	左	中央	右
ファースト	フラット	取得						
		喪失						
	スライス	取得						
		喪失						
	キック	取得						
		喪失						
セカンド	フラット	取得						
		喪失						
	スライス	取得						
		喪失						
	キック	取得						
		喪失						

奥側のベースラインからのサービス

図6.5　プレーヤーがコートの奥側のベースラインからサービスをする時に上下逆さまにして使うことができるように改変されたフォーム

よく使われる変数は記録フォームの最初に位置づけられるよう工夫すべきである。例えば、ファーストサービスが成功したポイントとセカンドサービスが必要になったポイントから求められたそれぞれのサービスの比率は、テニスの研究やメディアでの報道に幅広く使われている。サービスが打たれたコート（デュースコートかアドバンテージコートか）は、著者のこのフォームの使い方により、その次に最も重要な変数と考えられた。ファーストサービスが成功したポイントについて固まって配置された36の記録エリアを持つことは、ユーザーがそのようなポイントの合計を求めることを容易にする。サービスの種類（キックサービスなど）の統計値を求めることは、24の記録エリアが離れて配置されているので、少し困難である。

❹練習問題

図6.6に示されている完成バージョンの記録フォームに記録されたデータから、以下の問題に答えてみよう。

Q1　ファーストサービス成功のパーセンテージは？

Q2　ファーストサービスが成功した時のポイント取得のパーセンテージは？

Q3　セカンドサービスが必要となった時のポイント取得のパーセンテージは？

Q4　相手のデュースコートへサービスが打たれた時のポイント取得のパーセンテージは？

Q5　相手のデュースコートへのファーストサービスが成功した時のポイント取得のパーセンテージは？

Q6　フラットサービスが使われた時のポイント取得のパーセンテージは？

手前側のベースラインからのサービス

サービス	種類	結果	デュースコート 左	デュースコート 中央	デュースコート 右	アドバンテージコート 左	アドバンテージコート 中央	アドバンテージコート 右
ファースト	フラット	取得	III	I	II	IIII		II
		喪失	I		I	I	I	
	スライス	取得	I	I	I	III	I	
		喪失	I			II		
	キック	取得						II
		喪失	I					I
セカンド	フラット	取得		I		I	II	
		喪失		II			I	
	スライス	取得	I	II			I	
		喪失	I	I			III	
	キック	取得			I		I	I
		喪失		I				

奥側のベースラインからのサービス

図6.6 テニスのデータ収集フォームの完成バージョン

Q7　セカンドサービスが必要となった時に、相手のアドバンテージコートへスライスサービスが使われた時のポイント取得のパーセンテージは？

Q8　ファーストサービスがサービスボックスの中央エリアへ打たれたパーセンテージ（デュースコートへのサービスとアドバンテージコートへのサービスの合計）は？

Q9　セカンドサービスがサービスボックスの中央エリアへ打たれたパーセンテージ（デュースコートへのサービスとアドバンテージコートへのサービスの合計）は？

Q10　フラット、スライス、キックサービスのそれぞれが使われたパーセンテージは？

Q11　ファーストサービスでフラット、スライス、キックサービスのそれぞれが使われたパーセンテージは？

Q12　セカンドサービスでフラット、スライス、キックサービスそれぞれが使われたパーセンテージは？

Q13　ファーストサービスでフラットサービスが使われ、相手のデュースコートの右サイドへ打たれた時のポイント取得のパーセンテージは？

❺練習問題の解答

A1　30/50＝60％

A2　21/30＝70％

A3　11/20＝55％

A4　14/23＝60.9％

A5　9/13＝69.2%

A6　16/23＝69.6%

A7　1/4＝25%

A8　4/30＝13.3%

A9　15/20＝75%

A10　フラット23/50＝46%、スライス19/50＝38%、キック8/50＝16%

A11　フラット16/30＝53.3%、スライス10/30＝33.3%、キック4/30＝13.3%

A12　フラット7/20＝35%、スライス9/20＝45%、キック4/20＝20%

A13　2/3＝66.7%

❻データの分析

データは、そこから情報を生み出すために試合の直後に分析する必要があるかもしれない。これには携帯電話の計算機機能を使ってパーセンテージを計算することを伴うであろう。1つの記録の印を複数の事柄に対して数えることがないように、フォームの余白部分に行と列の合計を書き留めておくことが最善の処置である。コーチへのフィードバックは予期せぬ質問に対応する必要のために進行が滞ることがあるので、アナリストはフィードバックを効果的に始めるために、普通よく使われる統計値をミーティングに先立ち計算しておくと良いであろう。このことは、10枚の記録フォーム（プレーされた5セットごとに双方のプレーヤーに1枚ずつ）が使われるよりも、2枚の記録フォーム（双方のプレーヤーに1枚ずつ）が使われるなら、ずっと容易にできる。というのは、個々のセットを分析する必要がない時には、当該のプレーヤーに関する全てのデータが1枚の記録フォームにあるからである。

アナリストにもっと時間的余裕がある時には、プレーされたポイントの数とパーセンテージ、異なる条件でのポイント取得のパーセンテージ、そして異なる条件が組み合わされた場合のポイント取得のパーセンテージが算出されるよう、記録フォームの72のセルに記録された数をあらかじめプログラムされたMicrosoft Excelのスプレッドシートへ入力することができる。

❼時間的側面の分析

図6.6に示した分析システムは、重要かもしれない時間的側面のデータを記録することができない。例えば、今後の対戦相手の中には、時間的なパターンを含むサービス戦略を持っているプレーヤーがいるかもしれない。あるプレーヤーは、もし前のポイントでのデュースコートへのサービスが中央に打たれた場合には、それが左サイドや右サイドに打たれた時よりも、次のポイントでのアドバンテージコートへのサービスでは右サイドに打ってくる傾向が高いかもしれない。図6.6は、このような時間的側面に関する情報は含まれずに、単に試合の最後における合計数を示すものである。一方、図6.7は、サービス戦略の時間的側面の分析に使えるかもしれないシステムの例である。ここでは、サービスの戦略をその有効性に関係なく分析しているので、各ポイントの結果は重要ではない。図6.7のデータ収集フォームについてもう1つの留意点は、それが成

直前のポイント（デュースコート）		現在のポイント（アドバンテージコート）								
		フラット			スライス			キック		
		左	中央	右	左	中央	右	左	中央	右
フラット	左									
	中央									
	右									
スライス	左									
	中央									
	右									
キ ッ ク	左									
	中央									
	右									

直前のポイント（アドバンテージコート）		現在のポイント（デュースコート）								
		フラット			スライス			キック		
		左	中央	右	左	中央	右	左	中央	右
フラット	左									
	中央									
	右									
スライス	左									
	中央									
	右									
キ ッ ク	左									
	中央									
	右									

図6.7　サービス戦略の時間的側面を分析するために考えられる手作業による記述分析フォーム（内容をより良く理解するために原書の図を改変）

功かミスかにかかわらずファーストサービスについてのみ使われるということである。この記録フォームには2つのパートがある。1つは相手のデュースコートへのサービスについてのパートで、もう1つはアドバンテージコートへのサービスについてのパートである。表の列が現在プレーしているポイントを表しているのに対して、行はその前にプレーされたポイント（通常は逆のコートからのサービスになる）を表している。それゆえ、ゲームの最初にプレーされるポイントは、その前にプレーされるポイントが存在しないために、その詳細は入力されない。このフォームを用いることによって、先のポイントで使われた9種の戦略（サービスの3種類×3方向）それぞれに対して、現在のポイントで使われる9種の戦略それぞれの度数を記録することが可能になる。

しかし、このシステムの有用性には疑いの余地がある。というのは、たとえ5セットの非常に長い試合であっても、プレーヤーがサービスをするポイントは150回ぐらいしかないであろう。そのうち、相手のデュースコートへのサービスで終わってしまうゲームがいくつかあるので、およそ80回はデュースコートへのサービス、70回はアドバンテージコートへのサービスになる。このことは、図6.7のフォームにおける162のセルのうち、何もデータが記録されない多くのセルがあり、他のセルでは1つか2つのサービスしか記録されないかもしれないということを意味する。しかしながら一方で、各プレーヤー独特のサービスの種類（またはサービスの方向）を示すデータによって、より代表的なデータの分析ができるようになると考えることができる。このフォームの有用性に関するもう1つの問題は、各ゲームの最初のサービス（デュースコートへのサービス）は、デュースコートへ打たれた他のサービスとは異なる性質を持つという点である。なぜなら、各ゲームの最初のサービスポイントに先立つポイントは、2ゲーム前の最後のサービスポイントになるからである。その他の問題として、分析中に生じたタイブレーク*1でプレーされたサービスポイントを含めるか否かという問題がある。さらに、ここでの時間的なデータが3回または4回のポイントの連続性に関するものではなくて、2回のポイントの連続性に関するものに制限されるといった問題もある。

図6.7の記録フォームに関するより深刻な問題は、ユーザビリティの問題である。プレーヤーがゲームの最初のサービスポイント（これは前のポイントがないために記録されない）において、フラットサービスを相手のデュースコートの右サイドへ打ったと考えてみよう。ユーザーは、次の2番目のポイントを記録するために、上のフォームの真ん中にある「フラット」―「右」の行の上に指を置くことを必要とする。これはフォームの3行目であり、2番目のポイントを観察する時に、前のポイントで何が起きたかを表している。2番目のポイントでは、アドバンテージコートの中央へキックサービスが打たれるのを見たとする。この結果、ユーザーはこのアドバンテージコートへのサービスのために、3行目、8列目にチェックを入れる。これは、直前のポイントでは右サイド（3行目）へのフラットサービスであった時に、中央（8列目）へのキックサービスが使われたことを表している。この2番目のポイントを記録したら、今度は下のフォームでデュースコートへのサービスを記録するために使われる欄の8行目（「キック」―「中央」）に指を置かなくてはならない。これは、3番目のポイントがデュースコートへのサービスで、その前のポイントはアドバンテージコートの中央へのキックサービスであったからである。このような過程は続き、かなりの集中力が必要となる。とりわけ集中力が必要となるのは、1つのサービスゲームの最後のポイントをそのプレーヤーの次のサービスゲームまで覚えておかなくてはならない時である。このシステムは非常に扱いにくいので、2回のサービスポイントのペアで使われた異なる戦略の度数を数えるために、試合後に分析ができる時系列記録システムを使う方が良いかもしれない。第7章と8章において、コンピュータ化された分析システムについての解説を読む時に、ユーザーはこの記述分析システムのことを思い出して、コンピュータ化されたバージョンにデータを入力し分析することがどれほど簡単にできるかということを考えてほしい。

＊1　**タイブレーク**：両者のゲーム数が6-6のタイになった時、採用する特殊なスコアルール。

2. サッカーの例(時系列記録システム)

❶問題

ここではサッカーの試合におけるポゼッションとその活用に関心がある。各ポゼッションは以下の事柄によって特徴づけられる。すなわち、ポゼッションを得た側のチーム、ポゼッション開始（獲得）の方法、ポゼッションが開始したピッチのエリア、そしてポゼッションが結果として得点機会で終わったか否かといった事柄である。ポゼッションの終わりは得点もしくは相手チームへのポゼッションの移行のどちらかである。それゆえ、ポゼッションの終わりについて詳細を記録しておく必要はない。なぜなら、それは試合で起きる次のポゼッションを調べることによって分かるからである。例えば、もし一方のチームが相手にパスをインターセプトされたことによってポゼッションを失ったとしたら、次の相手のポゼッションがインターセプトで始まることになる。

1回のポゼッションは1本以上のシュートを伴うかもしれない。例えば、あるチームが放ったシュートがゴールのクロスバーに当たり、跳ね返った後にそのチームが再びボールを得て、もう一本シュートを打つかもしれない。それゆえ、どのようにシュートを記録するか、そしてどのようにそれらを分析するかということを検討しなくてはならない。異なる種類のポゼッションの得点機会につながる比率に関心があるのか。異なる種類のポゼッションから結果として生まれたシュートの数に関心があるのか。ここでは両方のタイプの情報が供給できるシステムを開発する。

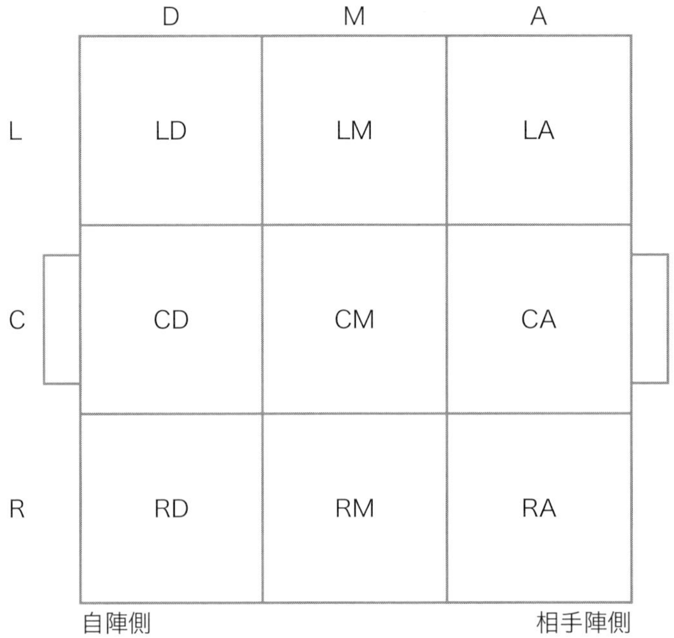

図6.8　ピッチのエリア

ここに2つのチームがある（Us：自チーム／Them：相手チーム）。ピッチには図6.8に示すように9つのエリアがある。L、C、Rはそれぞれピッチの左サイド、中央、右サイドの縦のチャンネルを表すために使われている。一方、D、M、Aは分析対象のチームにとってのディフェンディングサード、ミドルサード、アタッキングサードを表すために使われている。分析システムのユーザーはこれらの略号に慣れておく必要がある。特に“C”と“M”は、システムをデザインする際に逆の使われ方もされやすいので混同しないようにしなければならない。検討しなければならないもう1つのことは、自チームの観点からピッチのエリアを表すか否かということである。この場合、“LD”は自チームのディフェンディングサードの左サイドになり、相手チームのアタッキングサードの右サイドになる。これの代替案は、ピッチの位置を各チームのプレー方向の観点から表現することである。すなわち、“LD”は常にボールを所有しているチームのディフェンディングサードの左サイドを表すために使われる。ここでは、チーム間の直接的な比較を可能にすることから、この後者の方法を採用する。

ポゼッションは2つのチームの間で交互に起きる。ポゼッションが開始する方法を以下に示す。

- キックオフ（試合開始時と得点された後）
- タックルの成功
- ゴールキーパーのセーブを含むインターセプト
- ピッチのサイドラインの外に相手がボールを出した位置からのスローイン
- 防御側が自身のゴールラインの外にボールを出した時のコーナーキック
- 攻撃側が相手のゴールラインの外にボールを出した時（パスまたはシュート）のゴールキック
- ボールを所有していたチームがハンドやオフサイドのような反則を犯した場合のフリーキック

❷ 時系列記録システム

ポゼッションは2つのチームの間で交互に起きる。ポゼッションの種類を記録するために、以下のような2文字の略号が使用できるだろう。

- KO：キックオフ
- TK：タックル成功
- IN ：インターセプト
- TI ：スローイン
- CO：コーナーキック
- GK：ゴールキック
- FK：フリーキック

特に、使えるなら速記記号を代わりに使うこともできるので、これらの2文字の記号はイベントを記録するための1つの方法に過ぎない。1回のポゼッションの終わりは相手チームの新しいポゼッションによって表される。もう1つ別のポゼッションの終わり方は、試合の前半あるいは後半が終わる場合である。

この分析システムを使う際に、アナリストが検討しなくてはならない問題がいくつかある。まず第1に、ポゼッションという概念を構成するものは何かということである。自チームのプレーヤーがボールをパスし、相手プレーヤーはコントロールはできなかったものの何とかボールに触れたが、ボールはそのまま動いて味方プレーヤーに渡った場合、自チームは一時的にポゼッションを失ったのであろうか。厳密に言えば、確かに自チームはボールを失ったのであるが、チームがボールをコントロールできていない場合のポゼッションを分析することは望まれないであろう。2つ目の問題は、全てのフリーキックが記録されず、結果としてポゼッションが入れ替わったフリーキックだけが記録されるということである。それゆえに、もし自チームがボールを持っていて相手チームがファウルを犯しフリーキックを得た場合は、依然として自チームのポゼッションなので、そのフリーキックは記録されない。このことは分析システムから得られる情報の扱い方に影響を持つことになる。タックルあるいはインターセプトで始まったポゼッションについて高い得点転換率を見るかもしれない。このことは、そのチームが守備から攻撃に素早く移行する必要がある場合にポゼッションを活用することに長けていると解釈されるかもしれない。しかし、これらのポゼッションのいくつかは、フリーキックによって中断されているかもしれないのである。その場合にゴールが生まれている状況では、両チームがフリーキックのリスタート前に布陣を整えることができるので、オープンプレーでの守備から攻撃へ切り替える能力は実際には結果に反映されていない。もし分析データについてコーチがこの種の解釈を始めたら、アナリストは正直にポゼッションの中には途中にフリーキックを挟むものがあることをコーチに知らせなければならない。この分析システムの将来のバージョンでは、改良されてポゼッションの結果として「保持」が設定され、ポゼッションは終わったけれども同じチームがフリーキックを得てポゼッションが続くことを示すために使われるであろう。同様に、チームが相手とボールを争奪し、その結果ボールが外に出てしまいスローインやコーナーキックになった時には、記録されないスローインやコーナーキックがあるかもしれない。このことは、全てのスローインとコーナーキックからの得点転換率に関心があるコーチにとっては問題かもしれない。サッカーのゲームを考えると、ボールをコントロールしているチームがボールを自身のバックラインの外に出してしまうために起きるコーナーキックはごく少数である。しかしながら、もしポゼッションはチーム間で交互に起きる状態であるということが強調され、チームがボールに少なくとも1回は触れてそれをコントロールしている場合にのみポゼッションがカウントされるとしたら、スローインやコーナーキックの中には記録されないものがあるだろう。

図6.9はデータを記録するために使われる時系列記録システムを示している。自チームは0分0秒にピッチの中央でキックオフする。相手は15秒後に相手のディフェンディングサードの中央（自チームのアタッキングサードの中央）でボールをインターセプトする。その7秒後、自チームはピッチのミドルサードの右サイドでタックルを成功させ、ボールを取り戻す。ここで実際に起きた事柄は、タックルを成功させ、その後ボールはアタッキングサードの中央に動き、そしてシュートを打って相手のGKにセーブされたということである。このキーパーがセーブしたことは実際には記録していない。ポゼッションが入れ替わったことは記録されているが、シュートが

時　間	チーム	ポゼッション	エリア	結　果
00:00	Us	KO	CM	
00:15	Them	IN	CD	
00:22	Us	TK	RM	シュート
00:34	Them	IN	CD	得　点
00:48	Us	KO	CM	

図6.9　サッカーのポゼッションを記録するための時系列記録システム

ゴールポストに当たって跳ね返ったところを相手のディフェンダーが確保したかもしれないし、シュートを相手ディフェンダーがブロックして、そのボールを相手がコントロールしたかもしれないが、それはこの記録からは分からない。34秒に、相手はボールを獲得し（実際にはキーパーがシュートをセーブしたのであるが、ここでは相手チームがディフェンディングサードの中央でボールをインターセプトとのみ記録される)、ピッチのアタッキングサードまでボールを運んで、得点を挙げる。48秒に、自チームはピッチの中央でキックオフをして試合を再開する。

一度この時系列記録システムが使われ試合のポゼッションが記録されると、様々な種類の出力を求めるために、このポゼッションリストを分析することができる。それは例えば、以下のような出力である。

- 異なる方法で開始されるポゼッションの数とこれらのポゼッションについてシュートかあるいは得点で終わった場合の比率を示すサマリー表または棒グラフ。これは両チームについて示すことができる。
- ピッチの異なる場所で開始されるポゼッションの数とこれらのポゼッションについてシュートかあるいは得点で終わった場合の比率を示す同様のサマリー表または棒グラフ。
- ポゼッションの種類とその後のポゼッションの種類のクロス表、これによりポゼッションの各種類についてポゼッションの入れ替わりの完全な内訳を示すことが可能となる。

1回のポゼッションが2回以上のシュートを導く状況を想像してみよう。例えば、シュートがゴールポストを打ち、ボールが跳ね返った後にもう1回シュートを打って得点となったような状況である。このような特別なポゼッションの結果は「シュート、得点」と記入されるだろう。このようなポゼッションについては、シュートあるいは得点に結びついたポゼッションの種類や開始エリアの数をカウントする時に、得点に結びついたポゼッションとしてのみ記録され、もう1本のシュートはゴールや得点機会につながったポゼッションのパーセンテージを計算する時には含められないだろう。しかしもしポゼッションの特定の種類から生じたシュートの数を知りたい場合は、このシュートを計算に含めることになるだろう。

記録フォームに例えば“Them” “IN” “C”と書かなければならないということは、アナリストに試合よりもむしろ書いている紙を見ることを求めることになる。アナリストはそれらの略号を書いている間に、別のポゼッションの入れ替わりを見落とすかもしれない。このことは、この分

時間	チーム		ポゼッション							エリア			結　果	
	Us	Them	KO	TK	IN	TI	CO	GK	FK	D	M	A	シュート	得点
00:00	✓		✓								✓			
00:15		✓			✓					✓				
00:22	✓			✓							✓		✓	
00:34		✓			✓					✓				✓
00:48	✓		✓								✓			
01:35		✓			✓					✓				

図6.10　サッカーのポゼッション分析システムの改良バージョン

析システムをライブで使うことが難しいことを意味している。このシステムはポゼッションが入れ替わるごとに一時停止できるビデオによる試合後の分析では満足のいくものかもしれないが、ライブでの記録は難しい。オペレーターはピッチの場所の略号を間違うかもしれない。図6.10がこのシステムの改良バージョンで、このバージョンではアナリストはチーム、ポゼッションの種類、ポゼッションの開始エリア、ポゼッションの結果をチェックするだけで良い。これなら記録時間は短くて済み、アナリストはもっと多くの時間を試合の実際の観察に充てることができるようになる。ただ、ポゼッションが入れ替わった時間を記録する必要はまだ残っている。しかし、これは全てのポゼッションに対して必要ではないかもしれない。アナリストは、プレーが止まった後のポゼッションの入れ替わりの時間を定期的に記録することを選択するかもしれない。このバージョンのシステムは、図6.9に示したバージョンよりも、ライブで使われる可能性がより多くある。しかし、依然としてこれはまだ挑戦的な取り組みであり、このシステムをライブで使えるようになるためにはユーザーは十分なトレーニングを積む必要があるだろう。

このシステムには、(前節のテニスの例で用いた) 度数記録システムと比べて利点と欠点がある。利点は、時間的側面の情報が記録されることで、一方のチームが長時間にわたって相手のディフェンディングサードに入れなかった場合のようなテリトリー支配の時間を調べることができるという点である。しかし、これはポゼッションが終わったところの位置が、そのポゼッション中に最も前に進んだ位置であるという仮定に基づいている。しかし実際には、チームがアタッキングサードに侵入した後で、ミドルサードにバックパスをしてボールを戻し、そのボールをミドルサードで失ったということもあり得る。この場合、ポゼッションが入れ替わった位置だけが記録され、アタッキングサードへの侵入が記録の過程で失われてしまうということを意味している。このシステムはまた、シュートおよび得点に先立つ一連のポゼッションを分析することが可能となる。図6.9と図6.10に示されたシステムの欠点は、サマリー情報を供給するためには、ポゼッションの時系列リストについてさらに処理が必要であるということである。度数記録システムでは、ポゼッションの種類、ポゼッションの開始エリア、そしてポゼッションの結果の異なる組み合わせのそれぞれについて度数が表示され、その後で簡単にパーセンテージに変換することができる。図6.10に示されている記録システムのもう1つの欠点は、図6.9に示されている記録システムよりも多くの紙を使うということである。

❸サマリー分析のフォーム

データはさらに分析が必要になることを考えると、図6.10に示されたデータ収集のフォームに加え、もう1つの記録フォームが必要である。図6.11は、ピッチのエリアごとにポゼッションの各種類の度数と、シュートまたは得点が生まれたポゼッションの度数を記録するために使えるサマリーフォームである。これらの度数は、データ収集フォーム（図6.10）に入力されたポゼッションの数を数えることで求められる。ポゼッションの各種類と各ピッチエリアについての合計もこの図6.11から求めることができる。さらに、ピッチの3分割（ディフェンディングサード、ミドルサード、アタッキングサード）や3つの縦のチャンネル（左サイド、中央、右サイド）のような比較的広いピッチエリアについての合計を出すこともできる。もしパフォーマンスの時間的な側面に関心がないとしたら、図6.11は、テニスを例にして先に示したデータ収集のための度数記録システムのタイプに近いものになる。

❹練習問題

サッカーのポゼッションの入れ替わりを分析するために、図6.10と図6.11に示したフォームについて、ポゼッションの入れ替わりが起きないリスタートも記録できるようにシステムを改変しなさい。例えばこれは、ボールを所有していたチームがリスタート時も再びボールを保持するコーナーキック、スローイン、フリーキックのようなプレーを指す。あなたが考える記録システムと図6.10で示された記録システムの間で異なって表現されるプレーの例として、図6.10に示された試合の48秒から1分35秒の間の時間を考えなさい。この間の実際のプレーの経過は以下の通りである。すなわち、00:48の時点で、自チームは相手に得点を与えた後、キックオフをする。そのボールを自チームが所有している時に相手のペナルティエリアに向かって長いパスをする。しかし、相手のディフェンダーはボールをバックラインの外に出したので、ペナルティエリアにただちに到達しない。結果として、自チームはコーナーキックを得るが、依然としてまだ自

チャンネル	ポゼッション	ディフェンディングサード			ミドルサード			アタッキングサード			合　計		
		頻度	シュート	得点	頻度	シュート	得点	頻度	シュート	得点	頻度	シュート	得点
左	KO												
	TK												
	IN												
	TI												
	CO												
	GK												
	FK												
中央	KO				2						2		
	TK												
	IN												
	TI												
	CO												
	GK												
	FK												
右	KO												
	TK				1	1					1	1	
	IN												
	TI												
	CO												
	GK												
	FK												
合計	KO				2						2		
	TK				1	1					1	1	
	IN												
	TI												
	CO												
	GK												
	FK												

表中の値は図6.9もしくは図6.10から導き出された「自チーム」についての値である。

図6.11　ピッチの異なるエリアで開始される異なる種類のポゼッションの結果を示すサマリー分析のフォーム

チームのポゼッションなのでコーナーキックは図6.10では記録されない。コーナーキックは01:30に行われ、相手のディフェンダーは頭でボールをクリアし（インターセプトと記録）、相手の新しいポゼッションが01:35に開始する。このヘディングは相手のディフェンディングサードの中央で行われたために、新しいポゼッションはこの場所で開始したと見なされる。

❺解決策

図6.12は、ポゼッションを保持しながら同じチームに連続して起こるポゼッションを記録できるようにする解決策を示している。01:30にデータの行が追加され、そして結果の区分（保持）が追加されていることに注意してほしい。これらはいずれも図6.10には含まれていなかったも

時間	チーム		ポゼッション							エリア			結　果		
	Us	Them	KO	TK	IN	TI	CO	GK	FK	D	M	A	保持	シュート	得点
00:00	✓		✓								✓				
00:15		✓			✓					✓					
00:22	✓			✓							✓			✓	
00:34		✓			✓					✓					✓
00:48	✓		✓								✓		✓		
01:30	✓						✓					✓			
01:35		✓			✓					✓					

図6.12　図6.10で示された分析フォームの改良バージョン（内容をより良く理解するために原書の図を改変）

のである。00:48にキックオフで開始された自チームのポゼッションは、ここでは2つのポゼッションに分割されている。その1つ目のポゼッションは、00:48に始まり、自チームによるボールの保持で終わっている。2つ目のポゼッションは01:30に自チームがコーナーキックをした時に始まっている。これは単に1つの解決策であり、結果のエリアにおける「保持」の列が余分であると考える読者がいるかもしれない。というのは、いずれにせよフォームの次の行を見るとチームがポゼッションを保持したか否かが分かるからである。この余分な情報は、後で分析が楽になるように、このバージョンに含まれている。図6.11のサマリー分析のフォームは、3列のセットになっている（「頻度」「シュート」「得点」）ポゼッションの列に、「保持」を示す4つ目の列を含めるように変更する必要があるだろう。

第7章 コンピュータ化されたパフォーマンス分析システムのためのガイドライン

本章では、スポーツパフォーマンス分析のためのコンピュータ化されたシステムの使用について取り上げる。ユーザーが選ぶスポーツのパフォーマンス分析に合わせて改変できるような汎用性を備えたビデオ分析パッケージソフトがある。これらのパッケージソフトは、あるスポーツで起きるイベントタイプを定義することができ、そのスポーツに特有のシステムを効果的に作ることができる。一方で、ソフトウェアシステムの中には、特殊な用途を持ち、特定のスポーツのために作られているものもある。これらの中には、人気のあるメジャースポーツを対象としたパッケージソフトで市販されているシステムと、コーチング場面での特別な装備として科学的な研究プロジェクトのために個別に開発され使われるシステムがある。他に、ビデオ分析は含まれていないが、スポーツパフォーマンスの数量的分析に使うことができるパッケージソフトもある。

ここでは、試合分析の汎用パッケージソフトの例としてSportscodeを取り上げる（巻末の付録にある説明資料を参照）。アナリストは、イベントデータを収集するためのコードウィンドウを設計する際に、コーチやプレーヤーに彼らが関心のある結果を提供するためのマトリックス[*1]（イベント×ラベル[*2]）の使い方を知っておかなくてはならない。イベントの異なるタイプ（継続時間が固定したイベントと継続時間が変動するイベント）とイベントの修飾語として使われるラベルを説明し、イベント間のアクティベーションリンク・エクスクルーシブリンクの説明とそれらを使うためのガイダンスを行う。また、試合のビデオ映像をタグ付けし、結果のマトリックスを分析する過程を議論し、双方向ビデオフィードバック[*3]とハイライトムービーの作成について解説する。そして、行動を表現し分析する方法が異なることから、他のFocus X2、Nacsport[*4]、Dartfishのようなパッケージソフトにも言及する。

さらに、サッカーとクリケットによって使われる特殊用途の商業パッケージソフトの特徴を説明するとともに、ラグビーとテニスの研究で使うために開発された2つの特殊用途の分析システムにも言及する。そして、汎用的な目的を持ったパッケージソフトと特殊な目的を持ったパッケージソフトの相対的な利点と欠点をそれぞれ示す。

すでに見てきたように、手作業による記述分析システムに関しては3つの種類がある。すなわち、時系列記録システム、度数記録システム、そして散布図である。コンピュータ化された分析システムを開発する時には、度数記録システムを用いるか、それとも時系列記録システムを用い

＊1　**マトリックス**：Sportscodeの機能で、イベント（コード）を行、ラベルを列として、該当するイベントの数を表形式で表示する機能。

＊2　**ラベル**：Sportscodeの機能で、記録したイベントに詳細な情報を付加する機能、またその情報のこと。

＊3　**双方向ビデオフィードバック**：ビデオを見ながらコーチとアスリートが互いに意見を述べ合うようなミーティングの形式のこと。

＊4　**Nacsport**：Nacsportのパッケージソフトウェア。

るかを決める必要はない。というのは、コンピュータは迅速に時系列データを処理し、同時にサマリーの度数表を作ることができるからである。このことには柔軟性があり、要求されるどのような変数の組み合わせについても実施可能である。散布図は、イベントの位置データをコンピュータ化されたシステムに入力するために利用できる。そしてこれらのデータは、プレーヤー、チーム、イベントタイプ、時間、そして結果といった他のイベントデータとともに保存することができる。

1. 汎用的なビデオタグ付けパッケージソフト

❶ 行動の表現方法とデータ入力

図7.1は、2つの異なるパッケージソフト、すなわちFocus X2とSportscodeがスポーツにおける行動を表現する方法を示している。1つの試合はイベントの連続として要約される。いくつかのパッケージソフトは、例えばFocus X2（Elite Sports Analysis, Delgety Bay, Fife Scot-

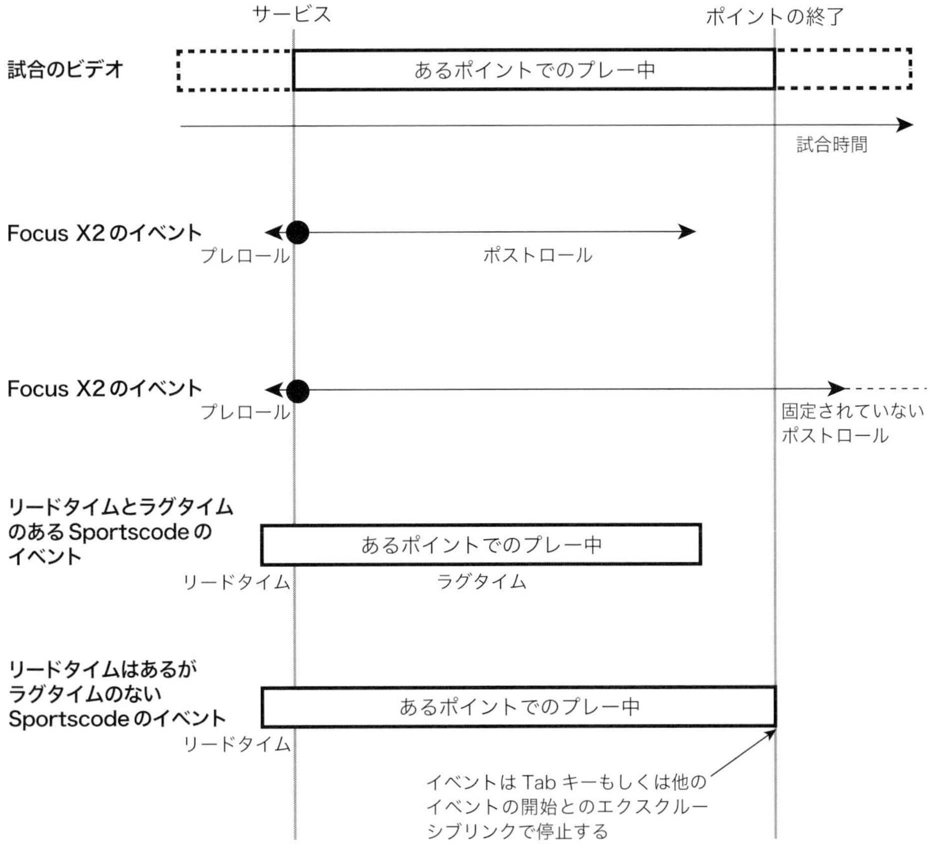

図7.1　Focus X2とSportscodeにおける行動の抽出

land）のように、イベントを試合のある時点で遂行されたものとして表現する。例えば、サッカーにおけるパスは、プレーヤーの足がボールに触れた時点でタグ付けされる。もしイベントをビデオクリップとして示す必要があるなら、ユーザーはプレロールの時間とポストロールの時間を決める。プレロールはイベントが起きる前の時間、ポストロールはイベントが起きた後の時間である。これらをそれぞれ3秒と5秒にすると、パスに至るまでの3秒間のプレーと、そのパスの結果が観察できるパス後5秒間のプレーを見ることが可能になる。プレロールの時間とポストロールの時間は、イベントタイプに応じて変えることができる。Focus X2では、ビデオをイベントが起きた時間から、決められたポストロールの時間まで再生するだけではなく、見る人が一時停止するところまで再生するように設定することも可能である。これは、見たいと思っているビデオの量がイベントタイプによって様々に異なる場合に便利である。例えば、バドミントンにおいて、プレーヤーがサービスをした瞬間に開始する「ポイント」というイベントを設定できる。この場合、全てのポイントが同じ継続時間にはならないので、全てのポイントに同一のポストロール時間を定めたくはないであろう。このようにポストロール時間を決めないことは、デブリーフィングの時間にパッケージソフトを使って双方向的にビデオシークエンスを見ている時に有効に機能する。しかしハイライトをサマリービデオに保存したい時は、おそらく全てのポイントには適さないだろうが、同一のポストロール時間を決めることが必要になる。そしてその場合には、追加的なビデオ編集が必要になったり、個々のポイントに対して異なるポストロールを用意したりしなければならなくなるだろう。もう1つの選択肢は、各ラリーがそれぞれ個別に決められたポストロールの時間を持つことである。

継続時間のない一連の離散的なイベントで行動を要約させるということは、継続時間がゼロではない行動は全て開始と終了の瞬間的なイベントによって表現される必要があるということを意味する。このような行動の例は、コーチの行動、ランニングのイベント、そしてタイムモーション分析において生じる。（行動あるいは動きの開始を表現している）2つのイベントタイムを引き算することによってイベントの継続時間を求めることができるように、イベントリストを処理することができる。

Sportscode（Hudl, Lincoln, NE, United States）はタイムラインを使うという点でFocus X2と異なる。タイムラインはタグ付けされる行動に関する図による表現であり、もし必要であれば処理を行うためにイベントリストとして書き出すことができる。Sportscodeにおけるイベントは通常、継続時間を持っており、各イベントのインスタンス*5について異なる開始時間と終了時間がある。ユーザーはそのようなイベントの開始と終了をタグ付けすることができる。もしくは、イベントの終了を別のイベントの開始でマークすることもできる（2つのイベントタイプにエクスクルーシブリンクが掛けられている場合）。複数のイベントにエクスクルーシブリンクが掛けられている場合、そのうちの1つのイベントだけがタイムライン上に存在できる。別のイベントタイプでは、全てのインスタンスに対して同じ継続時間を持たせることができる。このこ

*5　**インスタンス**：Sportscodeの機能で、タイムライン上に表示されているイベントでイベント名と継続時間を持つ。

とは、ユーザーが一度のタグ付けを行うだけで、前もって決められたリードタイムとラグタイムがタイムライン上の各インスタンスの開始と終了をマークするために用いられるということを意味している。Sportscodeでリードタイムとラグタイムをゼロにセットした瞬間的なイベントを持つことは技術的に可能である。これはイベントに対してただ1つのビデオフレームを表示するだけであるが、ビデオクリップとして示す必要がないイベントをマークするためには便利である。図7.1は、Sportscodeでラグタイムが設定されている時と設定されていない時に、イベントがタイムライン上でどのように表現されるかを示している。

Focus X2とSportscodeのいずれで記録されたものでも、イベントは付加的な詳細情報を持つことができる。例えば、コーチやプレーヤーは、サッカーでパスが行われた時のパスを行ったチームやプレーヤー、パスが行われたピッチ上のエリア、そしてパスの結果を知りたいと思うかもしれない。Focus X2では特定のスポーツで関心のある行動を表現するためにカテゴリーセットが定義される。このカテゴリーセットは、図7.2に示すようにイベントタイプ、チーム、プレーヤー、ピッチエリア、そして結果といったカテゴリーによって構成される。イベントが入力される時には、カテゴリーのそれぞれについて値が必要となる。イベントは1つのカテゴリーへの入力に合わせて発生時間が記録され、別のカテゴリーへの入力で記録が終了する。例えば、イベントタイプのカテゴリーに値が入力された時に、そのイベントの発生時間が記録されるようシステムを設定することができる。このことにより、ユーザーが他のカテゴリーに値を入力している間、イベントのビデオタイムが保持される。ビデオをライブでコーディングしている時は同時にビデオがコンピュータに取り込まれているので、ユーザーは他のカテゴリーへ値を入力するためにビデオを一時停止することができない。それゆえ、イベントタイプが入力された時間としてイベントの時間を保持しておくことは、ユーザーが他の値を入力するためにどれほど長く時間がかかっても、イベントが正確な時間でタグ付けされることを保証する。また、結果のカテゴリーに値が入力された時に、イベントが記録される（イベントリストの中でそれが終了する）ようにシステムを設定することができる。ユーザーは、イベントタイプのカテゴリーへの値の入力と結果のカテゴリーへの値の入力の間に、残りのカテゴリーへ値を入力しなければならない。カテゴリーの中には、先に使われた値をデフォルトで使えるように「スティッキーボタン」にすることができるものもある。例えば、テニスでは、新たなゲームになる場合やタイブレーク時に奇数番号のポイントに

<table>
<tr><td>カテゴリー</td><td colspan="11">値</td></tr>
<tr><td>イベントタイプ
（発生時間の記録）</td><td colspan="2">パ　ス</td><td colspan="2">シュート</td><td colspan="2">タックル</td><td colspan="2">保　持</td><td colspan="2">リスタート</td><td>インターセプト</td></tr>
<tr><td>チーム</td><td colspan="6">自チーム</td><td colspan="5">相手チーム</td></tr>
<tr><td>プレーヤー</td><td>1</td><td>2</td><td>3</td><td>4</td><td>5</td><td>6</td><td>7</td><td>8</td><td>9</td><td>10</td><td>11</td></tr>
<tr><td>ピッチエリア</td><td>LD</td><td>CD</td><td>RD</td><td>LM</td><td>CM</td><td>RM</td><td>LA</td><td>CA</td><td colspan="3">RA</td></tr>
<tr><td>結　　果
（記録の終了）</td><td colspan="6">成　功</td><td colspan="5">不成功</td></tr>
</table>

図7.2　Focus X2におけるカテゴリーセット（内容をより良く理解するために原書の図を改変）

なる場合を除けば、サービスをするプレーヤーは前のポイントでサービスをしたプレーヤーと同じになる。

スポーツにおける行動の中には、あるイベントタイプでは情報が必要とされ、別のイベントタイプでは情報が必要とされないような行動があるかもしれない。例えばテニスでは、①サービスエース、②ダブルフォルト、③サービスウィナー、④リターンウィナー、⑤サーバーが先にネットに出るプレー、⑥レシーバーが先にネットに出るプレー、そして⑦ベースラインラリーの7つの値を持つ「ポイントタイプ」というカテゴリーを設定することができる（O'Donoghue and Ingram, 2001）。あるポイントがもしサービスエース、ダブルフォルト、サービスウィナー、リターンウィナーのいずれかであったなら、ポイントがウィナーで終わったかエラーで終わったかに関する値を入力する必要はない。これは、イベントに対するデータの構造がイベントタイプにより異なる可変レコード[*6]の1つの例である。Focus X2では、全てのカテゴリーに対して値が入力される必要がある。それゆえに、いくつかのカテゴリーに対しては“N/A”（該当なし）という値を持つ必要があるだろう。

Sportscodeでは、システムはコードボタン（イベントボタン）とラベルボタンという2つの種類のボタンを持つコードウィンドウを使って定義される。コードボタンはタイムラインに記録される観察可能な行動を表現するために用いられる。すでに言及しているように、これらのイベントタイプの中には前もって決められた継続時間を持つものがある。別のイベントタイプでは継続時間は変化する。一組のコードボタンにエクスクルーシブリンクを掛けることができる。この結果、1つのイベントがアクティベート[*7]されると、これまでアクティブになっていたボタンが新しいイベントの開始と同時にディアクティベート[*8]される。イベントの中には並行して起きることが可能なものもある。例えば、サッカーにおいて広い意味を持つポゼッションというイベントは、ポゼッションを得ている間に起きるパスやシュートといった個人の行動イベントと同時に並行してアクティブにすることができる。他のイベントの引き金になるイベントに対してアクティベーションリンクを使うことができる。例えば、サッカーにおいて、ショートパスとロングパスの両方のイベントタイプが、より一般的なパスというイベントをアクティベートし同時に並行して記録されるように設定することができる。ラベルボタンは、イベントに関する付加的な詳細情報を記録するために用いられる。例えば、チーム、プレーヤー、ピッチエリア、結果は全てイベントの記録に詳細を加えるために使われるラベルになりうる。Sportscodeでは、アクティブなイベントに情報を加えるために必要とされるだけのラベルを入力できるので可変レコードが可能になり、N/A（該当なし）というラベルを定義する必要はない。

＊6　**可変レコード**：先立って入力されるイベントの種類により後のデータの構造が変わりうる記録方法のこと。
＊7　**アクティベート**：Sportscodeの機能で、イベントを記録するボタンが記録中の状態になること。
＊8　**ディアクティベート**：Sportscodeの機能で、イベントを記録するボタンが記録を終了すること。

2. データの入力

ビデオがコンピュータのディスクに取り込まれている間に、データの入力をライブで行うことができる。各ソフトウェアのプラットフォーム*9は、データ取り込みのモードと分析のモードを別個に作動させる。例えばFocus X2では、同じカテゴリーセットがロギングモード*10でもレビューモード*11でも使われる。同様に、Sportscodeにおいても、コーディングモードでもラベリングモードでもラベルを入力するためにコードウィンドウを使うことができる。どのようなパッケージソフトが使われているかには関係なく、ライブでのデータ入力システムに関して必ず実装されなければならない共通の原則がある。それは第一に、通常十分に訓練されたユーザーを必要としながらもシステムをリアルタイムで使うことができるということであり、そして、そのようなシステムのライブの部分は最も重要なイベントに限定されるということである。また、ライブシステムにはホットキーの使用も推奨される。ホットキーとは、イベントとラベルを表している画面上のボタンに対応して割り当てられたキーボード上のキーのことである。ユーザーはマウスを使ってスクリーン上のボタンをクリックするよりも、キーボード上のキーを押すことの方が迅速にできる。多くのイベントタイプに使用されるリードタイムとラグタイム（またはプレロールとポストロール）を決める際には、イベントが起きた正確な時点でビデオを止めてイベントのデータを入力することがなかなか難しいということを考慮する必要がある。試合のビデオ映像はライブで取り込まれるので、一時停止することはできない。それゆえに、イベントはそれが実際に起きた時点より少し遅れて入力されるかもしれない。「エラー」というイベントを作っておくこともまた便利である。ユーザーは間違ってキーを押したことに気づいても、試合で記録する必要があるイベントが引き続き起きている間は、その間違ったイベントを訂正することができないかもしれない。Sportscodeのパッケージソフトでは、ビデオの取り込み中であっても、タイムライン上のイベントについて間違ったラベルを取り去り、正しいラベルに取り替えることができる。しかし、オペレーターがこれを行うためには、通常は試合の観察を中断することが必要となるだろう。それゆえに、単純なエラーボタン（著者はこのためにキーボードのスペースキーを使っている）を押してエラーの起きた位置をマークしておくことができる。その結果、試合後すぐに、それを特定して修正することが可能になる。

（Focus X2のパッケージソフトに同封されている）Focus Voiceは音声認識ソフトウェアを用いたデータ入力の例である。Cort（2006）は、Focus Voiceによる言語認識の信頼性が高いレベルにあることを見いだした。しかしCort（2006）の研究では、コーディングの際に人間によって話された言葉とFocus Voiceによって記録された言葉の間のエラーにのみ着目している。この他に、行動を言語でコーディングすることには、声の緊張や運動遅延から生じるエラーがあるか

*9 **プラットフォーム**：ソフトウェアの基本的な仕組み。
*10 **ロギングモード**：Focus X2で、イベントの情報を入力するためのモード。
*11 **レビューモード**：Focus X2で、イベントの映像を検索して再生するためのモード。

もしれない。また、Cort（2006）の方法では説明されない観察者による知覚的なエラーもありうる。ライブシステムの中にはデータをビデオと別々に取り込み、後になってこれらの2つの種類のデータが統合され同期されるものもある。例えば、Pocket Focusは、携帯可能な小型コンピュータにカテゴリーセットを用いてデータを入力することができ、これらのデータは後で試合のビデオとリンクさせることができる。

システムの中には、ライブでのデータ入力と試合後のデータ入力を組み合わせることができるものもある。これは、求められるデータの全てを試合中にライブで入力することができない場合に確かに役立つ。試合後すぐに情報を引き出すことが必要となる重要なイベントに関するデータはライブで入力され、その他のデータは試合後に入力される。1つの方策は、全てのイベントをライブで確実にタグ付けし、追加のラベル（Sportscodeの場合）またはライブで入力されなかったカテゴリーの値（Focus X2の場合）を試合後に入力することである。これは非常に効率が良い方法である。というのは、追加のデータ入力が必要となる箇所がコーディングされたイベントによってすでに特定されているために、試合全体を再度見直す必要がないからである。

グラフィカルユーザーインターフェースを使って、試合後のイベントのラベリングを非常に効果的に行うことができる。例えば、Sportscodeではラベリングモードがあり、ユーザーはイベントのビデオクリップを繰り返し見直して、コードウィンドウからどのようなラベルでも入力することができる。Focus X2では、ユーザーはドロップダウンメニューを使って、イベントリストの中で値をデフォルトのものから正しいものへ変更することができる。

3. 分析の機能

Sportscodeでは、イベントとラベルの間には明確な区別が存在する。一方、Focus X2では、イベントの記録はカテゴリーセットの中に各カテゴリーに対する値を含んでいる。Focus X2では、イベントは1つのカテゴリーへの入力に合わせて発生時間が記録され、別のカテゴリー（これら2つのカテゴリーは同じにすることもできる）への入力に合わせて記録が終了するが、これはどのイベントタイプでも同様である。市販のビデオ分析パッケージソフトの主要な数量的分析の機能は、値に関するクロス集計である。Focus X2では、例えば1つのカテゴリーがクロス集計の行として選択され、もう1つの別のカテゴリーが列として選択される。クロス集計されるこれら

カテゴリー	値										
イベントタイプ	パス	シュート	タックル	保持	リスタート	インターセプト					
チーム	自チーム	相手チーム									
プレーヤー	1	2	3	4	5	6	7	8	9	10	11
ピッチエリア	LD	CD	RD	LM	CM	RM	LA	CA	RA		
結果	成功	不成功									

図7.3 Focus X2のカテゴリーセットにおけるイベント基準の選択（内容をより良く理解するために原書の図を改変）

2つのカテゴリーの度数は、記録された全てのイベントからか、あるいはレビューモード時にカテゴリーセットの機能で決められた基準を満足させるイベントから導き出される。図7.3のグレーで色づけされたカテゴリーの値が選択されている場合を考えてみよう。ここでは、自チーム（Us）のメンバーにより行われたパスにのみ関心がある。すなわち、全てのプレーヤー、全てのピッチエリア、そして全ての結果が含まれるが、ただ1つのイベントタイプ（パス）と1つのチーム（自チーム）のみが選択されている。これらの基準を選択すると、その基準を満足させるイベントだけがイベントリストに現れる。もしこれらの基準が示された時にプレーヤーと結果でクロス集計をするなら、自チームのプレーヤーごとに成功したパスあるいは不成功であったパスの回数が分かるだろう。他のイベントタイプやイベントタイプの組み合わせに対しても、これと同じことを行うことができる。

Sportscodeのマトリックス機能はイベントとラベルをクロス集計し、イベントタイプごとのラベルの度数分布を表示する。マトリックスの行はイベントで、列はラベルである。タイムラインには各イベントタイプの行が含まれており、そこでは記録されたイベントタイプのインスタンスが示される。データの入力後、既存の行をAND＊[12]やOR＊[13]の機能で組み合わせることによってタイムラインに追加の行を作ることができる。2つの行をANDで組み合わせると、両方の行にインスタンスが記録されている時間区域でのインスタンスを含む新しい行ができる。2つの既存のインスタンスの継続時間が重複する時、新しい行に作られたインスタンスはそれら2つのインスタンスに共通する継続時間を持つ。これは2つの既存のインスタンスの遅い方の開始時点から始まり、2つの既存のインスタンスの早い方の終了時点で終わることになる。一方、2つの行をORで組み合わせると、既存のどちらかの行でインスタンスが存在する時間でのインスタンスを全て含んだ新しい行が作られる。すなわち、2つの既存の行でインスタンスが重複する時、新しい行はそれらを組み合わせて、2つの元のインスタンスのうちの早い方の開始時点と遅い方の終了時点からなるインスタンスを作る。例えば、コーチやプレーヤーは成功したパスの回数とフィールド内の特定のエリアでのパスの回数を知りたいだけではなく、フィールド内の特定のエリアにおいて成功したパスの回数についても知りたいのかもしれない。

試合を記録したマトリックスや完全なイベントリストは、Microsoft Excelのような表計算ソフトへデータを書き出してさらに追加の分析を行うことができる。これらのスプレッドシートは、サマリーの比率や関心のある事象の比率を計算するようにあらかじめプログラムしておくことができ、そうすると、新たにコーディングした試合のデータを書き出してそれを単にペーストすることで一連の試合についても使用することができる。

❶双方向ビデオフィードバック

汎用性のあるビデオ分析パッケージソフトの主な目的は、柔軟で双方向的なビデオフィードバックを実現させることである。例えばコンピュータのハードディスクのようなランダムアクセ

＊12 **AND**:Sportscodeの機能で、複数のイベントのインスタンスが互いに重複する時間帯から新しいインスタンスを作る機能。
＊13 **OR**：Sportscodeの機能で、複数のイベントのインスタンスのいずれかを含む時間帯から新しいインスタンスを作る機能。

ス*[14]ができるビデオの記憶装置は、ビデオタイムが与えられると、求められたビデオフレームにパッケージソフトウェアが効率良くアクセスすることを可能にする。Sportscodeのマトリックスは、異なるラベルが付けられているイベントの度数を表示し、マトリックス内のこれらの度数を直接クリックすると、当該のビデオシークエンスを見ることができる。Focus X2のプロセスでは、関心のある基準を選択することができ、この結果、イベントリストに表示されるイベントの数が減少することになる。そして、選択された基準を満たすイベントリスト内のイベントについて、ビデオシークエンスを表示することができる。パッケージソフトは、関心のあるイベントを容易に見つけ、それらの開始時間と終了時間、プレロールとポストロールの長さを決定して、適切なビデオフレームを再生する。

❷ハイライトムービーの作成

双方向ビデオフィードバックの利点は、アナリストが余分な時間を費やしてデブリーフィングのための動画ファイルを作る必要がなく、試合が終わったらすぐにパッケージソフトによってビデオシークエンスを見ることができる点にある。実にパッケージソフトの中には、試合のビデオがまだ取り込まれている最中でも、記録されたイベントのビデオシークエンスを見ることができるものがある。このような双方向ビデオフィードバックを使うことの欠点として、コーチとアナリストが見せるべき最良のイベントを決めていない場合があり、その場合に、ビデオクリップを選択して再生する過程がブリーフィングを中断してしまう可能性がある。他のもう1つの欠点は、コーチがビデオ分析パッケージソフトをコンピュータにインストールしていないかもしれず、ビデオの再生をアナリストとアナリストの持っているコンピュータに依存するということである。それゆえに、ブリーフィングやデブリーフィングのためにハイライトムービーを作る必要があるかもしれない。このムービーは、ほとんどのコンピュータで利用できる標準的な動画再生ソフトを使って再生できる。ハイライトムービーの作成過程には、関心のあるイベントの選択、関連するビデオシークエンスの下調べ、見せるために最適なビデオクリップの選択、そして独立再生形式*[15]のファイルへの保存を含んでいる。パッケージソフトの中には、そのような動画にタイトル、注釈、そしてメモを付けることができるものもある。例えば、Sportscodeのムービーオーガナイザー機能はそのような編集を可能にする。別のパッケージソフトでは、動画を独立再生形式のファイルとして保存し、その後に例えばiMovie（Apple Inc., Cupertino, CA）のような汎用ビデオ編集ソフトウェアを用いて編集を行うことが必要となる。ハイライトビデオが作られると、それをブリーフィングやデブリーフィングのミーティングで使って効率良くプレーヤーにフィードバックを与えることが可能となる。独立再生形式のハイライトムービーを作ることの欠点としては、時間がかかることと、ビデオファイルの保存中はアナリストのコンピュータが使えないということがある。

---

*14 **ランダムアクセス**：目的のデータに直接アクセスできる方式（この場合はビデオテープと異なり目的のシーンを直接再生できる）。

*15 **独立再生形式**：編集したビデオが素材のビデオに依存せずに再生やコピーができるファイル形式のこと。

4. ビデオを使わない汎用的な分析

Microsoft ExcelのスプレッドシートやMicrosoft Accessのデータベースにデータを入れるために、Visual Basicのデータ入力インターフェースを開発することができる。このデータ入力インターフェースでは、Focus X2のカテゴリーセットと同じように使える一群のボタンとして設定できる。試合のイベントデータが記録されると、時系列的なデータと度数データの両方の利点を活かすことができる効率の良い方法でそれらのデータを分析することができる。これは、しばしばアナリストが時系列記録システムと度数記録システムのどちらを用いるかを選択しなくてはならない手作業による分析システムに比べ優れた点である。もしイベントリストがリレーショナルデータベース*16に保存されているなら、イベントにフィルターをかけ、関心のある度数を求めるために標準的なデータベースクエリ*17を使うことができる。もしデータがMicrosoft Excelのスプレッドシートに保存されているなら、一組の変数についてピボットテーブルの機能を用いてクロス集計を行い、異なる変数の組み合わせごとに度数を表示することができる。このようなシステムの主な欠点はビデオの要素がないということで、それゆえに、通常、このようなシステムはコーチングの場よりもむしろ学術的な研究において用いられる。

5. 特殊用途の試合分析システム

❶ 特殊用途のシステムの理論的根拠

汎用的な試合分析パッケージソフトと特殊用途の試合分析システムの違いは、特殊用途のパッケージソフトが特定のスポーツのために用いられるのに対して、汎用的なパッケージソフトがあらゆるスポーツでの使用に適合するよう改変ができるという点にある。汎用的な試合分析パッケージソフトはビデオのタグ付け、統計的なフィードバック、そして柔軟で双方向的なビデオシークエンスのフィードバックを提供する。それではどうして特殊用途の分析システムが必要なのかという疑問が起こってくる。特殊用途の分析システムの理論的根拠は、汎用的な分析システムに対する相対的な利点と欠点を検討することによって示されてきた（Williams, 2004）。汎用的なシステムは標準的なインターフェースと、データの取り込み、分析、プレゼンテーションの一連のプロセスを提供する。いくつかのスポーツで必要となる分析をするには、これらの機能に大きな制約がある場合がある。汎用的なシステムの機能の中には、ただ1つのスポーツで仕事をするユーザーにとっては使われないものもある。汎用的なパッケージソフトが特定のスポーツの分析に必要となる全てのことを提供するかもしれないが、それでもなおパッケージソフトの中の使われない追加的な機能が経費を高めることに関与している。経費は汎用的なパッケージソフトその

＊16 **リレーショナルデータベース**：行と列からなる表形式でデータを関連づけて表現するデータベースシステム。
＊17 **データベースクエリ**：データベースからのデータの抽出や操作などの処理を行うための命令。

ものに関係しているだけでなく、そのパッケージソフトを使用するために必要となるコンピュータのハードウェアにも関係している。Williams（2004）はまた、汎用的なパッケージソフトに含まれている標準的なインターフェースの限界と限られたビデオ取り込みオプションについても議論している。

Williams（2004）は、汎用的なパッケージソフトを使う上での限界を克服することに加えて、特殊用途の分析システムの利点についてもいくつか挙げている。特殊用途のシステムでは、必要となる特定の分析機能にとって効率的なデータの貯蔵と検索を促進するために、各スポーツ特有のデータ構造を使用することができる。また、特殊用途のパッケージソフトでは、例えばクリケットのワゴンホイール図*18のような各スポーツ特有の出力フォーマットを使えるように開発をすることができる。このような出力フォーマットは、特定のスポーツを扱っているコーチやジャーナリストによって通常使われているもので、良く理解されているものである。いくつかのスポーツにおける行動は「試合の統語論*19」に従っている。言語学における統語論とは、文の構造を支配する一連の規則と原理である。コンピュータのプログラミング言語とスプレッドシートのプログラミングにおいても、実行を可能にするプログラムの指示コードをコンピュータが理解することを促進させるために、このような規則が使われる。スポーツパフォーマンスにおいては、一連のイベントまたはイベントについて入力されたデータが、当該のスポーツで許されるパターンの範囲内で適合していなければならない行動がある。例えば、テニスでは、各ポイントはサービスとその後で生じうるショットから成り立ち、ウィナーかエラーで終了する。したがってテニスの分析システムは、データ入力中にイベントとイベントデータの入力が許容される順序に強制的になるように開発できるであろう。いくつかのイベントでは、他のイベントタイプでは必要としない特定の付加的データを必要とすることが生じる。遂行されたイベントが、次に起こりうる一連のイベントタイプに制限を与えるかもしれない。特殊用途の分析システムでは、インターフェースがデータ入力オプションを特定の試合状況で有効なものだけに制限するように開発することができる。特定のスポーツに非常にユニークなもので、汎用的なパッケージソフトではそれらを全て提供することが期待できないものがある。例えば、テニスのチャレンジシステムは、チャレンジによってポイントの結果を変更したり、ポイントを得点に関係しないものにしたりすることが可能な分析システムを必要とする。特殊用途の分析システムは、特定のスポーツで必要とされる特定の方法でデータを処理する機能を含めることも可能である。汎用的なパッケージソフトを使っている時には、そのような追加の処理のためにデータをスプレッドシートに書き出すことがしばしば必要となる。また、データの一貫性のチェックも特殊用途の分析システムの範囲内で可能となる。これには統語論よりも意味論*20が使われるべきである。言語学では、意味論は文の意味と関連している。文は統語論的には正しいが、意味論的なエラーを持っていることがありうる。スポーツパフォーマンス分析における意味論的なエラーの例としては、テニスでサービスを

＊18 **ワゴンホイール図**：クリケットのバッツマンの打球方向と得点を表した円形の図。
＊19 **統語論**：文を構成する単語や語群の配列の法則を研究する言語学の分野。
＊20 **意味論**：言語の意味現象を研究する言語学の分野。

したプレーヤーのウィナーショットによってポイントが取得されたと入力され、同時に、サービスを含む偶数の数のショットが打たれたと入力された場合のエラーを挙げることができる。これは不可能である。なぜなら、ショットは2人のプレーヤーで代わる代わる打たれるので、サービス側がウィナーでポイントを取得するためには、奇数の数のショットを打っている必要があるからである。特殊用途の分析システムでは、このようなエラーを見つけ出して正しい情報の入力をユーザーに促すようにプログラムすることができる。このテニスの例では、正しいデータは、レシーバーがウィナーショットでポイントを取得したか、サービス側がレシーブ側のミスでポイントを取得したか、あるいは打たれたショットの数が偶数ではなく奇数であった場合ということになる。

一方で、特殊用途の分析システムを使うことには欠点もある。このようなシステムは別途開発される必要があり、それには時間とコストがかかる。特殊用途の分析システムには、汎用的なパッケージソフトのように専門的に作られたヘルプファイルやユーザーマニュアルがないかもしれない。このことは、1人のアナリストが単独で自分自身が使うためにシステムを作った時にしばしば起きる。ユーザーはハードウェアの向上を利用して分析システムをアップグレードしていくよりも、現在のバージョンのシステムを使い続けることを好むかもしれない。そのために、特殊用途の分析システムのメンテナンスもまた問題となる。

❷単独ユーザーのシステム

ここでは、特殊用途の分析システムに関して大きく2つのタイプを区別する。すなわち、特定のユーザーのために開発された分析システムと、特定のスポーツにおけるユーザーやメディアが購入して利用できる商業的な試合分析パッケージソフトである。特定のユーザーのために開発された分析システムの例として、Williams（2004）がPh.D取得の研究で使うために開発したシステムがある。Williams（2004）は、ラグビーのパフォーマンスに与えるルール変更の影響に関する研究プロジェクトに着手していた。この分析システムはコーチング場面での使用を意図していなかったので、双方向的なビデオフィードバックの必要はなかった。研究で関心があったラグビーにおける領域は、システムのデータベースの構成要素を規定する実体関連モデル*21で表現された。このシステムは試合中のイベントをデータベースに入力し、個々の試合のレポートを出力することを可能にした。出力は、ボールインプレー、ポゼッション、そしてテリトリーの計測時間を含んでいた。この研究をするためにWilliamsはVisual Basicを用いたシステム開発とスポーツ科学における実証的研究に能力を傾注する必要があった。

❸ProzoneのMatch Viewer

特殊用途の分析システムは、コーチング場面での使用のために商業的にも開発されている。Prozoneという企業は、サッカーで使われているProzone3というプレーヤー追跡システムで最

＊21 **実体関連モデル**：データベースや情報システムを構成する要素の全体像と相互関連を抽象的に表現する手法。

も良く知られている。Prozoneはまた、ボール保持時のプレーの分析に使われるサッカーに特化した試合分析のシステムを提供している。このシステムはProzone Match Viewerと呼ばれ、エリートレベルでのサッカーの専門家の要求にも応えることができる一方で、アマチュアチームにも手頃なものである。Prozone3と異なり、このMatch Viewerは1つの競技場に常設する必要がない。Match Viewerでは、試合の各イベントに関して、5つの主要な変数が記録される。すなわち、①イベントタイプ、②イベントの時間、③関与したプレーヤー1、④関与したプレーヤー2(もし該当者がいれば)、そして⑤ピッチ上の位置(ピッチの俯瞰図上で記録される)である。ボール保持時のイベントの度数は試合全体の統計値として供給される。特定のプレーヤーに対する試合の統計値には、パス、シュート、ゴールキーピング、そしてクロスボールの統計値が含まれている。イベントリストは個々のプレーヤーの貢献に対して作ることもできるし、チーム全体に対して作ることもできる。ピッチの図は散布図の一種であるが、図上のイベントをマウスで直接選択して、それらのイベントのビデオを双方向的に再生することができる。このシステムには柔軟性があり、関心のあるイベントに対して時間やその他の基準を特定することができる。

❹特殊用途のクリケットのシステム

PetersenとDawson（2013）はクリケットにおいて使われる特殊用途のパッケージソフトをリストアップしている。それらはFeedback Cricket（Feedback Sport, Christchurch, New Zealand）、Crickstat (CSIR, Pretoria, South Africa)、The Cricket Analystプログラム（Fairplay Sports, Jindalee, Queensland, Australia)、そしてOptiplay Cricket（CSIR, Pretoria, South Africa）である。

Crickstat DV（CSIR, Pretoria, South Africa）は試合のビデオ、客観的データ、そしてHawk-Eye（Hawk-Eye Innovations, Bastingstoke, UK）などの他の分析システムから読み込んだデータを統合する。チームの詳細とともに試合と試合場所についての情報が試合分析の最初に入力される。このシステムの視覚的な出力には、複数の視点から見ることができる円グラフ、ボウラー（クリケットの投手）の配球の情報を表示するウィケット*22の三次元ビュー、獲得した累積得点を示す「ワームチャート*23」、プレーされたオーバー*24に対する得点の数を表示する「マンハッタンチャート*25」が含まれる。2人のバッツマンの連携に関する情報はビデオシークエンスの出力と一緒に利用できる。

CSIRは、Crickstatに代わるものとしてOptiplay Cricketを開発した。多くの他の市販の製品と同じく、Optiplay Cricketには異なる機能を持ついくつかのバージョンがあり、それぞれ学術的な使用とコーチング場面での使用を含む様々な市場に照準が向けられている。このシステムの“Scorer”のバージョンはバッティング*26とボウリングの基本的な分析ができ、オーバーごとに

＊22 **ウィケット**：台座に3本の棒をさしてあるクリケットの用具。
＊23 **ワームチャート**：折れ線グラフの一種で時間の経過と数値の累積を示したもの。
＊24 **オーバー**：クリケットでボウラーの投げる球数の単位、通常1オーバーは6球。
＊25 **マンハッタンチャート**：棒グラフの一種で、複数のカテゴリのあるデータを三次元的に表現したもの。
＊26 **バッティング**：クリケットでボウラーの投げる球によって自分側にあるウィケットを倒されないように球をはじき返すこと。

蓄積された得点のヒストグラムであるワームチャートとマンハッタンチャートを含んでいる。最も多くの機能を備えたバージョンはOptiplay Eliteであり、ビデオの取り込みとタグ付け、そして特定の基準によるビデオシークエンスの柔軟なレビューを含んでいる。

❺IBMのグランドスラムテニスの分析

様々なスポーツについて、メディアに出るサマリー統計の提供のために使用される特殊用途の分析システムが存在する（Kirkbride, 2013b）。これらにはFIFA（国際サッカー連盟）やIRB（国際ラグビー評議会）*27のウェブサイトに出る国際試合の統計値が含まれている。他に、例えばOptasports（www.optasports.com）のような組織がサッカーの試合を分析して、商業ベースでデータを提供している。この項では、テニスの4大大会の公式ウェブサイトに提供されている統計値について議論する。この統計値はIBMによって「寄贈」されており、試合のテレビ放送や学術的な研究のために使われている（O'Donoghue, 2002）。以下の統計値が各セットの各プレーヤーのパフォーマンスと試合全体のパフォーマンスについて提供されている。

- ファーストサービスとセカンドサービスのそれぞれの数と、その時にポイントを取得した数およびパーセンテージ
- レシーブ側でプレーした数と、その時にポイントを取得した数およびパーセンテージ
- サービスエースの数とダブルフォルトの数
- ネットプレーを行った数と、その時にポイントを取得した数およびパーセンテージ
- ブレークポイントの数と、その時にブレークに成功した数およびパーセンテージ
- ウィナーの数とアンフォーストエラーの数
- 最速のサービスの速度、ファーストサービスとセカンドサービスそれぞれの平均速度
- サービス方向の統計値（ファーストサービスとセカンドサービスのそれぞれについて、デュースコートとアドバンテージコートそれぞれの左サイド、中央、右サイドにサービスを打った数と、その時にポイントを取得した数。また、これらの各サービスにはエースの数と速度の測定値が含まれる）
- ラリーの統計値（アプローチショット、ドロップショット、グラウンドストローク、ロブ、オーバーヘッドショット、パッシングショット、ボレーの数）

サービスの速度の統計値は、レーダーガンが設置されているコートで行われた試合でのみ提供される。他の統計値を求めるために必要とされる生データのいくつかは、小型軽量のコンピュータを使いながら訓練された観察者によって収集される。試合の中には、ネットプレーの詳細を除きプレーされたポイントの数とポイント取得に関する統計値だけが示されるものもある。

トーナメントのウェブサイトで提供されているSlam Tracker機能*28は、様々な表示形式で一

*27 **IRB（国際ラグビー評議会）**：ラグビーの国際統括団体。2014年にWorld Rugbyに改称。

*28 **Slam Tracker機能**：IBMがテニストーナメントのウェブサイトに提供しているデータサービスで、リアルタイムのスコア、統計、ポイントごとの分析を表示できる。

連のポイントを示すことによって時間的な情報を提供する。「モメンタムグラフ」*29は両方のプレーヤーがそれぞれ、どこでポイントを取得したかを示す。モメンタムグラフ上の特定のポイントをマウスでクリックすることで、そのポイントについての追加情報を得ることができる。サービスエースやダブルフォルトのような特定のイベントをこのグラフの中に挿入することもできる。Slam Tracker機能はまた、試合の特定のポイントについて、その詳細を表すテキストでのリストを提供する。例えば、以下のものは2013年のUSオープンの決勝、ノバク・ジョコビッチ選手とラファエル・ナダル選手の試合で記録された詳細である。

R. ナダル選手がフォアハンドストロークのフォーストエラーでポイントを失う：15-0
N. ジョコビッチ選手がバックハンドボレーのフォーストエラーでポイントを失う：15-15
R. ナダル選手がバックハンドストロークのアンフォーストエラーでポイントを失う：30-15
N. ジョコビッチ選手がバックハンドストロークのアンフォーストエラーでポイントを失う：30-30
R. ナダル選手がフォアハンドストロークのフォーストエラーでポイントを失う：40-30
N. ジョコビッチ選手がサービスエースでポイント取る：0-0
N. ジョコビッチ選手がバックハンドストロークのアンフォーストエラーでポイントを失う：0-15
N. ジョコビッチ選手がバックハンドストロークのアンフォーストエラーでポイントを失う：0-30
⋮

O'DonoghueとHolmes（2015: Chapter 3）が示しているように、この種の情報はMicrosoft Excelのテキスト処理機能を用いて分析することができる。グランドスラムトーナメントのウェブサイトで提供されている情報に妥当性があることは、それがテレビ放送とコーチング場面で継続的に使われているという事実が証明している。解説者は試合の状況について有意義な評価をするためにこれらの統計値を十分に理解している。実際、これらの統計値はプレーヤーとコーチにも理解されている。例えば、Laura Robson選手が2013年のUSオープンでLi Na選手に三回戦で負けた後のインタビューで、「2014年のUSオープンまでの12か月で向上させたいことを3つ挙げるとしたら何か」と質問された時、彼女は「ファーストサービス成功のパーセンテージを上げること」と「アンフォーストエラーを減らすこと」の2つを回答した（Sky, 2013）。データに妥当性があるか否かにかかわらず、また、コーチングのためか、メディアのためか、あるいは研究のためかといった使用目的にかかわらず、データには信頼性がなくてはならない。これは、トーナメントのオフィシャルサイトのような二次情報源から利用されるデータには全て当てはまることである。ファーストサービスとセカンドサービスの統計値（Knight and O'Donoghue, 2012）、サービスの方向性についての統計値（O'Donoghue, 2009）、そしてネットプレーが行われたポイントに関する統計値（O'Donoghue and Holmes, 2015：Chapter 9）には、十分な信頼性があることを示す根拠がある。

*29 **モメンタムグラフ**：Slam Trackerのグラフの1つで、対戦している両者の間でゲームの流れがどちらにあるかを示したもの。

第8章 コンピュータ化されたパフォーマンス分析システムの開発例

本章では、第6章で使われた2つの例（テニス：度数記録システム、サッカー：時系列記録システム）を取り上げ、どのようにそれらを市販の試合分析パッケージソフトへ実装することができるかを示す。テニスのサービス分析の例では、サービスとその結果の様々な組み合わせについて度数を求めるためのマトリックス機能の使用を説明する。サッカーのポゼッション分析の例では、市販の試合分析パッケージソフトを使う際に、第5章で説明した3つの種類の分析システム（散布図、度数記録システム、時系列記録システム）をどのようにして組み合わせることができるかを説明する。

さらに、本章では、3つ目の例として、タイムモーション分析のためのコンピュータ化されたシステムを取り上げる。このタイムモーション分析のシステムは、第9章の「信頼性のテスト」と第10章の「スポーツパフォーマンス分析における学術著作物の書き方」をそれぞれ議論する時にも使われる。

テニスのサービス分析の例とサッカーのポゼッション分析の例については、ここでは第6章で取り扱ったように詳細には扱わない。というのは、使うべきイベントと付随する情報についての議論の多くは第6章ですでに行われているからであり、その結果として、本章では市販の試合分析パッケージソフトを使ってシステムを実装する過程に集中することができる。このことは、市販のパッケージソフトを使って分析システムを開発するアナリストは、そのパッケージソフトを使う前に、システム要件、出力、入力、データ貯蔵、そして機能をよく検討しなければならないという基本的な問題を指摘していることに他ならない。このことはまた、スポーツパフォーマンス分析に関する学士学位プログラムにおいては、通常、学生が手作業による分析システムを開発することで基本的なシステム設計の技能をいくつかマスターした後に、コンピュータ化された試合分析が扱われる理由でもある。

1. テニスのサービス分析の例

❶問題

第6章で説明をしたテニスの分析システムについて、各ポイントの記録の時系列リストを作ることができて、様々な変数やそれらの変数の組み合わせに対して度数を求めることができるコンピュータバージョンの分析システムを開発して使いたいという希望があるとしよう。この分析システムの手作業バージョンでは、以下の6つの変数が含まれていたことを思い出してほしい。

■セット（第1、第2、第3、第4、第5のいずれか）

- サービス（ファーストか、セカンドか）
- サービスが打たれたコート（デュースコートか、アドバンテージコートか）
- サービスが打たれたサービスボックスのエリア（左、中央、右のいずれか）
- サービスの種類（フラット、スライス、キックのいずれか）
- ポイントの結果（取得か、喪失か）

手作業による分析システムでは、これらの変数のうち、セットについては各セットで異なる記録フォームを使うことで対処していた。ここでは、プレーヤーという変数をコンピュータ化された分析システムに追加する。プレーヤーは、分析システムの手作業バージョンでは変数の1つであったが、セットと同様に各プレーヤー別々にデータ収集フォームを使うことを必要としていた。

❷解決策

本章では、いずれもSportscodeで実装される2つのコンピュータバージョンの分析システムを説明する。これらは解決策の候補となりうるものであるが、読者がもっと良いと感じる他の解決策があるかもしれない。

1つ目の解決策の目的は、コンピュータ化された分析システムにおいて改良された設計によって克服できるユーザビリティの問題を強調することにある。コンピュータ化されたパッケージソフトは、以前のバージョンで経験した問題点をシステムの修正によって順次克服していくという高速プロトタイピングアプローチ[*1]を用いて、システムを作り、見直し、そして更新することを可能にする。

図8.1は、解決策としての分析システムの最初の試みを示している。これはSportscodeのコードウィンドウである。グレーのボタンは、その下のボタン群に対するタイトルである。右上に◆が付いているボタンは、タイムラインの中で起きるイベントを記録するために使われるコードボタンである。第7章ですでに説明をしたが、Sportscodeのタイムラインは試合のビデオと関連付けられており、時間が示されたイベントでビデオをインデックス化もしくはタグ付けすることを可能にする。ここには、プレーヤーAもしくはプレーヤーBがファーストサービスもしくはセカンドサービスでプレーした時のポイントを表現するイベントと、ポイント間の小休止を表現するイベントタイプがある。これらのコードボタンにはエクスクルーシブリンクが掛けられており、ある新しいイベント、例えばポイント間の小休止が始まると、その時にアクティブになっている他のイベントがディアクティベートされることを意味している。それゆえ、タイムライン内のどの時間においても、1つのイベントだけが記録されていることが分かる。プレーヤーがファーストサービスとセカンドサービスを同一のポイントで行った場合、両方のイベントがタイムラインの中に残る。しかし、もしセカンドサービスが入ったなら、ラベルが入力されるのはセカンドサービスだけである。「ネットイン」がファーストサービスもしくはセカンドサービスで起こっ

＊1　**高速プロトタイピングアプローチ**：製品開発において、試作品を短時間で製作して改良を重ねていく手法。

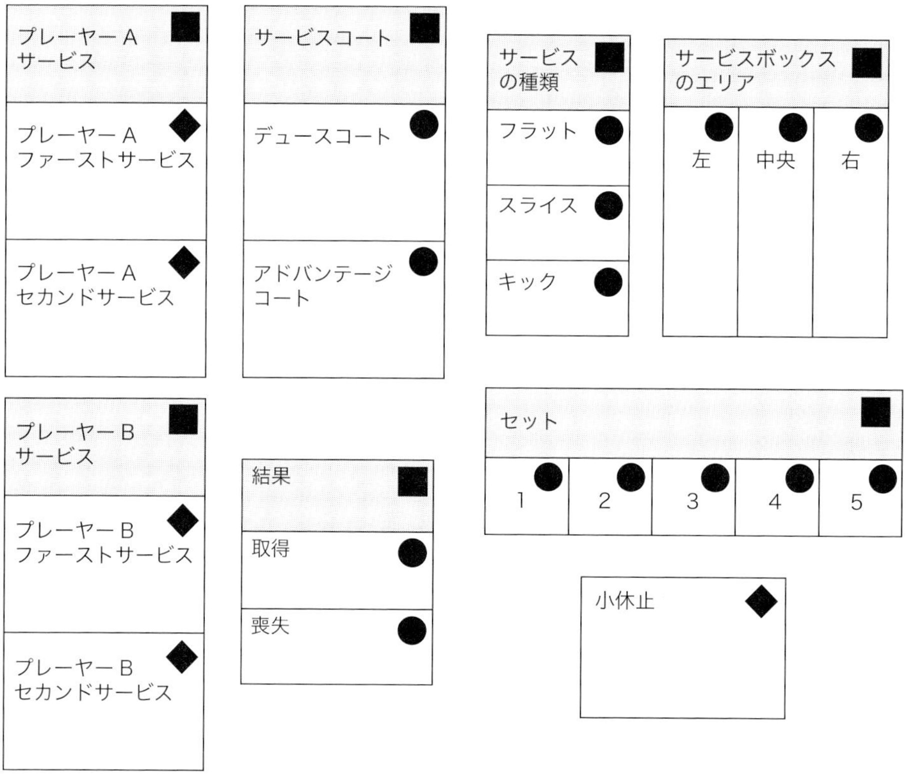

図8.1　テニスのサービス分析システムに関する最初のコンピュータバージョン

た場合、ユーザーはescキーを押してネットインが起きたサービスのイベントを取り消し、次に打ち直すサービスについて新しいイベントを入力するか否かを選択することができる。新しいイベントを入力するということは、サービスに関するビデオクリップには、ネットインが起きたサービスは含まれないことを意味する。ユーザーの中には、有効となるサービスと同様にネットインが起きたサービスをビデオクリップに含めることを望む人がいるかもしれない。この場合は、ネットインが起きた時に単にescキーを押さなければ良いだけである。プレーヤーAもしくはプレーヤーBのファーストサービスもしくはセカンドサービスという4つの異なるサービスイベントには全て3秒のリードタイムがあり、それはポイントごとのビデオクリップの中でサービスの動きを完全に見せることを可能にする。この方が、サーバーがボールを打った時点から始まるビデオシークエンスより望ましい。ポイントの終了時には、ポイント間の小休止に対してユーザーが「小休止」をアクティベートする前に、ラベルボタンを入力するための短い時間がある。ユーザーがこの小休止のボタンをいつ押すかは、ポイント終了後、そのポイントのビデオクリップにどのくらいの情報を含めたいかに左右される。

右上の角に●のついたボタンはラベルボタンである。これらはタイムライン内のイベントインスタンスに付随情報を含めることを可能にする。データラベルにはサービスが打たれたコート（サービスコート）のサイド、サービスボックスのエリア、サービスの種類、そしてポイントの結果が含まれる。セットのラベルは試合の終了時にまとめて入力できる。ユーザーはSportscodeをラベルモードにして、第1セットに起きた一連のイベントを選択し、ボタンの「1」を押して、このラベルをイベントに含めれば良いだけである。試合の残りのセットにも同じことを繰り返す。このシステムを作ろうとしているユーザーの中には、ポイントの終了時に「取得」または「喪失」を入れて、さらになお、「小休止」を入力しなくてはならないことを煩わしいと思う人がいるかもしれない。これはもっともな指摘である。代替策としては、「取得」または「喪失」が入力される時に「小休止」がアクティベートされるようにすることかもしれない。ユーザーは練習としてそのような解決策を自由に試みてほしい。

一度試合がこのシステムを使ってタグ付けされれば、それを分析することができる。サービス(ファーストかセカンドか)、サービスコート、サービスの種類、サービスボックスのエリア、ポイントの結果の様々な組み合わせに関する情報は、手作業バージョンのシステムでは供給できたが、Sportscodeのデフォルトのマトリックス機能では供給できない。この種の情報を産み出すためには、タイムラインに行を追加して、ラベル値の組み合わせについての列を作りマトリックスを拡張する必要がある。具体的に説明すると、タイムラインには以下の4つの行がすでにある。

- プレーヤーAのファーストサービス
- プレーヤーAのセカンドサービス
- プレーヤーBのファーストサービス
- プレーヤーBのセカンドサービス

タイムライン内に、「行」メニューにある「新しい行の作成」機能を使って新しい行を作る。新しい行の名前（例えば、「プレーヤーAのサービス」）、組み合わせる2つの行（例えば、「プレーヤーAのファーストサービス」と「プレーヤーAのセカンドサービス」）、そして組み合わせるために使われる演算子*2の種類(例えばOR)を入力するためのポップアップウィンドウが現れる。タイムラインの中でイベントを「OR」で組み合わせると、元の2つの行の片方もしくは両方にインスタンスがある全ての時間のところに、新しい行ではインスタンスが作成される。注意すべきことの1つとしては、リードタイムが長すぎると、新しい行の中で2つの異なるイベントが重なりながら1つのイベントとして組み合わされてしまう場合がある。このことはこのテニスのシステムでは、ポイントが小休止を間に挟んで交互に起きるので、あまり起こりそうにない。特定のサービスコートへのファーストサービスとセカンドサービスのインスタンスが結合された場合には、重なりが起こりうる。しかし、そのような場合にはセカンドサービスについての1組のラベルが存在するだけなので、それほど問題にはならない。テニス以外の他のスポーツを対象にしたシステムの開発では、結合されるかもしれないイベント、関与するリードタイムとラグタイム、そして相互に排他的なイベントを考慮しなければならない。タイムラインの中に新しく作成された行は以下のようになる。

---

*2 **演算子**：Sportscodeにおける2つ以上の条件を組み合わせる場合の演算を表すAND、OR、NOTの3つの記号のこと。

- プレーヤーAのサービス（プレーヤーAがファーストサービスでプレーしたポイントとセカンドサービスでプレーしたポイントを組み合わせたもの）
- プレーヤーBのサービス（プレーヤーBがファーストサービスでプレーしたポイントとセカンドサービスでプレーしたポイントを組み合わせたもの）

マトリックスはラベルを組み合わせた列を含めることで拡張される。最初、マトリックスには以下のような単一のラベルだけがある。

- デュースコート
- アドバンテージコート
- フラット
- スライス
- キック
- 左
- 中央
- 右
- 取得
- 喪失
- 1
- 2
- 3
- 4
- 5

ここで、ラベルの組み合わせを追加してマトリックスを拡張することができる。例えば、デュースコートへサービスをした時のポイント取得について知りたいかもしれない。この場合には、まず、CTRLキーを押したままマトリックスの列にある「デュースコート」の文字をクリックする。メニューが現れるので、「デュースコート」の列を「複製」することを選択する。そして、その複製した列を必要な場所にドラッグする。ここで再度CTRLキーを押したまま「デュースコート」の文字をクリックし、「追加」から「取得」のラベルを選択する。そして、ANDのような組み合わせの演算子を選択する。この結果、列は「デュースコート AND 取得」となる。もし統計値にのみ興味があるなら、「デュースコート AND 喪失」は必要ない。それは「デュースコート AND 取得」ラベルの度数によって、全てのデュースコートへのサービス時のポイント取得のパーセンテージが求められるからである。しかし、もしデュースコートへサービスをした場合のポイント喪失時のビデオクリップを見ることに興味があるのなら、「デュースコート AND 喪失」を含めるべきである。結合をしたラベルには以下のものが含まれる。

- デュースコート AND 取得

■デュースコート AND 喪失
■アドバンテージコート AND 取得
■アドバンテージコート AND 喪失
■フラット AND 取得
■フラット AND 喪失
■スライス AND 取得
■スライス AND 喪失
■キック AND 取得
■キック AND 喪失
■左 AND 取得
■左 AND 喪失
■中央 AND 取得
■中央 AND 喪失
■右 AND 取得
■右 AND 喪失
■デュースコート AND フラット AND 取得
■デュースコート AND フラット AND 喪失
■デュースコート AND スライス AND 取得
■デュースコート AND スライス AND 喪失
■デュースコート AND キック AND 取得
■デュースコート AND キック AND 喪失
■アドバンテージコート AND フラット AND 取得
■アドバンテージコート AND フラット AND 喪失
■アドバンテージコート AND スライス AND 取得
■アドバンテージコート AND スライス AND 喪失
■アドバンテージコート AND キック AND 取得
■アドバンテージコート AND キック AND 喪失

⋮

（その他多数）

2つのサービスコート、3つのサービスの種類、3つのサービスボックスのエリア、2つのポイントの結果、5つのセットのうちの2〜5のラベルの組み合わせは非常に多くの数になる。それゆえに、組み合わせの数をコーチにとって最も関連があるものに限定したいと望むかもしれない。また、拡張されたマトリックスは多くの列を持つだろう。それゆえに、次の代替案は、イベントをより多くし、ラベルをより少なくして、最終的なマトリックスをより正方形に近づけることである。このようなコードウィンドウの例を図8.2に示した。ここでは、プレーヤー、サービスコー

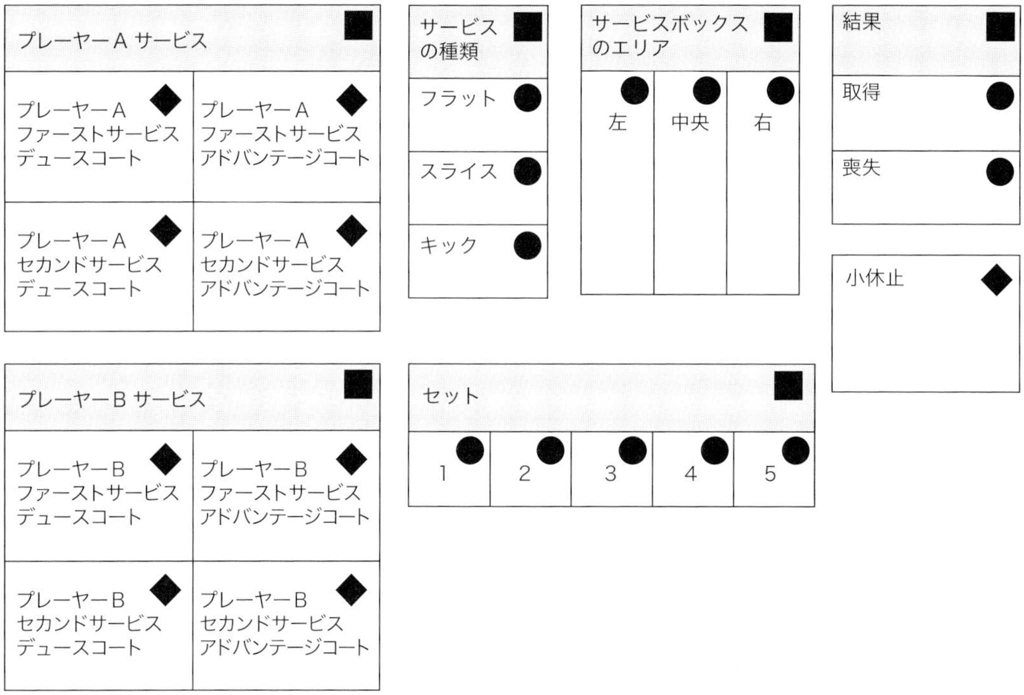

図8.2　テニスのサービス分析の例に対する２番目の解決策

ト、そしてサービスがファーストサービスだったかセカンドサービスだったかについての8つの異なる条件を意味する以下の8つの行がある。

- プレーヤーA、ファーストサービス、デュースコート
- プレーヤーA、セカンドサービス、デュースコート
- プレーヤーA、ファーストサービス、アドバンテージコート
- プレーヤーA、セカンドサービス、アドバンテージコート
- プレーヤーB、ファーストサービス、デュースコート
- プレーヤーB、セカンドサービス、デュースコート
- プレーヤーB、ファーストサービス、アドバンテージコート
- プレーヤーB、セカンドサービス、アドバンテージコート

これらの行の組み合わせによって、タイムラインに追加されうる行は以下の通りになる。

- プレーヤーA、デュースコート
- プレーヤーA、アドバンテージコート
- プレーヤーA、ファーストサービス
- プレーヤーA、セカンドサービス
- プレーヤーA、全てのサービス
- プレーヤーB、デュースコート

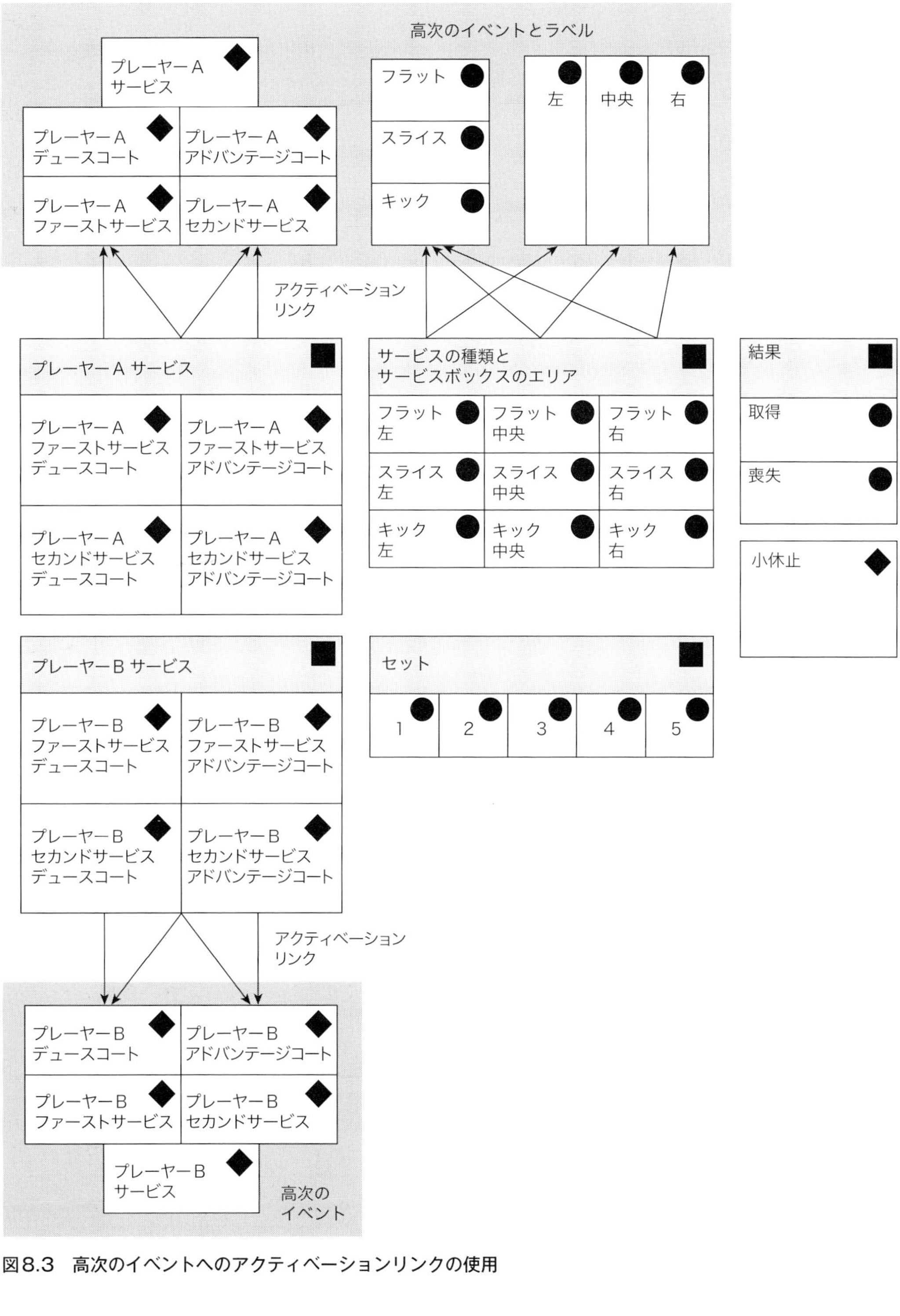

図8.3　高次のイベントへのアクティベーションリンクの使用

- プレーヤーB、アドバンテージコート
- プレーヤーB、ファーストサービス
- プレーヤーB、セカンドサービス
- プレーヤーB、全てのサービス

イベントの入力中にこのような追加の行を作る3つ目の方法がある。それは、サービスに関する高次のイベントをコードウィンドウの中に作っておき、図8.3に示すようなコードボタンによって自動的にアクティベートさせるという方法である。すなわち「プレーヤーA、ファーストサービス、デュースコート」が入力された時、自動的に「プレーヤーA、ファーストサービス」と「プレーヤーA、デュースコート」をアクティベートするように設定するのである。そして、これらのイベントのどちらかがアクティベートすると、それが「プレーヤーA、サービス」を自動的にアクティベートすることになる。

「フラット、左」「スライス、左」「キック、左」「フラット、中央」「スライス、中央」「キック、中央」「フラット、右」「スライス、右」「キック、右」の9つのラベルボタンについても同様のことができる。すなわち、3つのサービスの種類とサービスボックスの3つのエリアのそれぞれについて、より高次なラベルをアクティベートすることができる。さらに、このようなアプローチのもう1つの利点は、サービスの種類とサービスボックスのエリアを入力するために、2つのラベルボタンではなく1つのラベルボタンをクリックするだけで良いということである。この3つ目の解決策では、図8.3に示したようにアクティベーションリンクを使って高次のイベントを作る。例えば、ユーザーが「プレーヤーA、ファーストサービス、デュースコート」をクリックすると、アクティベーションリンクは自動的に「プレーヤーA、ファーストサービス」と「プレーヤーA、デュースコート」のような高次のイベントをスタートさせる。そしてさらに、これらの1つによって、より高次なイベント「プレーヤーA、サービス」がアクティベートされることになる。これを行うことの利点は、タイムラインとマトリックスがともに、「プレーヤーA、ファーストサービス、デュースコート」といった要素を組み合わせたイベントの行と高次のイベントの行を初めから持っているということである。なお、欠点は、タイムラインに非常にたくさんの行が含まれることになり、もしラベルの入力に間違いが起きると、要素を組み合わせたイベントのインスタンスと、それによりアクティベートされた高次のイベントのインスタンス全てにおいて修正を行わなければならなくなるということである。例えば、「プレーヤーA、ファーストサービス、デュースコート」を入力している時に、「フラット、中央」を間違って「フラット、左」と入力したとすると、「プレーヤーA、ファーストサービス」「プレーヤーA、デュースコート」「プレーヤーA、サービス」の高次のイベントそれぞれにおいても、ラベルの修正を行わなければならないことになる。

2. サッカーのポゼッション分析の例

第6章で手作業による記述分析の例として用いたサッカーのポゼッション分析のシステムを考えてみよう。ここでは、SportscodeやNacsportといったパッケージソフトを用いてコンピュータ化された試合分析システムの開発を説明するために、この例が用いられる。ここで説明されるシステムのバージョンは必ずしもポゼッションが交互に起きることを要求していない。それゆえに、例えば、ボールを所有しているチームの次のポゼッションがフリーキック、コーナーキック、あるいはスローインである場合には、ポゼッションの結果は「保持」となる。各ポゼッションイベントにはエクスクルーシブリンクが掛けられているので、新しいポゼッションが始まると、現在記録中のポゼッションは終了となる。図8.4は、Sportscodeでシステムを実装する時に、各ポゼッションタイプについて2つのチーム（自チームと相手チーム）別々でコードボタンが使われることを示している。このように、2つのチームが別々に同一のコードボタンを持つことは、例えばもし一方のチームがタックルでポゼッションを得た後で、もう一方のチームがタックルで

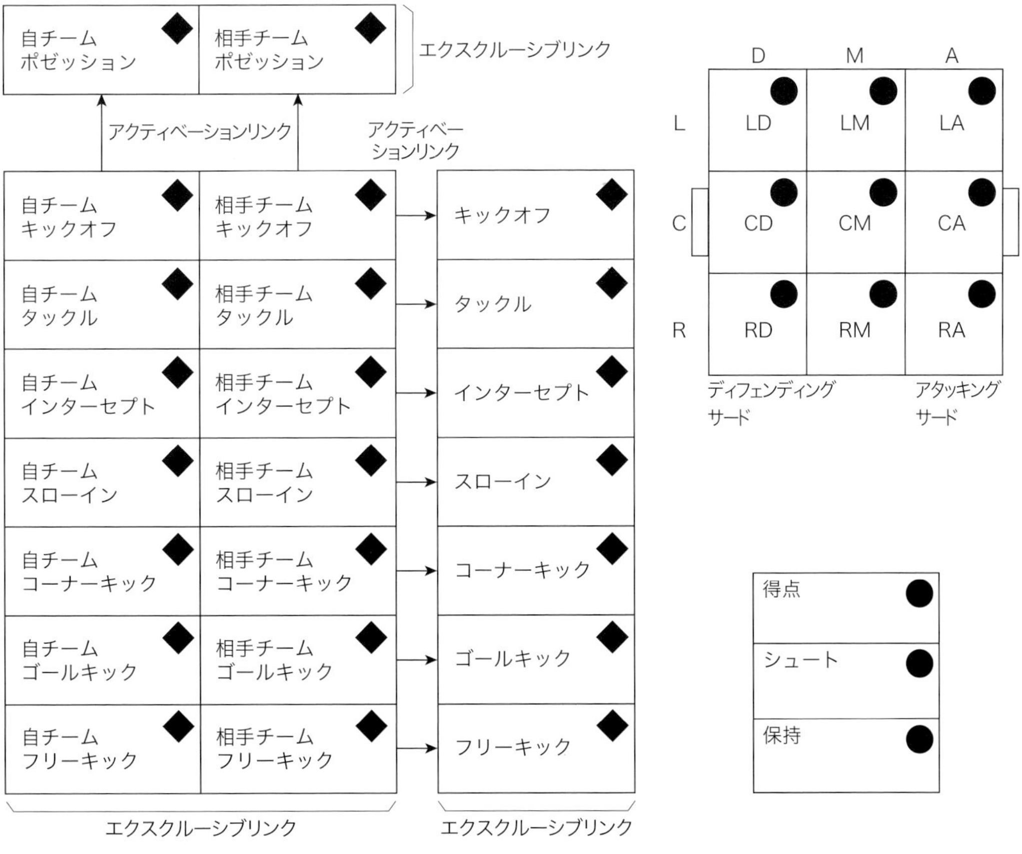

図8.4 サッカーのポゼッション分析の例についてSportscodeを使ったシステムのバージョン

ポゼッションを取り返した場合に、必ず新しいポゼッションイベントが始まるようにするために必要である。もしタックルのコードボタンが1つだけあって、2つのチームそれぞれに対するラベルを使っているとしたら、Tabキーを使って1つのタックルイベントを終わらせ、タックルのコードボタンを使って次のポゼッションを始める必要があるだろう。一方のチームのラベルを用いてタックルのコードボタンを押し、次にもう一方のチームのラベルを用いてタックルのコードボタンを押すだけであれば、両方のチームによって遂行されたように見える1つのタックルで始まっている1回のポゼッションイベントが記録されることになるだろう。さらに、自チームまたは相手チームによって遂行されたポゼッションについて7つのコードボタンのセットを別々に使うことには、ユーザーがポゼッションの種類とそれを遂行したチームをワンクリックで入力できるという利点がある。図8.4ではまた、より高次のポゼッションの種類のイベントへのアクティベーションリンクと、ポゼッションを遂行したチームへのアクティベーションリンクが使われ、ピッチのエリアとポゼッションの結果を記録するためにラベルが使われることが分かる。

分析システムのコンピュータへの実装は、第6章で扱った手作業のバージョンよりも柔軟で効率的な分析を可能にする。完全なイベントリストを出力することができ、イベントを行に、組み合わされたラベルを列にしたマトリックスを表示でき、それを出力することができる。同様に、Nacsportのパッケージソフトでシステムが実装されると、散布図、時系列記録システム、度数表の組み合わせを使うことができる。これらは第5章で扱った手作業による3種類の記述分析システムであり、アナリストは多くの場合、それぞれの相対的な利点と欠点に基づいてどれを用いるかを選択しなければならなかった。システムを実装するために市販の試合分析パッケージソフトを用いる時は、手作業による分析システムに存在するこれらの欠点に悩まされることはない。イベントリスト（時系列記録システム）を使うことができるし、マトリックス（これは本質的に度数表である）を非常に効率的に作り出すことができる。なぜなら、時系列的なイベントリストが記憶されていてそれを出力することやデータのマトリックス・サブマトリックスをコンピュータによってただちに作り出すこと、そしてイベントの位置をプレーフィールドの画像上で入力することができるからである。JPEG画像を使って、イベントの位置が記録されたプレーフィールドを表示することもできる。これによって、異なるタイプのイベントの位置を表示することが可能になる。その際に、プレーフィールドの画像上で、一連のイベントを時系列的につなぐラインを使うこともできる。サッカーのポゼッション分析では、例えばタックル、インターセプト、フリーキックなどのポゼッションを開始したイベントの位置を入力することができる。これによりポゼッションを保持している間のボールの軌跡の全てを表すことはできないが、より精巧なシステムでは個々のパスの軌跡を記録することも可能となるであろう。コンピュータ化された分析システムの大きな利点は、基準を満たしたイベントのビデオシークエンスを非常に効率的に再生できる点と、それらのビデオシークエンスをハイライトビデオに含めることを可能にする点にある。

3. ワークレート分析の例

❶動きの2分類スキームを使った分析システム

ワークレート分析またはタイムモーション分析は、第9章で信頼性評価のための例として使われる。ワークレート分析は、学生のコースワークの演習で用いるには良い例である。というのは、移動の動きはスポーツにおいて一般的な概念であり、特定のスポーツにおけるルールや戦術・技術の詳細を理解する必要がないからである。それゆえに、著者の所属する大学では、ワークレート分析が、レベル5のスポーツパフォーマンス分析モジュールで行われる2番目の演習において信頼性評価の例として用いられる。このワークレート分析の演習に関しては第10章で詳しく取り上げる。学生は、自らが選んだスポーツの分析システムを開発するという1つ目のコースワークとは異なり、2つ目のコースワークでは、すでに開発された分析システムの信頼性を評価することが求められる。そのようなシステムの1つの例が、動きの2分類スキームを使ったワークレート分析システムで、観察するプレーヤーの活動を「ワーク」と「レスト」に分類するものである。これはオペレーターにより主観的に行われ、高強度の力発揮が必要であるとオペレーターが認める全ての動きを「ワーク」と分類する。そして、残りの全ての低強度もしくは中強度の活動を「レスト」と分類する。図8.5は、エクスクルーシブリンクが掛けられた2つのイベントの「ワーク」と「レスト」を使って、Sportscodeにシステムを実装できることを示している。このシステムを使って入力されたデータを分析することで、ワークとレストの度数、ワークとレストの平均継続時間、プレーヤーがワークを行ったと観察・判断した時間のパーセンテージが求められる。ワークとレストの度数は、それらが交互に起きるので、1しか違わないはずである。レストの活動に使われた時間のパーセンテージは、ワークに使われた時間のパーセンテージを100から引けば良いので、求める必要がない。これらの情報はインスタンスの頻度レポートを出力するだけで得られる。これはMicrosoft Excelのスプレッドシートに書き出すことができ、そこには2つのイベントタイプ、すなわちワークとレストの度数、合計時間、時間のパーセンテージ、そして平均継続時間が含まれている。もし異なる継続時間ごとのワーク（またはレスト）の度数に関するより詳細な情報が必要なら、ユーザーは出力したイベントリストを調べるか、スタッツウィンドウを使う必要があるだろう。

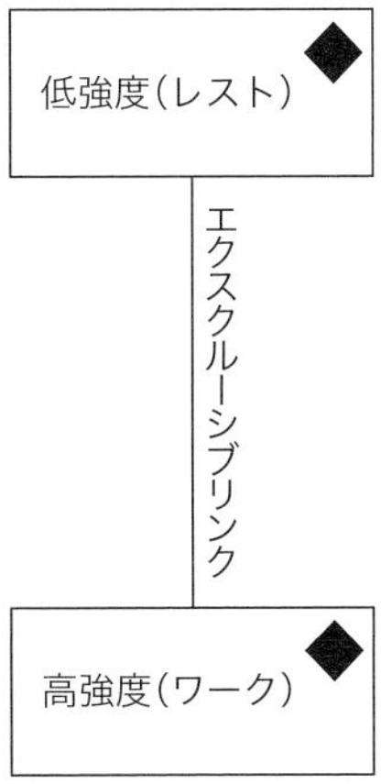

図8.5 動きの2分類スキームを使ったワークレート分析システム

タイムモーション分析の信頼性を評価するために使われるカッパ係数は第9章で扱われる。カッパ係数を算出するためには、プレーヤーによって遂行されている活動に関するワークとレストの分類について、2人の独立した観察者の見解が一致する時間の総計を求める必要がある。比較すべき2つのタイムラインのファイル（例えばt1とt2）がある。タイムラインのいずれも同じコードウィンドウを使って作られており、同じ行の名前（「ワーク」と「レスト」）を持っている。信頼性の評価のためにタイムラインが結合される時に、2人の観察者によって記録されたインスタンスを区別することが必要となる。これは、一方のタイムラインのコピーを作り、異なる行の名前を付けることで可能となる。例えば、t2のファイルのコピーを作り、それにt2コピーという名前を付ける。t2コピーのファイルに含まれている両方の行（「ワーク」と「レスト」）を選択し、それらを「行」メニューの「選択した行の複製」機能を使って複製する。これによって、元の行と同じインスタンスを含む2つの新しい行（「ワーク［1]」と「レスト［1]」）ができる。ここで、元の2つの行をt2コピーのファイルから削除する。そして、t1の中にある行とt2コピーの中にある行を結合して、t結合という名前のタイムラインを作成する。この手順はまず、t1とt2コピーのタイムラインファイルを開いておき、各ファイルにおける両方の行を選択しておく。それから、「ファイル」メニューの「タイムラインウィンドウの統合」機能を使って、全ての4つの行をその中に含んだ新しいタイムラインを作成する。このタイムラインを用いて、2人の観察者の見解が一致する観察時間の総計を求める。2人の観察者がワークを記録したことを表している行（「ワーク」と「ワーク［1]」）を考えてみよう。2人の観察者によりプレーヤーがワークを遂行していると見解が一致するインスタンスを含む新しい行を作る。それは、行メニューから「複数の行から新しい行の作成」機能を使って、そこで現れるポップアップメニューを用いて行うことができる。このポップアップメニューの中では、新しい行を「ワーク_一致」と呼ぶように決め、「ワーク」と「ワーク［1]」の行を選択してAND演算子を適用する。この新しい行(「ワーク_一致」)には、2人の観察者によって記録されたインスタンスの間で重なりがあるワークのインスタンスのみが含まれることになる。

❷動きの7分類スキームを使った分析システム

図8.6は、もう1つの選択肢として、動きを7つに分類したワークレート分析のシステムを示している。この中で、4つの動き、すなわち「静止、歩行、後進、ジョギング」は低強度の活動（レスト）である。残りの3つの活動、すなわち「ランニング（スプリントを含む)、ステップ動作、ゲームに関連した活動」は高強度の活動（ワーク）とカウントされる。個々の動きそれぞれにはエクスクルーシブリンクが掛けられており、新しい動きのインスタンスが始まると、現在アクティベートしている動きのインスタンスはどのようなものであれ終了する。また、7つの動きはそれぞれより高次の「ワーク」と「レスト」をアクティベートする。度数、平均継続時間、各動きの遂行時間のパーセンテージは、インスタンスの頻度レポートを出力することで得られる。遂行された活動について2人の観察者の見解が一致する観察時間の割合は、前項で説明した方法と同様の方法で求めることができる。ここでは、7つの動きについて2組のタイムラインがあるので、各動きに対して1つずつ、7つの結合した行ができるという点に違いがある。

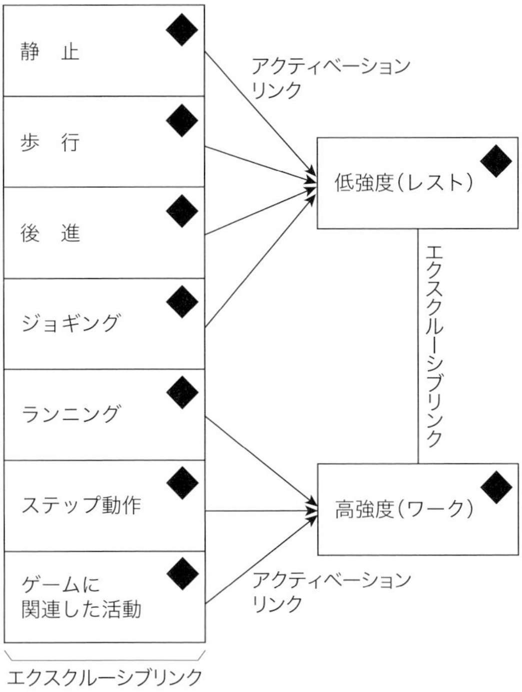

図8.6　動きの７分類スキームを使ったワークレート分析システム

第9章 信頼性のテスト

本章では、スポーツパフォーマンス分析で用いられる信頼性の統計値を扱う前に、まず信頼性とは何かについて、そして信頼性と客観性および妥当性との関係について議論をする。本章では、誤差率とカッパ係数をどのようにして求めるかを解説するために、第6章と第8章で取り上げたテニスのサービス分析のシステムとサッカーのポゼッション分析のシステムを使う。カッパ係数は、イベント記録の時系列的なリストを産み出す時系列記録システムでは使うことができるが、度数記録システムで記録された度数しかない場合には使えない。しかし、誤差率は、記録された度数しかない場合に使うことができる。本章ではタイムモーション分析の結果を例に使って、時間に関する連続データの信頼性を評価するために、どのようにカッパ係数を使うことができるかを説明する。タイムモーション分析のシステムはまた、信頼性のレベルをパフォーマンス分析作業の目的と関連させて検討するためにも用いられる。最後に800m走レースの例を使って、スプリットタイムのような比率尺度の数値変数の信頼性をどのように求めるかを解説する。そしてその際に、平均値の絶対誤差や相関係数を利用する方法を説明する。

1. 妥当性、客観性、信頼性

❶妥当性

この節では、スポーツパフォーマンス分析の観点から、妥当性、客観性、信頼性の測定上の問題を区別する。アマチュアボクシングにおけるコンピュータ化されたスコアリングシステムを例にして、これら3つの概念間の関係を説明する。妥当性は、第3章でパフォーマンス指標を導入した時に議論された。パフォーマンス指標は妥当性を有していなければならない。すなわち、それはパフォーマンスに関連がありかつ重要な側面を表していなければならないということである。もし変数が誰も理解できない、そして誰も関心を持たないような意味のない統計値であったとしたら、それは妥当性を有しているはずはない。パフォーマンス指標は、コーチやプレーヤーがその値を使って意思決定ができるように理解可能なものでなくてはならない。それゆえに、アナリストとコーチは、パフォーマンス指標の意味、それらの定義、そして高い、低い、平均的であると考えられる値の範囲を理解しておく必要がある。全てのパフォーマンス指標は妥当性を有していなければならないが、妥当性を有する変数の中にはパフォーマンス指標としての特質を全て持っていないものがあるかもしれない。それゆえに、当該のパフォーマンスに関連があり重要である変数が自動的にパフォーマンス指標と称されるべきではない。

妥当性はシステム全体に対して適用されるとともに、そのシステムが産み出す一組の情報に対しても適用される。内容的妥当性は、分析システムに含まれる一組の変数が、特定のスポーツのパフォーマンスに関連がありかつ重要な側面をどの程度網羅するかに関わる概念である。内容的妥当性は、パフォーマンスの様々な側面を表す変数の集合体であるパフォーマンスプロファイルにも適用される。

❷ 客観性

客観性は、第2章で質的データと量的データを比較した際に取り上げた。客観性は、パフォーマンスの変数を測定するための定義あるいは手引きがあるということを意味し、その結果、変数が観察者の主観的な判断を免れることになる。自動システムがデータ収集のどの部分においても人間の判断なしにパフォーマンス変数を測定する場合、客観性が存在する。アナリストがアンパイヤーやレフェリーのような他人の判断を記録する場合、アナリストはパフォーマンスについて何の判断も行っていないので、この分析システムは客観的である。第2章ですでに説明したように、従来的な記述分析システムにおいて使われる変数は、それらがどのくらい事実に即しているか、また明白であるかによって客観性の度合いが変わってくる。例えば、テニスにおいてフォアハンドとバックハンドを見分ける方が、フォーストエラーとアンフォーストエラーを見分けるよりも簡単であろう。パフォーマンス指標は客観的な測定のプロセスを持っていなくてはならず、このことは妥当性を保証する助けとなる。もしあるパフォーマンス変数について記録された値が主観的な観察者の判断に大きく頼りすぎていたら、それはその変数を妥当でないものにするだろう。

❸ 信頼性

信頼性は、一貫性を持って測定のプロセスを適用できることを意味する。スポーツパフォーマンスの分析においては、もしシステムがスポーツパフォーマンスを一貫して分析することができるなら、信頼性を有することになる。これは、同じパフォーマンスを分析する時にはいつでも、パフォーマンス変数に対して同じような結果を産み出すことをシステムに求めることになる。研究の結果が実践現場で利用される可能性がある科学的研究の場合、信頼性は重要な問題である。それゆえに、どんな研究も、使われているデータの信頼性に限界があれば、それを報告することが必須となる。これはまたスポーツパフォーマンス分析がコーチング場面で用いられる時にも当てはまる。高い競技力水準にあるアスリートや彼らのコーチは、自己と対戦相手の最近のパフォーマンスに関する分析に基づいて、来るべき試合に向けての準備に関する重要な意思決定を行うであろう。それゆえに、このような準備に関して誤った決定をしないように、用いられるデータは十分に高い質を備えていなくてはならない。

❹ 不正確さの原因

Jamesら（2002）は、パフォーマンス分析の間に起こる誤りを以下のように分類した。

▪定義の誤り

- 認識の誤り
- データ入力の誤り

定義の誤りは、分析システムが曖昧な用語を使って定義されており、その結果、オペレーターがパフォーマンスを異なった方向で解釈してしまう時に起きる。イベントの定義が長いという場合でさえ、実際の行動についての視覚情報という観点で、定義が意味することに関して2人の独立した観察者が異なるイメージを持つ可能性がある。

認識の誤りは、オペレーターが間違ったイベントタイプに行動を誤って分類してしまう時に起きる。これはアンフォーストエラーとフォーストエラーのようにイベントを分類する際の主観が原因で起きる。プレーヤーはまた、対戦相手に対して有利な立場に立つためにごまかしや騙しを用いることもあり、このことによりアナリストが不意を突かれ行動の記録を難しくさせることになるかもしれない。さらに、第2章での人間の情報処理システムのモデル（図2.6、p. 41を参照）では、反応時間や運動遅延といった不正確さの原因が示されている。特にチームで同じユニフォームを着用しているスポーツでは、あるプレーヤーを他のプレーヤーと見間違う場合があるかもしれない。また、視線上にある他のプレーヤーや障害物によって、見るべきプレーヤーが見えなくなるかもしれない。

データ入力の誤りは、オペレーターが動きを正しく認識したものの、分析システムのインターフェース上で間違ったボタンを押してしまった時に起きる。

❺オペレーター内の一致

スポーツパフォーマンス分析で人間が観察をする時には主観的なプロセスがあるということを考えると、信頼性のレベルがテストされ報告される必要がある。これはオペレーター内の一致に関する研究とオペレーター間の一致に関する研究を使って行うことができる。オペレーター内の一致に関する研究は、分析結果の一貫性をチェックするために、同一のオペレーターが特定の分析システムを用いて同じパフォーマンスを2度（以上）見ることで実施できる。そのためには、1回目の観察から最低でも1週間空けて行われる2回目の観察のために、対象とするパフォーマンスをビデオに収録しておくことが必要である。2回の観察の間の1週間という間隔は、オペレーターが特定のデータ入力をしたイベントを思い出す可能性を減少させ、2回目の観察の際にプレーヤーが何をしようとするのかをオペレーターが予測できる可能性を減少させるためである。2回の観察の結果を比較して、観察においてオペレーターが一貫していた箇所、また一貫していなかった箇所を明確にすることができる。

❻オペレーター間の一致

オペレーター内の一致についての問題点は、それがシステムの客観性を証明していないことである。オペレーター内の一致では、特定のオペレーターがパフォーマンスを一貫して分析できるか否かを判定することができる。しかし、オペレーターが記録したパフォーマンスは、誰か他のオペレーターが記録するパフォーマンスと確かに一致するのかという疑問が残る。オペレーター間の一致は、異なるオペレーターが同じ分析システムを使って達成される一貫性のレベルを証明する。複数のオペレーターが独立して、分析システムを同じパフォーマンスに適用する。これは、各オペレーターがパフォーマンスをライブで観察する間に同時に実施することもできるし、パフォーマンスが収録されたビデオを使って異なる時間に行うこともできる。

オペレーター間の信頼性よりもオペレーター内の信頼性の方が高いレベルにあると予想されるかもしれない。通常はそうであるが、オペレーター内の一致よりもオペレーター間の一致の方が高いレベルにあると認められる場合もある。観察者の中には本質的に自分自身よりも、他の人とよく一致する人がいる。このことは出版されている研究物の中にも見られる。例えば、McLaughlinとO'Donoghue（2001）は、タイムモーション分析システムにおいて、オペレーター内の一致よりもオペレーター間の一致の方が高いレベルにあることを見いだしている。

❼ 信頼性の研究

信頼性の研究では、研究で使われるパフォーマンスの数を正当化する必要がある。40かそれ以上の数であるならば、いくつかのタイプの信頼性の統計値を使うことが許容される。しかしその数は、信頼性の研究に費やされる時間量を分析システムの使用との関連で見ると多すぎるかもしれない。もし当該の分析システムが何シーズンにもわたって数百のパフォーマンスを評価するために使われるなら、多くの数のパフォーマンスを使った信頼性の研究が正当化されるであろう。一方、もし当該の分析システムが10から20のパフォーマンスに関する研究プロジェクトにおいて使われるなら、40のパフォーマンスを使った信頼性の研究は、主たる研究に向けられる努力の量と比較して不釣り合いである。それゆえに、例えば1試合のような1個のパフォーマンスを使った信頼性の研究が、しばしばスポーツパフォーマンスの分析において使われる。

信頼性の研究はまた、入力データの信頼性を研究するのか、それとも産出される出力変数の信頼性を研究するのかによっても分類される。パフォーマンス指標のそれぞれについて、またはシステムによって産み出される出力変数のそれぞれについて信頼性がテストされなければならないと言われることがある。しかし、もし多くの要因の組み合わせが考えられる場合、これは非常に複雑なことになるであろう。例えば、第6章で説明したテニスのサービスの分析システムの場合、サービスコート、ファーストサービスかセカンドサービスか、サービスボックスのエリア、サービスの種類、そして結果の全ての要因を考慮すると記録可能な72種類の頻度カテゴリーがある。実際、学術的な論文では字数の制限があるかもしれないので、その場合は、可能性のある全ての出力変数の信頼性を報告することはできないことを意味する。代替的なアプローチとしては、記録される入力データの信頼性を証明し、そして、入力データが信頼できるなら、そこから引き出される出力は信頼できるという帰納的推論を使うことである。

❽ 客観性、信頼性、妥当性の関係

客観性、信頼性、そして妥当性という3つの測定概念はそれぞれ関連がある。明快に定義されている変数は、その変数を作り出すために使われるデータを収集する人によって、より正確に理解される。このことは、異なるオペレーターがデータを収集する際の一致度を向上させる。変数は、妥当性を有するために当該のパフォーマンスに関連があり重要であることが必須である。もし変数がパフォーマンスに関連がなく重要なものでないとしたら、非常に詳細な定義や熟練したデータ収集があったとしても変数を妥当なものにしない。しかし、パフォーマンスに関連があり妥当な概念は信頼性を持って測定される必要があり、そうでなければその妥当性は損なわれてしまう。妥当性は、ある変数が測定しようとしている概念をどの程度的確に測定しているかに関連している。もしこれが一貫性を持って行われないなら、その測定誤差が個々のパフォーマンスに対して現実と合わない値を導いてしまうことになる。

客観性があることは必ずしも信頼性を保証しない。もしジョギングとランニングの区別に毎秒4mのような基準値を用いれば、正確な定義を持つことになるかもしれない。しかし、加速または減速しているプレーヤーが毎秒4mの速度になる時点を人間の観察者が正確に認識することは不可能である。もしタイムモーション分析のデータが、例えば加速度計やGPSを使って自動的に記録されれば、速度閾値をより正確に認識することができるが、それでも用いられる装置から生じる誤差があるかもしれない。したがって、装置は、そのような測定上の問題を理解するためにテストされる必要があるだろう。

また、客観性が妥当性を犠牲にしている場合があるかもしれない。例えば、自動プレーヤー追跡システムはプレーヤーの前方、後方、側方への動きを区別できないかもしれない。このことは、遂行された高強度活動の量を過小に評価してしまう可能性がある。というのは、後方、側方、もしくはその場で毎秒4m未満の速度で動いている間に遂行された高強度活動を低強度と分類してしまうからである。例えば、Redwood-Brownら（2009）はイングランド・プレミアリーグのサッカープレーヤーが、自動プレーヤー追跡システムを使って平均で試合時間の7%を毎秒4m以上の速度で動いていることを示したけれども、その一方で、高強度活動と見なすための一般的なガイドラインに沿って主観的判断を使って分析した時には、高強度活動を遂行するのに費やしている時間の比率は10～11%と推定されている（O'Donoghue et al., 2005b）。ジョギングとランニングのような動きを区別するために正確な速度閾値を用いる際の別の問題は、それらの動きを同じプレーヤーが遂行する時の速度に重複が生じる可能性があるということである（Siegle and Lames, 2010）。

❾アマチュアボクシングのコンピュータ採点システム

アマチュアボクシングで使われてきたコンピュータ採点システムは、スポーツにおける測定の問題の興味深い例である。アマチュアボクシングのコンピュータシステムでは、5人のジャッジがそれを操作して、赤と青のユニフォームを着ているどちらかのボクサーの得点になると認識するパンチを記録することができる。5人のうち3人以上のジャッジが1秒以内に同じ色のボタンを押した時に、得点パンチが記録される。これは本質的に判定作業へのパフォーマンス分析の応用である。すなわち、ジャッジはパフォーマンスを観察して分析しているのである。

得点パンチを認識するためにジャッジによって使われるべき基準があるので、システムは客観的であると主張することができる。すなわち、パンチはグローブのナックルの部分（白い部分）で、拳の後ろから肩のウエイトを乗せて、頭もしくは胴体の前面に撃たれなくてはならないといった基準がある。しかし、パフォーマンス分析システムのオペレーターに対して与えられるガイドラインは全てそうであるように、ガイドラインについて個々のジャッジが解釈する余地がいくらかあり、そのことがジャッジ間の一致に制限を与える。

この分析システムが妥当かどうかは議論すべき問題である。分析システムの妥当性に対して異議が唱えられる点は、各ボクサーによって撃たれた異なる質を持つパンチを区別しないで、得点パンチの数を数えているに過ぎないという点である。また、この分析システムでは1秒以内に同じ色のボタンを押したジャッジの人数が3人なのか、4人なのか、5人なのかの区別を行っていない。しかし一方で、どのようなスポーツであっても、競技者は、適用されるルールの範囲内で勝つチャンスを最大化しようとするものである。ボクサーは1秒あたり最大でも1ポイントしか獲得できないといずれ知ることになるので、このことはアマチュアボクシングの特質を変えてきたかもしれない。もしあるボクサーが素早いコンビネーションを使ってパンチを撃っている時に、相手から1発のジャブを受けたとしたら、両方のボクサーがこのパンチ交換からそれぞれ1ポイント獲得することになるかもしれない。したがって、コンピュータ採点システムの下では、コンビネーションパンチの使用は効果的でないと考えられるであろう。

妥当性を見る別の方法は、コンピュータ採点システムが試合中に各ボクサーが撃った得点パンチの実際の数を反映するスコアを産み出しているか否かを見ることである。これは、得点パンチの正確な数を特定するために試合後に行われる詳細なビデオ分析を必要とするだろう。この試合後のビデオ分析の結果とコンピュータ採点システムによって産み出された得点とを照らし合わせることで、妥当性が確認される。多くの場合、コンピュータ採点システムにより産み出されたスコアは、得点パンチの基準を満たすパンチの実際の数より過小に評価された値になる（Coalter et al., 1998）。なぜなら、1秒間に1発より多くの得点パンチが撃たれている場合があるかもしれないし、また、有効なパンチが撃たれているのに1秒以内に3人より少ないジャッジしかボタンを押さないことがあるからである。個々のジャッジ間の不一致が信頼性の制限要因となる。

低い信頼性は、認識の誤りやデータ入力の誤りによっても引き起こされる。ジャッジ間で、あるパンチが得点パンチに関するガイドラインを満たしているか否かについて認識が一致しないかもしれない。また、あるジャッジは得点パンチが撃たれた時に適切なボタンを押すことに遅れて、他のジャッジが得点パンチを記録した同じ1秒の間にボタンを押せなかったかもしれない。さらに、ジャッジが違うボタンを押してしまったというデータ入力の誤りがあるかもしれない。2人のジャッジが1秒以内に所定のボタンを押している時に、他の3人のジャッジの間でボタンを遅れて押すことや間違ったボタンを押すことが起こると、その誤りによってボクサーは1ポイントを失うことになる。

分析システムは正確でなくとも、妥当でなくても、一貫して間違った答えを産み出すなら、実際には信頼性を持つことになる。合計では5人全てのジャッジが青よりも多く赤のボタンを押したのに、コンピュータ採点システムによると青のボクサーの方がより多くの得点パンチを与えられるという状況が実際にあり得る。それは、合計では5人全てのジャッジが赤のボタンの方を多く押しているという事実にもかかわらず、1秒以内に3人以上のジャッジがボタンを押す場合が青の方が多かったかもしれないからである。したがって、ジャッジの得点の信頼性を考慮する際には、信頼性だけが測定上の唯一重要な問題ではないということを心に留めておく必要がある。判定活動の信頼性は、ジャッジの各ペア間で赤と青のボタンを押した度数を比較することによって評価できる。しかし、度数データでは、2人のジャッジが同じ時に同じボタンを押した場合の数を取り出すことができない。それゆえに、より良い信頼性の研究は、2人のジャッジのボタンを押す行動が一致する場合と不一致の場合を分析することである。また、5人全てのジャッジ間の一致のレベルを測定することができる変動係数や級内相関係数のような統計手法もある。

2. カテゴリー変数のための信頼性統計値

❶カテゴリー変数

カテゴリー変数とは、限られた数の名前の値を持つ変数である。例えば、テニスのサービスの種類というカテゴリー変数は、「フラットサービス」「キックサービス」「スライスサービス」という値を持っている。カテゴリー変数には名義変数と順序変数の2種類がある。サービスの種類は単に変数が取りうる異なる値があるだけで、順序を持っていないので名義変数である。一方、順序変数は、限られた数の値を持ち、ある値が他の値よりも大きいと考えられるような順序があるものである。例えば、サッカーのポゼッションの結果を表現する変数の値は、「ゴール」「ゴールの枠内のシュート」「ゴールの枠を外したシュート」「アタッキングサードへの侵入成功」「アタッキングサードへの侵入不成功」とすることができる。これらの値は、「ゴール」は「ゴールの枠内のシュート」よりも好ましい結果であり、「ゴールの枠内のシュート」は「ゴールの枠を外したシュート」よりも好ましい結果であるというように、達成度の高い順に記載されている。この節では、第6章と第8章で扱ったテニスのサービスの分析例が誤差率（Hughes et al., 2004）とカッパ係数（Cohen, 1960）の算出の仕方を示すために使われる。このテニスの例では、関心がある以下の5つの変数が含まれている。

- サービスが打たれたコート（デュースコートかアドバンテージコートか）
- サービス（ファーストサービスかセカンドサービスか）
- サービスの種類（フラット、キック、スライス）
- サービスが打たれたサービスボックスのエリア（左、中央、右）
- ポイントの結果（サービス側のポイント取得かポイント喪失）

第6章の練習問題では、23ポイントがデュースコートへのサービスで、27ポイントがアドバンテージコートへのサービスであった。これは実際には可能なことではない。というのは、全て

表9.1　テニスの56ポイントについて入力されたデータ

ゲーム	ポイント	観察者1					観察者2					誤り
		コート	サービス	種類	エリア	結果	コート	サービス	種類	エリア	結果	
1	1	Deuce	1	Flat	Left	Won	Deuce	1	Kick	Left	Won	Yes
1	2	Adv	1	Flat	Right	Won	Adv	1	Flat	Right	Won	
1	3	Deuce					Deuce					
1	4	Adv	2	Slice	Middle	Lost	Adv	2	Slice	Middle	Lost	
1	5	Deuce	1	Slice	Left	Won	Deuce	1	Slice	Left	Won	
1	6	Adv	1	Flat	Left	Won	Adv	1	Flat	Left	Won	
2	1	Deuce	2	Slice	Middle	Lost	Deuce	2	Slice	Middle	Lost	
2	2	Adv	1	Slice	Left	Won	Adv	1	Slice	Left	Won	
2	3	Deuce					Deuce					
2	4	Adv	2	Slice	Middle	Lost	Adv	2	Slice	Middle	Lost	
2	5	Deuce	1	Slice	Left	Lost	Deuce	1	Slice	Left	Lost	
3	1	Deuce	1	Slice	Middle	Won	Deuce	1	Slice	Middle	Won	
3	2	Adv	1	Flat	Right	Won	Adv	1	Flat	Right	Won	
3	3	Deuce	1	Kick	Left	Won	Deuce	1	Flat	Left	Won	Yes
3	4	Adv	1	Flat	Left	Won	Adv	1	Flat	Left	Won	
4	1	Deuce	2	Kick	Right	Won	Deuce	2	Kick	Middle	Won	Yes
4	2	Adv	2	Flat	Middle	Won	Adv	2	Flat	Middle	Won	
4	3	Deuce	2	Kick	Middle	Lost	Deuce	2	Kick	Middle	Lost	
4	4	Adv	1	Flat	Middle	Lost	Adv	1	Flat	Left	Lost	Yes
4	5	Deuce	1	Flat	Right	Won	Deuce	1	Flat	Right	Won	
4	6	Adv	2	Flat	Middle	Won	Adv	2	Kick	Middle	Won	Yes
5	1	Deuce	2	Flat	Middle	Lost	Deuce	2	Flat	Middle	Lost	
5	2	Adv	2	Flat	Left	Won	Adv	2	Flat	Left	Won	
5	3	Deuce					Deuce					
5	4	Adv	1	Slice	Left	Lost	Adv	1	Slice	Left	Lost	
5	5	Deuce	1	Kick	Left	Lost	Deuce	1	Kick	Left	Lost	
6	1	Deuce	2	Slice	Middle	Won	Deuce	2	Slice	Middle	Won	
6	2	Adv	2	Flat	Middle	Lost	Adv	2	Flat	Middle	Lost	
6	3	Deuce	1	Flat	Middle	Won	Deuce	1	Flat	Right	Won	Yes
6	4	Adv	2	Slice	Middle	Lost	Adv	2	Slice	Middle	Lost	
6	5	Deuce	2	Slice	Left	Won	Deuce	2	Slice	Left	Won	
6	6	Adv	1	Slice	Left	Won	Adv	1	Slice	Left	Won	
7	1	Deuce					Deuce					
7	2	Adv	1	Slice	Right	Won	Adv	1	Slice	Middle	Won	Yes
7	3	Deuce	1	Flat	Left	Won	Deuce	1	Flat	Left	Won	
7	4	Adv	1	Slice	Left	Lost	Adv	1	Slice	Left	Lost	
7	5	Deuce					Deuce					
7	6	Adv	1	Kick	Right	Won	Adv	1	Flat	Right	Won	Yes
7	7	Deuce	1	Slice	Right	Won	Deuce	1	Slice	Right	Won	
7	8	Adv	1	Flat	Left	Won	Adv	1	Flat	Left	Won	
8	1	Deuce	2	Flat	Middle	Won	Deuce	2	Flat	Middle	Won	
8	2	Adv	1	Kick	Right	Lost	Adv	1	Kick	Right	Lost	
8	3	Deuce	2	Slice	Middle	Won	Deuce	2	Slice	Middle	Won	
8	4	Adv	1	Flat	Left	Lost	Adv	1	Kick	Left	Lost	Yes
8	5	Deuce	2	Kick	Middle	Won	Deuce	2	Kick	Middle	Won	
8	6	Adv	1	Flat	Left	Lost	Adv	1	Flat	Left	Lost	
8	7	Deuce	2	Flat	Middle	Lost	Deuce	2	Flat	Middle	Lost	
8	8	Adv	1	Kick	Left	Won	Adv	1	Flat	Left	Won	Yes
8	9	Deuce	2	Slice	Left	Lost	Deuce	2	Slice	Left	Lost	
8	10	Adv	1	Slice	Left	Won	Adv	1	Slice	Left	Won	
8	11	Deuce					Deuce					
8	12	Adv	2	Slice	Middle	Won	Adv	2	Slice	Middle	Won	
8	13	Deuce	1	Flat	Right	Won	Deuce	1	Flat	Right	Won	
8	14	Adv	1	Flat	Right	Lost	Adv	1	Flat	Right	Lost	
8	15	Deuce	1	Flat	Right	Won	Deuce	1	Kick	Right	Won	Yes
8	16	Adv	2	Kick	Middle	Won	Adv	2	Kick	Middle	Won	

＊コート:Deuce（デュースコート）、Adv（アドバンテージコート）／サービス:1（ファーストサービス）、2（セカンドサービス）／種類:Flat（フラットサービス）、Slice（スライスサービス）、Kick（キックサービス）／エリア:Left（サービスボックスの左エリア）、Middle（サービスボックスの中央エリア）、Right（サービスボックスの右エリア）／結果：Won（ポイント取得）、Lost（ポイント喪失）／誤り：Yes（あり）

のゲームはサーバーがデュースコートへサービスを打つことで始まり、デュースコートまたはアドバンテージコートへのサービスで終わるからである。それゆえに、サーバーがアドバンテージコートへサービスするポイントの数は、デュースコートへのサービスの数を超えることはない。ここで起きていることは、ファーストサービスとセカンドサービスの両方でボールがサービスボックスのどのエリアにも入らなかったダブルフォルトのサービスが記録されていないということである。表9.1の空白の行に示されているように、実際には6回のダブルフォルトがある。したがって、プレーされたのは50ポイントではなく、56ポイントである。表9.1は、2人の独立した観察者がこれらの56ポイントを入力したデータである。本章で説明される信頼性分析では、単純にサービスが入った50ポイントのみを考慮する。もし第6章で説明した度数表を使う場合には、各観察者が個々のポイントについて何を記録したかが実際には分からないであろう。しかしながら、第8章で説明したコンピュータバージョンでは、イベントのリストと頻度の要約が必ず供給されることになる。

❷ 誤差率

独立した2人の観察者によって記録されたイベントの頻度に関する2つの値、V1とV2がある時、Hughesら（2004）は誤差率を以下の［方程式9.1］で定義した。

［方程式9.1］

$$誤差率 = 100 \times |V1 - V2| / ((V1 + V2)/2)$$

ここで、|V1 − V2|は誤差の大きさである。すなわち、2つの値の差を求めるが、差の記号（＋または−）は問題にしない。どちらかの観察者を正しい度数を記録した観察者として仮定することはできない。実際には、両方の観察者が、あるイベントに対して間違った度数を記録しているかもしれない。それゆえに、2人の観察者による値の差は、これら2人の値の平均値に対するパーセンテージとして表現される。例えば、もし1人の観察者が19を記録し、もう1人の観察者が21を度数を記録したら、差の2はこれら2人の値の平均値（20）の10％になる。この結果、1人の観察者が19、もう1人の観察者が21と度数を記録した時の誤差率は10％となる。

表9.1に示すように、ここで生じた誤りはサービスの種類とサービスが打たれたサービスボックスのエリアの記録についてだけであった。これらに対する誤差率は表9.2に要約されている。誤差率は記録された度数から計算されているが、多くの場合、アナリストは彼らが利用できる表9.1のような全ポイントの記録リストを持っていないであろう。留意すべきは、表9.2には2人の観察者間の差、差の絶対値、そして平均値が示されていないことである。著者らが誤差率を使っていることが本に記載されると（Hughes et al., 2004）、誤差率を評価するために使われた方法が知られるようになり、その方法について良く知らない人たちもこの文献から誤差率の詳細を調べることが可能となった。それでは練習課題として、サービスの種類とサービスが打たれたサービスボックスのエリアのそれぞれについて誤差率を計算して、表9.2の値と一致するかを見てみ

表9.2　表9.1のデータにおける様々な変数に対する度数の誤差率

変　数		観察者1	観察者2	誤差率(%)
サービス	ファースト	30	30	0.0
	セカンド	20	20	0.0
コート	デュース	23	23	0.0
	アドバンテージ	27	27	0.0
種類	フラット	22	21	4.7
	キック	9	10	10.5
	スライス	19	19	0.0
エリア	左	20	21	4.9
	中央	19	19	0.0
	右	11	10	9.5
結果	取得	32	32	0.0
	喪失	18	18	0.0

よう。サービス、コート、結果については、度数に不一致はないと単に記すだけで良いので、おそらくこれらの変数はこのような表には含まれないだろう。表9.2から観察できる1つのことは、1回の不一致によって2つの誤差率の値が0%よりも大きくなるということである。例えば、もし観察者1がサービスの種類を「フラットサービスである」と判定し、観察者2が「キックサービスである」と判定したら、フラットサービスとキックサービスの両方の度数が一致しないことになる。表9.2から観察できるもう1つのことは、度数が大きい時よりも度数が小さい時の方が、1回の不一致によって大きな誤差率の値がもたらされるということである。例えば、1回の違いは、フラットサービスについては4.7%の誤差率であるが、キックサービスでは10.5%の誤差率になる。もし1人の観察者が1つのイベントに対して1回の度数を記録し、もう1人の観察者が0回の度数を記録するような場合で1回の不一致があるとすると、誤差率は200%と算出される。これは非常に重大な値に見える。しかし実際は単に1回の誤差である。それゆえに、信頼性テストのデータを評価する際には、個々のサービスの値を見るより、むしろ全体の変数としてサービスの種類を俯瞰的に見る必要がある。大まかに言って、キックサービスの回数が少ない一方で、フラットサービスとスライスサービスの度数が類似しているということに両方の観察者は一致している。オペレーター間のこのレベルの一致で十分良いのであろうか。それはどのような目的で分析システムが使われるかによる。ある場合には度数分布における小さな差は全く問題なく受け入れられるかもしれないが、他の場合ではそれは問題になるかもしれない。それゆえに、分析者の分析の目的に関連させて信頼性と誤差のレベルを検討する必要がある。サービスの種類とサービスが打たれたエリアに対する信頼性のレベルは、デュースコートへのサービスとアドバンテージコートへのサービスの間で異なるのか、またファーストサービスとセカンドサービスの間で異なるのか、あるいはこれら2つを組み合わせた個々の場合で違いがあるのか。信頼性のレベルに関するこのような詳細は、第6章で使われた度数表から求めることができるであろう。5つ全ての変数の組み合わせを考慮すると、72の異なるカテゴリーの度数データがある。そして、2つ、3つ、あるいは4つの変数を同時に考慮して、高次の度数を追加して導き出すことができる。し

かし、そのような場合、個々のセルの度数は非常に小さくなるかもしれない。例えば、図6.6では最大の度数が4である。これは1回の誤りによって高い誤差率をもたらし、結果として、システムの信頼性に関して複雑で面倒な分析をもたらすことになる。それゆえに、変数の組み合わせに対して信頼性統計値を求めることは、いつもその分析システムが使われる時に下される意思決定の重要性によって正当化される必要がある。

❸カッパ係数

度数の要約を示した表9.2には、どの変数に関しても2人の観察者の間に1回を超える違いを示すものはない。しかし、これらの度数の要約には、相殺し合う間違いが隠されているかもしれない。Microsoft Excelのピボットテーブルの機能を使って、表9.1のデータから導くことができる表9.3を考えてみよう。特に、キックサービスについて記録された度数を考えてみよう。これは、観察者1が9回、観察者2が10回である。これらの2つの度数の間にはわずか1回の違いしかないが、2人の観察者の間でサービスがキックサービスであると一致した場合は6回しかない。第8章で説明したテニスのサービス分析システムのようなコンピュータシステムや手作業による時系列的記録システムからイベントリストを利用できる場合、表9.3で示したような度数のクロス集計表を作ることができる。これによって、観察者間で一致したポイントの数が得られる。例えば、サービスの種類について一致したポイントは43、サービスが打たれたサービスボックススのエリアについて一致したポイントは46ある。これらは表9.3（a）と（b）の左上から右下の対角線の各値を合計した値である。これらを観察したポイントの合計数（50）で割ると、観察者間で一致したポイントの比率であるPoが得られる。これはサービスの種類に対しては0.86（(18＋6＋19)/50=43/50=0.86)、サービスが打たれたサービスボックスのエリアに対しては0.92（(20＋17＋9)/50=46/50=0.92）である。

一致したイベントの比率は単に100倍することで、一致したイベントのパーセンテージとして表すことができる。したがって、2人の観察者はサービスの種類について86%のポイントで一致し、サービスが打たれたサービスボックスのエリアについて92%のポイントで一致しているということになる。しかし、一致したイベントの比率Poとそれに対応するパーセンテージは、偶

表9.3　2人の独立した観察者（観察者1と観察者2）によって記録されたイベント数とクロス集計表

(a)サービスの種類

観察者1	観察者2			
	フラット	キック	スライス	合計
フラット	18	4	0	22
キック	3	6	0	9
スライス	0	0	19	19
合計	21	10	19	50
Po	0.860			
Pc	0.365			
κ	0.789			

(b)サービスが打たれたサービスボックスのエリア

観察者1	観察者2			
	左	中央	右	合計
左	20	0	0	20
中央	1	17	1	19
右	0	2	9	11
合計	21	19	10	50
Po	0.920			
Pc	0.356			
κ	0.876			

然に一致すると期待されるイベントの比率を問題にしていない。観察者2が各ポイントにおいて使われたサービスの種類を当てずっぽうで、フラットサービス21回、キックサービス10回、スライスサービス19回と決めたと仮定しよう。このことは、観察者2がサービスをフラットサービスであると当てずっぽうで推量する確率が各ポイントについて21/50＝0.42あるということを意味している。これは観察者1がキックサービスまたはフラットサービスと記録した時には重要ではない。しかし、観察者1がフラットサービスと記録した22回のそれぞれの場合に関しては、観察者2と単に偶然に一致する0.42の確率があるのである。このことは、偶然に22×(21/50)=9.24回、サービスがフラットサービスであると一致することになる。同様に、サービスがキックサービスであると9×(10/50)=1.80回が偶然に一致し、サービスがスライスサービスであると19×(19/50)=7.22回が偶然に一致することが期待されるであろう。2人の観察者が偶然に一致すると期待される回数を合計すると、サービスの種類については18.26回になる。これは、18.26/50=0.365の確率で偶然に一致すると期待されるポイントの比率を導くことになる。

カッパ係数κでは、一致の比率Poが、偶然により一致すると期待される場合の比率Pcによって調整される。調整を考える最善の方法は、Poそれ自身が1で割られていると考えることである。今、もしこの割り算の分子と分母の値からPcを差し引いたら、下記の［方程式9.2］に示すカッパ係数が得られる。したがって、サービスの種類に対するカッパ係数の値は、κ=(0.860－0.365)/(1－0.365)=0.780である。表9.3（b）に、サービスが打たれたサービスボックスのエリアについてのPo、Pc、κの値を示す。クロス集計表を使ってこれらの計算を行い、Po、Pc、κの値が同じになるかを確かめてみよう。

［方程式9.2］

$$\kappa = (Po - Pc)/(1 - Pc)$$

❹カッパ係数の解釈

Altman（1991: 404）は応用医科学の例において、カッパ係数の値を「極めて良好」「良好」「中程度」「許容できる最低限度」「不十分」に分類した。観察者の間の一致の強さは以下のように解釈される。

$0.8 \leqq \kappa \leqq 1.0$：極めて良好
$0.6 \leqq \kappa < 0.8$：良好
$0.4 \leqq \kappa < 0.6$：中程度
$0.2 \leqq \kappa < 0.4$：許容できる最低限度
$0.0 \leqq \kappa < 0.2$：不十分
$-1.0 \leqq \kappa < 0.0$：極めて不十分

偶然に一致すると期待される値に比べ、一致している値が小さい時に負の値が生じる。0より低いカッパ係数の値は「極めて不十分」と解釈されるべきである。

❺イベントの照合

テニスの例は、試合では最低でもサービスが行われる50回のポイントがあるので、比較的分かりやすい。第6章と第8章で用いられたもう1つの例はサッカーのポゼッション分析であった。試合で生起したポゼッションの回数に関して、2人の独立した観察者の間で一致を見ないということが起こりうる。1人の観察者のイベントリストにあるイベントの記録について、もう1人の観察者のイベントリストにあるイベントの記録に対応しているものを特定することが必要になる。この照合の過程は、データがたとえコンピュータシステムを使って収集されていたとしても、通常は手作業で行われる。基本的にアナリストは、対応するイベントリストをMicrosoft Excelの中で左右に並べ、スプレッドシートのどの行も1つのイベントの情報だけを含むように2人の観察者による多数の記録を移動させる必要がある。この結果、スプレッドシートの所定の行にある1つのイベントが、観察者のどちらか1人、もしくは両方により記録されたものになるだろう。

イベントが1人の観察者によって記録されていながら、なぜもう1人の観察者によって記録されていないかには多くの異なる理由がある。一方のチームのプレーヤーにごくわずかに触れただけで、ボールを再び失って相手に渡るという場合があるかもしれない。表9.4は、第6章の例（図6.9）から導かれたものを示している。2つのチームがUs（自チーム）とThem（相手チーム）と表現されていることを思い出してほしい。ここで、観察者2は同じ試合の一部を分析しているが、試合のイベントリストの28秒に相手チームのポゼッションを追加している。これは観察者

表9.4　試合で生起したポゼッションの数に関して2人の観察者の記録が一致しない箇所

観察者1					観察者2				
時間	チーム	ポゼッション	エリア	結果	時間	チーム	ポゼッション	エリア	結果
00:00	Us	KO	CM		00:00	Us	KO	CM	
00:15	Them	IN	CD		00:15	Them	IN	CD	
00:22	Us	TK	RM	シュート	00:22	Us	TK	RM	シュート
					00:28	Them	IN	CM	
					00:29	Us	IN	CM	
00:34	Them	IN	CD	得点	00:34	Them	IN	CD	得点
00:48	Us	KO	CM		00:48	Us	KO	CM	

表9.5　1人の観察者のみがポゼッションを記録した場合を含むポゼッションの種類に関するクロス集計表

観察者1	観察者2								
	キックオフ	タックル	インターセプト	スローイン	コーナーキック	ゴールキック	フリーキック	記録なし	合計
キックオフ	4								4
タックル		16	2					1	19
インターセプト		1	41					7	49
スローイン				26					26
コーナーキック					11				11
ゴールキック						13	1		14
フリーキック							35		35
記録なし		2	8						10
合計	4	19	51	26	11	13	36	8	168

1が22秒に記録したポゼッションを、その途中で新しいポゼッションが生起したという理由で事実上、2回に分割したものである。それゆえに、試合の時間が48秒に達するまでに、観察者2はすでに観察者1よりも2つ多いポゼッションを記録している。また、観察者2によって記録されていないポゼッションを観察者1が記録している場合があるかもしれない。これらの不一致は、変数に対して誤差率が計算されるような度数の場合は問題にならない。しかし、時系列記録システムにおいては、これらの不一致は各変数に対して「記録なし」という値を追加することを必要とする。例えば、ここでは今7つのポゼッションの種類があるが、信頼性テストの目的のためには、ポゼッションが記録されていない箇所を表す必要がある。2人の観察者によって記録されたポゼッションの種類に関する度数をクロス集計している表9.5を考えてみよう。観察者1はポゼッションの種類を記録しているが観察者2は何も記録していない場合が8回、逆に観察者2はポゼッションの種類を記録しているが観察者1は何も記録していない場合が10回ある。このことが意味するところは、ポゼッションは168回あるというよりも、生起したことが2人の観察者で一致したポゼッションは150回だけで、これらのうちのいくつかでは、ポゼッションの種類について一致していないということである。ポゼッションの真の回数は実際には分からない。分かっているのは、観察者1は158回のポゼッションを記録し、観察者2は160回のポゼッションを記録したということだけである。一方の観察者によってのみ特定され記録された18回のポゼッションを排除することはできない。なぜなら、そうすることによって観察者間の確かな不一致を隠してしまうことになるからである。一番下の右側のセル（どちらの観察者もイベントを記録していない場合）の中に度数がないという事実は正確なカッパ係数の算出を難しくする。というのは、記録なし（none）に対して、偶然による一致の確率を計算することはできるけれども、記録された一致の確率を求めることができないからである。このような特別な例では、Poは0.869、Pcは0.184となり、結果として、カッパ係数は0.840となる。

このカッパ係数の使用に関する論点の1つは、それが変数ごとに入力データの信頼性を決定しているということである。例えば、テニスの分析システムでは、サービスコート、サービス（ファーストかセカンドか）、サービスの種類、サービスが打たれたサービスボックスのエリア、そしてポイントの結果についてカッパ係数が得られるであろう。しかし、ファーストサービス時にサーバー側が取得したポイントの度数や比率のような、分析システムの出力変数に対して信頼性の統計値を得ることが望まれるかもしれない。この場合には、カッパ係数よりも誤差率のような信頼性統計値を使うことが必要になるだろう。

3. タイムモーション分析における信頼性

❶ タイムモーション分析

第1章でスポーツパフォーマンス分析の2つの主要な目的を紹介したが、ワークレート分析はそのうちの1つであった。ワークレート分析はタイムモーション分析の1つの種類であり、その他のタイムモーション分析としてはラケットスポーツにおけるラリー時間と休息時間の分析がある。タイムモーション分析は、分析システムを操作する熟練の観察者による動きの主観的な分類を使って行われるか、もしくは第2章で議論した半自動プレーヤー追跡システムを使って、より客観的に行われる。タイムモーション分析では一組の名前の値を持つ名義変数が用いられ、例えばHueyら（2001）は以下に示すような7種類の動きを提唱した。

- 静止——立っている、座っている、ストレッチをしている、うつぶせで寝ていることを含む
- 歩行——前方への歩き
- 後進——後方または側方への歩き
- ジョギング——明確な力発揮や加速が見られないゆっくりとした走り
- ランニング——全力疾走までの明確な力発揮が見られる走り
- ステップ動作——後方や側方へのステップ動作、またはその場でのステップ動作
- ゲームに関連した活動——インプレー時のボールを持った時の動き、または相手のボールを奪いにいく動き

これらの定義はオペレーターに、ある程度の手引きを提供する。しかし、データ収集の際には、観察者によるまだかなりの主観的判断が存在する。例えば、ジョギングの定義を考えてみよう。オペレーターは、プレーヤーの力発揮について判断する必要がある。実際、どのようなスピードでジョギングをしている時でも、プレーヤーはエネルギーを消費しているのでいくらかの力は発揮しているだろう。したがって、ある動きをオペレーターがランニングと分類する時には、上記の定義の「明確な力発揮」という言葉が高強度の力発揮を確かに意味しているということを認識している必要がある。歩行、ランニング、ステップ動作については、それぞれ歩き、走り、ステップ動作といった言葉を使って、再帰的に（定義の中に定義されるものが含まれ）定義されている。歩行とジョギングの間の区別をするために、歩行をしている時の全ての時間で少なくとも片方の足が地面に着いていなければならないという競歩で適用されている規則を使うことも可能である。たとえ短い時間であっても両方の足が地面から離れた瞬間が動きに含まれていたら、その動きはもはや歩行ではない。動きの解釈については、まだ考慮する余地が非常に多くある。もしタイムモーション分析の分析者が、全ての熟練オペレーターで全く同じように使える一組の定義を作ろうとすると、彼らは実現不可能な課題に直面することになる。それゆえ、通常はオペレーターを手助けする詳細な手引きを提供することになるが、その結果は、信頼性を高めるためにわずかな改善がなされるに過ぎないか、もしくは逆効果になることすらあるだろう。

これら7つの名義値は、タイムモーション分析では単に生起数が数えられるだけでなく、時間も測られる。例えば、アスリートはジョギングを15回行っており、このジョギングに費やされた合計時間は120秒であったとしよう。また、このことから、ジョギングの1回の平均継続時間は8秒と決めることが可能となる。第1章の表1.3（p. 21を参照）と表1.4（p. 22を参照）は、異なる種類の動きについて度数、平均継続時間、そして観察時間の比率（パーセンテージ）を示している。ここでは、イングランド・プレミアリーグの1試合全体における1人のプロサッカー

表9.6　動きの7分類スキームを使って2人の独立した観察者がサッカープレーヤーの動きを記録した時間

（単位は秒）

観察者1	観察者2							
	静　止	歩　行	後　進	ジョギング	ランニング	ステップ動作	ゲームに関連した活動	合　計
静　止	581.19	42.09	18.87	1.70	4.55	5.23	3.23	656.86
歩　行	214.27	2,705.20	132.63	130.26	25.51	45.61	14.89	3,268.37
後　進	89.34	109.43	436.72	8.14	3.94	24.10	2.82	674.49
ジョギング	20.66	148.90	22.51	474.03	105.07	94.29	30.04	895.50
ランニング	2.70	8.81	0.66	9.53	66.93	8.79	12.91	110.33
ステップ動作	8.23	16.13	15.14	19.21	16.15	54.57	15.91	145.34
ゲームに関連した活動	2.08	3.51	1.97	5.32	9.58	4.06	44.09	70.61
合　計	918.47	3,034.07	628.50	648.19	231.73	236.65	123.89	5,821.50

プレーヤーの動きを撮影した97分間のビデオ映像を著者と1人の同僚がそれぞれ別々に分析した結果を示す。これは、7つの動きを含むように改変したタイムモーション分析のコンピュータシステムを用いて行われた。

2つのデータセットは、カッパ係数の測定時間バージョン（O'Donoghue, 2005b）を実装した信頼性評価プログラムを使って比較された。カッパ係数の測定時間バージョンでは、いくつかの動きの種類に関して2人の観察者の記録が一致した数が求められるのではなくて、2人の観察者の記録が一致した時間の総計（秒）が求められる。表9.6は、異なる動きを2人の観察者が記録した時間の総計を表している。しばしば動きの開始時間と終了時間が2人の観察者によって少し異なって記録されるので、遂行された動きの種類については一致していても時間の総計では不一致が起こりうる。例えば、2人の観察者がどちらもジョギングとそれに続いてランニングを記録している時、1人の観察者はもう1人の観察者よりもランニングの開始時間を0.2秒遅く記録する場合がある。これは1人の観察者がジョギングを記録していて、もう1人の観察者がランニングを記録する時間が0.2秒あるということを招く。表9.6では、観察時間の合計5,821.50秒（97分1.50秒）のうち、遂行された動きの記録について2人の観察者が一致した時間の合計が4,362.73秒（72分42.73秒）であった。この一致時間の中で大きな比率を占めるものは、プレーヤーが試合時間において他の活動よりも大きなパーセンテージを占めている静止、歩行、後進、ジョギングについて一致している時間である。プレーヤーがステップ動作をしていると両方の観察者の記録が一致した時間の合計は、どちらか一方の観察者がステップ動作を記録している時間の50%よりも少ない。表9.6に示される時間を求めることができたら、カッパ係数の計算は度数データに対して行われる方法と全く同じである。ここでは、Poは0.749、Pcは0.342であり、結果としてカッパ係数は0.619となり、Altman（1991）の分類によれば「良好」な水準の一致度を示している。

興味深いことに、3つの異なる種類のワーク（ランニング、ステップ動作、ゲームに関連した活動）を一括りにまとめて1つの「ワーク」活動にし、同様のことをレスト活動にも行って信頼性を高めようとした場合、カッパ係数の値は0.619より低くなり、「中程度」の一致度を表す0.469

表9.7　レストとワークについてそれぞれ異なる種類の動きを一括りにまとめた分析

（単位は秒）

観察者1	観察者2		
	レスト	ワーク	合計
レスト	5,135.94	359.28	5,495.22
ワーク	93.29	232.99	326.28
合計	5,229.23	592.27	5,821.50

表9.8　動きの2分類スキームを使って2人の独立した観察者がサッカープレーヤーの動きを記録した時間

（単位は秒）

観察者1	観察者2		
	レスト	ワーク	合計
レスト	5,214.93	68.20	5,283.13
ワーク	135.20	385.07	520.27
合計	5,350.13	453.27	5,803.40

になる。各観察者が「レスト」または「ワーク」を記録した時間の総計は表9.7に示されている。ここで起きていることは、サッカーのプレーヤーは試合時間の約90%をレストに費やしているので、偶然により一致する可能性が非常に高いということである。実に、もし観察者1が単にレスト活動だけを記録しており他に何も記録していないとしても、観察者2の観察時間の94.4%と一致することになる。このことが、Poではなくカッパ係数を使う理由である。観察者1が「レスト」活動のみを記録していたとした場合、実際、カッパ係数の値は0となる。これはPo とPcがまったく同一の値になるからである。このような状況でカッパ係数がどのような値になるかを調べるために、2×2の表を作成することが推奨される。表9.7に示されたようなデータが与えられた場合、Poの値（0.922）はPcの値0.854で調整され、0.469というカッパ係数の値が得られる。

動きの7分類データからワークとレストを決定するよりも、単純に動きの2分類スキームを用いてワークとレストを直接入力することによって、タイムモーション分析の信頼性を向上させることができる。表9.8は、イングランド・プレミアリーグのサッカープレーヤーについて、2人の独立した観察者が動きの2分類スキームを用いてレストとワークを記録した時間の総計を示している。Poは0.965、Pcは0.846で、カッパ係数は0.772となり、「良好」な一致度を示している。

❷低強度活動と中・高強度活動の操作化

タイムモーション分析もしくは他の目的を持つスポーツパフォーマンス分析において、明確な操作的定義が可能となる状況がある。もしタイムモーション分析の研究が低強度の活動（低強度の止まったままの動きと歩行から構成される）と中・高強度の活動（例えばジョギング、ランニング、スプリントから構成される）を単に区別したい場合のことを考えてみよう。分析システムの開発者は、身体のどこか一部が1秒以上地面に接している動きを低強度の動きと定義すると決めるかもしれない。これには、うつぶせで寝ている状態、片足での足踏み、歩行が含まれることになるだろう。1秒以上という最低限の時間を決める理由は、ランニングが地面への足の着地を伴うからであり、そのためにプレーヤーの足が単に地面に接しているからといってランニングまたはスプリントをオペレーターが低強度活動と分類しないようにする必要があるからである。少なくとも片方の足が1秒以上の間、地面に接している時に行われる高強度活動がありうると異議を唱える人もいるだろう。実際、2012年のオリンピックにおける中国Ding Chen選手による20km競歩の優勝タイム1時間18分46秒は、1マイルあたり6分20秒に相当する。多くの読者が1マイルをこのタイムで走ることができると確信するが、しかし多くの読者にとってそれは低強度の活動ではない。このような限界があるにもかかわらず、この定義は、同一のパフォーマンスの分析に対して一致した結果を得るために、独立した観察者によって利用される可能性があるものである。その場合の意図は、観察される動きの強度に関する自分自身の常識的な主観的判断にオペレーターが影響されることなく、低強度の運動と中・高強度の運動を区別する操作的定義に基づいてデータを収集するということである。そこにはなお、不正確さを生む源泉がある。例えば、プレーヤーが静止したポジションから素早くランニングを始めた場合、1人のオペレーターがもう1人のオペレーターよりも早く反応するかもしれない。プレーヤーがジョギングをしていて、一瞬の間歩き、そしてまたジョギングを再開するという状況があるかもしれない。1人のオペレーターは一瞬の歩行を低強度の動きとして記録するかもしれないし、もう1人のオペレーターはそれに反応できるほど俊敏ではないかもしれない。また、そのような瞬間的な動きは、もしオペレーターがデータ入力をチェックするためにコンピュータの画面に視線を移していたとしたら、見過ごされるかもしれない。それゆえに、たとえ明確な操作的定義を持っていたとしても、そのような不正確さを生む源泉を考慮に入れると、方法に関する信頼性の研究を行うことが必要となるのである。

❸意味を考慮する信頼性の評価

Altman（1991: 404）によって提唱されたカッパ係数の評価分類スキームは、応用医科学の研究で用いられてきた。しかし、タイムモーション分析には適していないかもしれない。例えば、表9.8に要約されたような動きの2分類（ワークとレスト）の結果を考えてみよう。この項では、カッパ係数をオペレーター間の一致度の測度として用い、合成データに誤りを意図的に導入して、その誤りに関してデータ収集中に起こりうる重大度を調べる。1人の観察者によって6秒間の爆

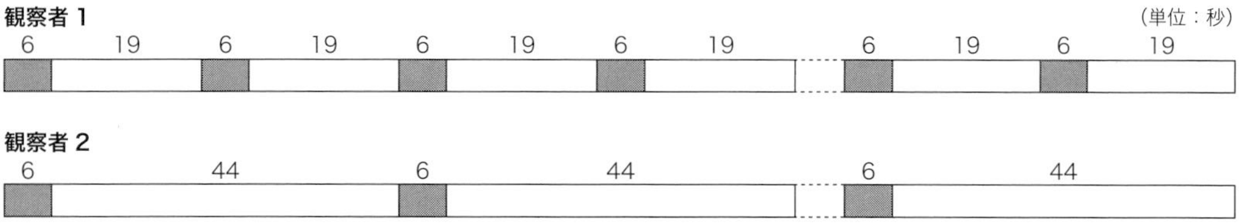

図9.1　観察者1によって記録されたワーク時間の半分しか観察者2が記録していない任意の状況

表9.9　タイムモーション分析に関して合成された信頼性データ

（s：秒）

観察者1	観察者2		
	ワーク	レスト	合計
ワーク	18 × 6s = 108s	18 × 6s = 108s	216s
レスト	0s	36 × 19s = 684s	684s
合計	108s	792s	900s

発的な高強度活動が25秒ごとに記録される15分間の観察時間（900秒）を考えてみよう（図9.1）。この場合、結果として、6秒間の爆発的な高強度活動それぞれの間に19秒の低強度のリカバリーがあり、15分間の観察時間の間に合計36回のワークの時間と36回のレストの時間が存在することになる。ここで、もう1人の観察者が全ての奇数回（1回目、3回目、5回目、…35回目）では6秒間の爆発的な高強度活動を記録しているが、偶数回の爆発的な高強度活動は記録していないと想定してみよう。この場合、2人目の観察者は6秒間の爆発的な高強度活動を18回、それぞれ44秒間（19秒＋6秒＋19秒）のリカバリーを挟んで記録していることになる。図9.1は、2人の観察者によって記録されたワークとレストの時間を表している。

要約をすると、1人の観察者は観察時間の24％でワークを記録し、6秒間続く爆発的なワークを36回、19秒間続くリカバリーを36回記録している。もう1人の観察者は観察時間の12％でワークを記録し、6秒間続く爆発的なワークを18回、44秒間続くリカバリーを18回記録している。これは2人の観察者の間の重大な不一致を示しているのであろうか、それとも、この活動が6秒間の繰り返しの爆発的活動を伴う間歇的な高強度活動であるという広い意味での一致を示しているのであろうか。このような状況では、好ましい誤差率やオペレーター間の良好な一致度を示すカッパ係数の値について統計学的に言われていることを忘れる必要がある。当該のスポーツパフォーマンスの本質と、別々に記録された動きのパターンが十分に類似しているのか、それとも受け入れ難いほど異なっているのかを検討する必要がある。このような状況を著者が最初に見たのは、Hughesら（2005）の生理学の実験であった。その実験では、被験者が異なるリカバリー時間で6秒×10回の爆発的な運動をしている時に、心拍数、血中乳酸値、パワー出力が測定された。3つの実験条件が設定されていた。すなわち、6秒の爆発的運動を25秒ごとに（19秒のリカバリー）、45秒ごとに（39秒のリカバリー）、そして55秒ごとに（49秒のリカバリー）それぞれ10回遂行するという条件であった。実験の結果、爆発的運動が45秒ごとに遂行された場合と55秒ごとに遂行された場合では、測定された反応値に有意な差は見られなかった。しかし、25秒ごとに6秒の爆発的運動が遂行された場合には、45秒ごとおよび55秒ごとに遂行された場合に比べ、後半の繰り返し時に有意に高い心拍数の反応、有意に高い血中乳酸値、そして有意に低いパワー出力が見られた。

この実験室的研究は、6秒の爆発的運動が25秒ごとに（19秒のリカバリー）繰り返し遂行される場合には、50秒ごとに（Hughesらの2つの条件での時間の中間で、44秒のリカバリー）遂行される場合とは異なるエネルギー代謝システムが用いられていることを示唆している。それゆえに、図9.1の2人の観察者の記録は信頼できないということになる。なぜなら、彼らは異なるタイプの間歇的高強度運動をそれぞれ観察しているように見えるからである。表9.9は2人の観察者の記録が一致した観察時間と不一致であった観察時間の総計を示している。2人の観察者は観察時間の（Po=）0.88の比率で活動の分類が一致していた。偶然による一致の確率は（Pc=）0.6976となる。すなわち、ワークについて偶然により一致すると期待される時間は、108×216/900=25.92秒であり、レストについて偶然により一致すると期待される時間は792×684/900=601.92秒であった。したがって、偶然により一致すると期待される合計時間627.84秒を全観察時間900秒で割った時、Pcの値として0.6976を得る。カッパ係数$\kappa = (Po - Pc)/(1 - Pc) = (0.88 - 0.6976)/(1 - 0.6976) = 0.6032$となり、これはAltman（1991: 404）によれば「良好」な一致度である。2人の観察者の間では異なるタイプの間歇的高強度運動が遂行されているように見えると結論づけたことを考えると、これはまったく驚くべきことである。本質的に、Altmanのカッパ係数の評価スキームは、応用医科学の研究で使用するために開発されてきたものである。彼は異なる放射線学者によって解釈されるX線写真を例に使った。タイムモーション分析のデータは、これとは異なる応用領域のものであり、個々の評価が一致した度数ではなくて、プレーヤーについて所定の観察をする間に動きの分類が一致した時間の量を問題にしている。このことは、ここでの0.6というカッパ係数の値が、2分類のワークレート分析システムにおいて許容できる一致度のレベルに到達していないことを示唆している。

現実の例では、全ての爆発的活動が6秒間続く活動であることはありそうにないということ、またたとえそうであったとしても、一致した観察時間には、2人の観察者によって記録される爆発的活動の開始時間と終了時間が異なるために、その活動の最初もしくは最後に2人の間で一致

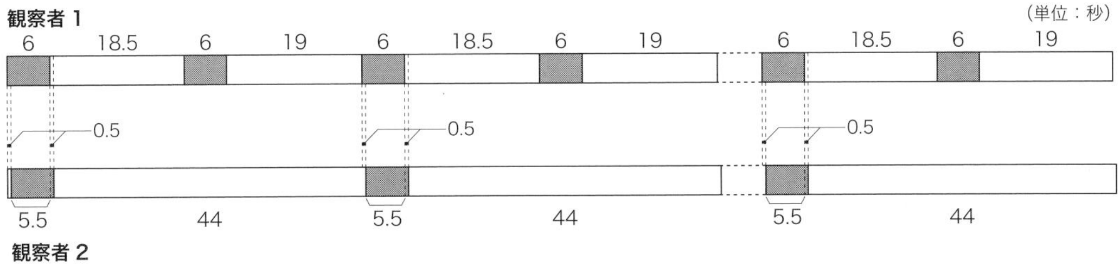

図9.2　観察者1によって記録されたワーク時間の半分しか観察者2が記録していない任意の状況——この例ではワーク時間の開始時と終了時に0.5秒の不一致が存在する

表9.10　開始時と終了時に不一致がある時のタイムモーション分析に関して合成された信頼性のデータ

（s：秒）

観察者1	観察者2		
	ワーク	レスト	合計
ワーク	18×5.5s＝99s	18×6s＋18×0.5s＝117s	216s
レスト	18×0.5s＝9s	18×18.5s＋18×19s＝675s	684s
合計	108s	792s	900s

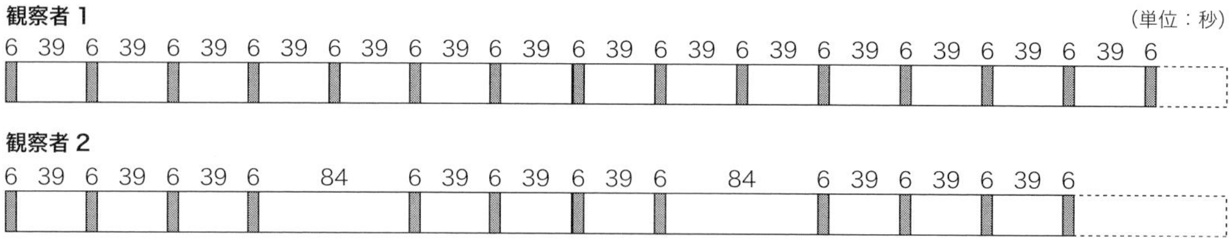

図9.3　一致度が「許容できる」と「良好」の境界にある場合の２人の観察者の合成データ

表9.11　一致度が「許容できる」と「良好」の境界にある場合の２人の観察者のデータ合成

（s：秒）

観察者1	観察者2		
	ワーク	レスト	合計
ワーク	16 × 6s = 96s	4 × 6s = 24s	120s
レスト	0s	20 × 39s = 780s	780s
合計	96s	804s	900s

しない短い時間があるかもしれないということを考慮する必要がある。爆発的活動の開始時間の相違と終了時間の相違は、観察者の疲労、データ入力時の動作の遅れ、そしていつワーク（もしくはレスト）の時間が始まったか（もしくは終わったか）に関する認識の違いが原因となる可能性がある。このことはカッパ係数の値を0.537まで下げることになるだろう。これは、図9.2に示されているように、もしワーク−ワークの一致が5.5秒×18回まで減少して、一致を見た5.5秒の両側にワーク−レストとレスト−ワークの不一致がある時に起こる。表9.10では、これらの活動の開始時間と終了時間の小さな不一致が、ワークとレストについて２人の観察者が一致する時間の総計に及ぼす影響が示されている。

信頼性の研究から一致度が「良好」「許容できる」「不十分」と大まかに結論を下すことを検討する場合、次に決めなければならないことは、一致度が「良好」と「許容できる」、「許容できる」と「不十分」の間を区別するカッパ係数の基準値である。そのためにこれらの異なる一致のレベルにあると考えられるデータを総合的に扱う必要があり、このことにより現実のデータを用いた信頼性の研究で使えるカッパ係数の基準値を求めることができる。

まず、一致度が「許容できる」と「良好」の間を区別する基準値について検討を行う。15分間の観察時間の間に６秒間の爆発的活動を45秒ごとに記録している２人の観察者のうちの１人を考えてみよう。この観察者１の記録には、６秒の爆発的活動が20回、39秒のリカバリー時間が20回あることになる。ここで、観察者２の記録がこれらの爆発的活動のうち、16回一致し、５番目、10番目、15番目、20番目の爆発的活動に関しては一致しなかったとしよう。これは図9.3に示されている。表9.11には、プレーヤーが遂行した活動について２人の観察者の記録が一致した時間と一致しなかった時間の総計が示されている。１人の観察者は39秒のリカバリーを記録し、もう１人の観察者は平均で50.25秒のリカバリーを記録しながらも、６秒間の爆発的活動が16回から20回遂行されているということは２人の観察者の間で一致している。２人のリカバリー時間は一致しないけれども、これら２つの値はHughesら（2005）が実験で使った45秒ご

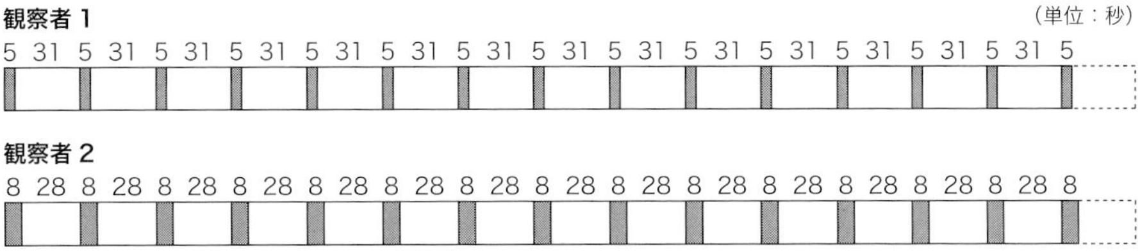

図9.4　一致度が「不十分」と「良好」の境界にある場合の２人の観察者の合成データ

表9.12　一致度が「不十分」と「良好」の境界にある場合の２人の観察者のデータ合成

（s：秒）

観察者1	観察者2		
	ワーク	レスト	合計
ワーク	25 × 5s = 125s	0s	125s
レスト	25 × 3s = 75s	25 × 28s = 700s	775s
合計	200s	700s	900s

と（39秒のリカバリー）と55秒ごと（49秒のリカバリー）という条件に近いものである。この場合のカッパ係数の値は0.8740である。もし２人の観察者の間で記録が一致している爆発的活動において不一致の時間があり、一致している時間を６秒から5.5秒に減じるとしたら、カッパ係数の値は低くなる（0.8264）。以上から、この例に基づくと、一致度が「許容できる」と「良好である」を区別するカッパ係数の基準値として0.8という値を選択できるかもしれない。

一致度が「許容できる」と「不十分」の間を区別する基準値を検討するために、15分間の観察時間の間に36秒ごとに遂行された25回の爆発的活動を考えることにする。実際には、プレーヤーは６秒継続する爆発的活動をその都度30秒のリカバリー時間を取って遂行しているかもしれないが、爆発的活動の持続時間を１人の観察者は短く見積もっている一方で、もう１人の観察者は長く見積もっていると仮定してみよう。もし２人の観察者が、爆発的活動の活動時間を４秒と８秒とそれぞれ記録していたとしたら、単純に１人の観察者がもう１人の観察者の２倍の長さを記録しているという理由で、一致のレベルは受け入れられるものではないだろう。もし１人の観察者が爆発的活動の活動時間を５秒、もう１人の観察者が８秒と記録していたら、不一致はなお重大であるが、おそらく「不十分」の上限のレベルにあると考えられるだろう。爆発的活動の活動時間が５秒と７秒という場合は、６秒に十分近いので、おそらく観察者間の一致度に関して「許容できる」レベルにあると見なされるであろう。したがって、ここでは２人の観察者が36秒ごとに５秒と８秒の爆発的活動をそれぞれ記録した場合が例として使われる。これは図9.4に示されている。表9.12では、動きの分類について２人の観察結果が一致した場合と不一致であった場合の時間の総計が示されている。ここでのカッパ係数の値は0.7216である。もし爆発的活動の開始時間が２人の観察者間で違うことによって、記録された各爆発的活動の一致した部分が５秒から4.75秒に短くなったとしたら、カッパ係数の値は0.6933に落ちるだろう。今、信頼性の研究で使われるカッパ係数の基準値を選ぶために、より良い状況にある。この練習問題で決定された値をそのまま使うのではなくて、スポーツの中には小さなプレーエリアの中で多くの加速、減速、方向転換を必要とすることから他のスポーツよりも観察することが難しいものがあるので、観察対象となるスポーツの性質をよく考える必要がある。しかしここでの例による結果に基づくと、0.7より低いカッパ係数は「不十分」、0.8より上は「良好」、0.7から0.8は「許容できる」と考えることができる。

ここでは、意味を考慮する信頼性評価の概念を伝えるために、タイムモーション分析を例に用いながら、異なる種類の間歇的高強度運動で用いられるエネルギー代謝系を考慮することにより正当化されるカッパ係数の基準値を定めた。このような普遍的なアプローチは、例えば試合分析システムのような他の分析システムにも応用できる。カッパ係数、誤差率、あるいはその他の信頼性統計値のいずれが使われるかは関係なく、信頼性の合成データを使うことができ、そしてその際に、重大さのレベルが異なる不一致を意図的に加えることができる。例えばテニスのサービスに関する分析システムに関しては、実際のポイント取得率に対して、ファーストサービスとセカンドサービスが相手のデュースコートまたはアドバンテージコートの左、中央、右のエリアへ打たれた時の合成データを作り出すことができる。2人の観察者による合成データがサービス戦略に関して少なくとも大まかには一致するように些細な不一致を導入することができる。そして観察者の合成データが、異なるサービス戦略のパフォーマンスを示す状況を表すために、重大な不一致を導入することができる。最終的には、「良好」と「許容できる」の間の境界値と、「許容できる」と「不十分」の間の境界値にある不一致を総合的に扱う必要がある。これらの合成されたデータセットに対する信頼性の統計値は、コンピュータで計算されて、現実の信頼性研究における基準値として使用されることになる。

4. 数値データの信頼性

❶数値データ

テニスのサービス分析とサッカーのポゼッション分析の例のところで議論したイベントは、カテゴリーデータである。これらのイベントが起きた度数、あるいは要素の異なる組み合わせを適用する場合のテニスのポイント取得率やサッカーのポゼッション率は数値データであるが、収集される生のイベントデータはカテゴリーデータである。同様に、動きの2分類あるいは7分類のタイムモーション分析システムにおいて使われる動きの種類は、たとえそれらの度数、平均継続時間、そして試合時間に占めるパーセンテージが数値であったとしても、カテゴリーデータである。ここでは8人のアスリートによって争われる800m走でのスプリットタイムを例に、生データが数値データである場合の信頼性について議論する。生データは、レースにおける各アスリートの100mごとの通過タイムである。したがって、64個の記録された時間がある。これらのデータは、各アスリートに1人ずつタイムキーパーがついてライブで観察しながらストップウォッチを使って収集されたものかもしれない。あるいは、1人のアナリストが各アスリートに対して1回ずつレースのビデオ映像を見ながらストップウォッチを使ってデータを収集したかもしれない。

表9.13　800m走のレースについての時間データ

距離（m）	アスリート	経過時間（秒）		スプリットタイム（秒）		誤差（秒）	絶対誤差（秒）
		観察者1	観察者2	観察者1	観察者2		
100	A	14.54	14.59	14.54	14.59	-0.05	0.05
100	B	14.37	14.43	14.37	14.43	-0.06	0.06
100	C	15.54	15.62	15.54	15.62	-0.08	0.08
100	D	15.43	15.50	15.43	15.50	-0.07	0.07
100	E	15.68	15.79	15.68	15.79	-0.11	0.11
100	F	15.23	15.37	15.23	15.37	-0.14	0.14
100	G	14.87	15.01	14.87	15.01	-0.14	0.14
100	H	14.84	14.96	14.84	14.96	-0.12	0.12
200	A	29.88	29.94	15.34	15.35	-0.01	0.01
200	B	29.17	29.30	14.80	14.87	-0.07	0.07
200	C	31.46	31.54	15.92	15.92	0.00	0.00
200	D	29.85	29.94	14.42	14.44	-0.02	0.02
200	E	31.04	31.13	15.36	15.34	0.02	0.02
200	F	29.89	30.01	14.66	14.64	0.02	0.02
200	G	30.40	30.49	15.53	15.48	0.05	0.05
200	H	28.96	29.09	14.12	14.13	-0.01	0.01
300	A	45.27	45.32	15.39	15.38	0.01	0.01
300	B	44.56	44.65	15.39	15.35	0.04	0.04
300	C	47.09	47.16	15.63	15.62	0.01	0.01
300	D	45.20	45.27	15.35	15.33	0.02	0.02
300	E	46.24	46.33	15.20	15.20	0.00	0.00
300	F	44.57	44.66	14.68	14.65	0.03	0.03
300	G	44.17	44.28	13.77	13.79	-0.02	0.02
300	H	43.10	43.19	14.14	14.10	0.04	0.04
400	A	59.98	60.03	14.71	14.71	0.00	0.00
400	B	59.53	59.65	14.97	15.00	-0.03	0.03
400	C	62.32	62.39	15.23	15.23	0.00	0.00
400	D	59.47	59.54	14.27	14.27	0.00	0.00
400	E	60.68	60.78	14.44	14.45	-0.01	0.01
400	F	59.93	60.02	15.36	15.36	0.00	0.00
400	G	58.89	58.98	14.72	14.70	0.02	0.02
400	H	57.48	57.53	14.38	14.34	0.04	0.04
500	A	75.22	75.29	15.24	15.26	-0.02	0.02
500	B	73.85	73.93	14.32	14.28	0.04	0.04
500	C	76.54	76.66	14.22	14.27	-0.05	0.05
500	D	74.60	74.73	15.13	15.19	-0.06	0.06
500	E	75.85	75.96	15.17	15.18	-0.01	0.01
500	F	74.83	74.94	14.90	14.92	-0.02	0.02
500	G	72.67	72.76	13.78	13.78	0.00	0.00
500	H	71.39	71.45	13.91	13.92	-0.01	0.01
600	A	90.01	90.09	14.79	14.80	-0.01	0.01
600	B	87.50	87.56	13.65	13.63	0.02	0.02
600	C	90.88	90.93	14.34	14.27	0.07	0.07
600	D	90.54	90.67	15.94	15.94	0.00	0.00
600	E	91.43	91.53	15.58	15.57	0.01	0.01
600	F	89.48	89.60	14.65	14.66	-0.01	0.01
600	G	88.16	88.22	15.49	15.46	0.03	0.03
600	H	86.76	86.86	15.37	15.41	-0.04	0.04
700	A	105.20	105.30	15.19	15.21	-0.02	0.02
700	B	101.33	101.40	13.83	13.84	-0.01	0.01
700	C	106.26	106.40	15.38	15.47	-0.09	0.09
700	D	105.04	105.16	14.50	14.49	0.01	0.01
700	E	106.84	106.93	15.41	15.40	0.01	0.01
700	F	104.72	104.84	15.24	15.24	0.00	0.00
700	G	102.33	102.41	14.17	14.19	-0.02	0.02
700	H	101.31	101.41	14.55	14.55	0.00	0.00
800	A	120.58	120.65	15.38	15.35	0.03	0.03
800	B	116.62	116.72	15.29	15.32	-0.03	0.03
800	C	121.54	121.68	15.28	15.28	0.00	0.00
800	D	120.42	120.49	15.38	15.33	0.05	0.05
800	E	122.84	122.90	16.00	15.97	0.03	0.03
800	F	118.96	119.06	14.24	14.22	0.02	0.02
800	G	116.87	116.94	14.54	14.53	0.01	0.01
800	H	116.32	116.41	15.01	15.00	0.01	0.01

データを作る他の方法として、コンピュータシステムを使って、レース中に各アスリートが100mごとの地点をそれぞれ通過するたびにビデオを一時休止にすることで時間を確認していく方法も考えられる。

❷経過時間とスプリットタイム

表9.13は、2人の独立した観察者によって記録された800m走での経過時間とスプリットタイムを示している。これらは、8人のアスリート（AからH）についてレースの100mごとに記録された時間である。経過時間は、特定のアスリートがレースのスタートから特定の100m地点を到達するまでに要した時間である。例えば、アスリートAが600m地点に到達するのに要した時間は観察者1によると90.01秒であり、観察者2によると90.09秒である。スプリットタイムはレースにおける個々の100m区間の所要時間である。例えば、600mのところに記されているスプリットタイムは、500m地点から600m地点までの100m区間の所要時間である。

❸誤差率

数値データの中には［方程式9.1］（p. 166参照）を用いて誤差率を信頼性をみるために使うことができるものがある。ただしここでは、V1とV2はイベントの度数ではなく、2人の観察者によって記録された未加工の数値データの値になる。いくつかの数値変数は、0以上の値となる比率尺度の変数である。比率尺度の変数では、0は測定概念が存在しないことを表す。それゆえに、距離と時間は比率尺度の測定値である。なぜなら、6秒は2秒の3倍の長さであるというように分割が意味を持つからである。このような変数に対しては、イベントの度数に対してと同様に誤差率を効果的に用いることができる。ところが、スプリットタイムは比率尺度の測定値でありながら、0秒のスプリットタイムを見たことがない。このことは、誤差率の値が2人の観察者の平均スプリットタイムで割ることで求められるので誤解を生むほど低くなる可能性があることを意味している。観察者1と観察者2がそれぞれ15.01秒と15.00秒と記録したアスリートHの最後のスプリットタイムを考えてみよう。0.01秒の誤差の絶対値は、2人の観察者の平均スプリットタイムである15.005秒に対するパーセンテージとして表現すると、誤差率は0.067％になる。たとえ実際の陸上競技の見地では大きな誤差であったとしても、誤差率は低くなる可能性がある。例えば、もし観察者間の平均スプリットタイムが15.00秒で、スプリットタイムの違いが1.00秒であったとしたら、誤差率は6.67％なる。手作業による記述分析では多くの場合、他の分析システムの信頼性をテストする際に、この6.67％いう値を許容できるレベルの観察者間の一致度であると解釈する。しかし、1.00秒の誤差は実際の陸上競技の見地では大きな値である。したがって、陸上競技のトラック走のようなスポーツにおけるスプリットタイムについて誤差率は推奨することができない。

❹相対的信頼性

ここでは、経過時間ではなく、スプリットタイムの信頼性を求めている。表9.13に示された

表9.14　800m走のレース中の100mごとのスプリットタイムにおける平均値の絶対誤差

距離（m）	観察者1	観察者2	絶対誤差（秒）
100	15.06	15.16	0.10
200	15.02	15.02	0.02
300	14.94	14.93	0.02
400	14.76	14.76	0.01
500	14.58	14.60	0.03
600	14.98	14.97	0.02
700	14.78	14.80	0.02
800	15.14	15.13	0.02
合　計	14.91	14.92	0.03

経過時間を見ると、基本的に距離に応じた8つの異なる変数があることが分かる。100m地点の経過時間は200m地点とは異なる値のレンジを持っており、300m地点や他の地点の経過時間もまたそうである。数値変数は、もし2人の独立した観察者によって記録された一組の値の間に強い正の相関があるならば、相対的信頼性を持っている。もし表9.14のデータがMicrosoft Excelに保存されていれば、ピアソンの相関係数を求めるためにスプリットタイムに単純にCORREL機能を用いることができ、この場合は$r = +0.997$となる。これは強い正の相関である。この例では2人の観察者が同じ変数について値を記録しているので、2つの完全に異なる変数を相関させる場合に比べて、より高い相関係数の値が求められることになる。それゆえに、許容できる相対的信頼性があると結論づけるためには、＋0.9以上の相関係数が必要である。しかし、方法の信頼性を立証するためには相対的信頼性だけでは十分ではない。というのは、1人の観察者の一組の時間データがもう一人の観察者の時間データの2倍であった場合でも、完全な相関（$r = +1.000$）が得られるからである。それゆえに、絶対的な信頼性が併せて必要となる。

❺絶対的信頼性

絶対的信頼性は、関心のある変数について使われている測定単位（ここでは秒）を用いて、あるいは比率を用いて誤差を表現する。数値データの信頼性の研究では常に、絶対的信頼性に関する何らかの測度を持っているべきである。相対的信頼性の研究も重要であるが、絶対的信頼性は本質的なもので欠かすことができない。絶対的信頼性の第1の測度は、以下に示す［方程式9.3］によって求められる平均絶対誤差である。この式では、V1とV2が観察者1と観察者2によって記録された値を指し、Nは各観察者が行った観察の数である。Σの記号は「合計」を意味する。平均絶対誤差を計算する時には、個々の絶対誤差を合計しなければならないからである。

［方程式9.3］

$$\text{平均絶対誤差} = (\Sigma_{i=1..N} | V1_i - V2_i |)/N$$

800m走の例では、N=64であり、絶対誤差は表9.13の一番右の列に示されている。平均絶対誤差はこの場合、0.031秒である。陸上競技のトラック種目に精通している人には、これが許容できるレベルの信頼性であるか否かが分かるかもしれない。信頼性のレベルは、実施されている研究における分析の目的に関連させて解釈される必要がある。また、信頼性を記載する際には、独創的で、情報に富んでいなくてはならない。例えば、平均絶対誤差は表9.14に示されているレースの100m区間ごとのスプリットタイムについても求めることができる。このことによって、最も大きな誤差はレースの最初の100m区間で起きていることが示される。これは、集団が割れてアスリートが内側のレーンを走る前に、まだ集団でアスリートが各レーンを走っていることから測定誤差が生じやすいと説明できるかもしれない。

❻ 規則的バイアスとランダム誤差

平均絶対誤差の欠点は、それが1つの誤差値の中に2つの重要な誤差の要素が隠されているということである。これらの2つの要素は、規則的なバイアスとランダムな誤差である。規則的バイアスとは、一方の観察者がもう一方の観察者よりも高い値を記録する一般的な傾向である。これは表9.13の右から2番目の列に示された誤差を使って求められる平均誤差によって表すことができる。この例では、平均誤差は－0.011秒である。したがって、観察者1は、観察者2よりも平均してわずかに速いスプリットタイムを記録していたのである。このような一方の観察者がもう一方の観察者よりも高いまたは低い値を記録するといった一般的な傾向は、規則的バイアスと呼ばれる。この例では非常にわずかなものであるが、他のスポーツの数値データの分析においてはもっと顕著なものかもしれない。

表9.13の右から2番目の列に示された誤差を精査すると、そのレンジが－0.14秒から＋0.07秒となることが分かる。それゆえに、全ての誤差が平均誤差と同じではなく、規則的なバイアスについての誤差値に変動がある。この時の追加的な誤差はランダム誤差と呼ばれる。ランダム誤差は、表9.13の右から2番目の列に示された誤差値の標準偏差を使って説明される。この場合の標準偏差は0.044秒である。これを使って表現できるランダム誤差の2つの異なる測度は、測定値の標準誤差（SEM）と一致の95%信頼区間である。SEM（これは時々、典型的誤差と呼ばれる）は、標準偏差を$\sqrt{2}$で割って求められ、この場合は0.031秒である。SEMは、規則的なバイアスを意味する平均値の差と一緒に使われる。したがって、ここでは観察者1と観察者2の間に－0.011秒の平均値の差と0.031秒のSEMがあることになる。もし誤差が正規分布しているなら、誤差の52%が平均値の差±1 SEM内に収まる。このことから、SEMを平均的な誤差として考えることができる。

もし誤差が正規分布しているなら、一致の95%信頼区間は、誤差の95%が含まれる。これは標準偏差を1.96倍することで求められ、ここでは0.087秒という値が得られる。一致の95%信頼区間は規則的バイアス±ランダム誤差によって求められる。この場合では、一致の95%信頼区間は－0.011秒±0.087秒である。これは観察者1と観察者2の間での誤差の95%が－0.098秒と＋0.076秒の間にあることを意味している。これらの信頼区間は平均的な誤差を示すものと考えるべきではない。これは、誤差のわずかに5%のみが区間外に落ちるという信頼区間を意味する。平均値の差とSEMあるいは一致の95%信頼区間のどちらを使おうとも、システムを利用する際の分析の目的と関連させて信頼性を解釈しなければならない。

第10章 スポーツパフォーマンス分析における学術著作物の書き方

本章では、スポーツパフォーマンス分析を専攻する学生が書く様々な種類の著作物を扱う。レベル5の学生が書く主要な著作物を具体的に扱う前に、まず論文の執筆に関する一般的な説明から始める。レベル5のパフォーマンス分析モジュールでは通常､2つのコースワークの演習を使って学生を評価する。1つはシステム作成とパフォーマンス指標の妥当性に焦点を当てた分析システムの開発に関する演習で、もう1つは信頼性に重点を置いた分析システムのテストに関する演習である。

ここでは、スポーツパフォーマンス分析を専攻する学生が書く他の種類の著作物についても手短に触れる。学士学位論文（以下では卒業論文と称する）につながる研究プロジェクトをどのように進めるかについては､その詳細が著者の2010年の本（O'Donoghue, 2010）に示されている。したがって、そのことについては、ここでは学会大会での発表のために抄録とポスターをどのように準備するかを説明する際に少しだけ扱う。学生がレベル5の履修の間に卒業論文のプロポーザルを提出する必要があるかもしれないので、このプロポーザルについては比較的多くの分量を割いて説明する。そして最後に、学術著作物の執筆と文献の引用に関する一般的なガイダンスを示す。

1. 研究論文の構成

研究論文には異なる種類があり、オリジナルの研究成果を記述するものと既報の研究をレビューするものが含まれる。前者の原著論文は、データの収集・分析のプロセスを経て結論が導かれた研究プロジェクトについて報告するものである。原著論文の中には、1本の論文の中で一連の関連研究が報告されるものもある。このような論文の構成は、報告される研究の数と、提案される仮説を支持する証拠を提供するためにどのように研究をまとめるかによって異なる。しかしここでは、実施された1つの研究を記載する論文について扱うことにする。

学生が提出するべきコースワークに対して、エッセイ、レポート、ペーパーなど、各大学で異なる名称が用いられている。どのような名称が使われたとしても、レベル5のコースワークの形式は科学的研究に関して報告される研究論文の形式に従う。通常、学生は分析システムを開発し、そのシステムを適用し、評価して、何らかの結論を導き出す。これは、規模は小さいが、学術誌に掲載されるスポーツパフォーマンスの研究論文で起きていることと同じである。それゆえに、学生が求められるコースワークのレポートも研究論文と同じ方法で書かれる。論文において必要となる構成は以下の通りである。

- 緒言
- 方法
- 結果
- 考察
- 結論
- 文献
- 付録

Hall（2009）は「結論」を独立して立てない形で研究論文の内容を概説している。実際、公表された多くの研究論文は「考察」の中に「結論」を組み込んでいる。もし学生が作成する特定のコースワークにおいて「考察」と「結論」のそれぞれに成績点が割り当てられているならば、学生には「結論」を独立して書くように助言するであろう。

まず、論文の「緒言」は簡潔に書くべきであり、なぜこの研究を行ったのかを説明し、先行研究を踏まえていることを示し、特定の分野の知識にこの研究が何を追加するのかを述べなくてはならない（Smith, 2009）。続いて「方法」では、研究を再現するのに十分な詳しさの程度で、実際に行われたことを記載すべきである。スポーツパフォーマンス分析の論文では、普通、研究デザインの概略、使われた変数の定義、分析システムの説明、分析システムの信頼性、研究データのソース（被験者、試合、パフォーマンス）、そしてデータの分析が「方法」に含まれる。この順番は、データのソースがスポーツパフォーマンス分析の研究では後の方に記載されるという点で、スポーツ科学における他の分野の論文とは異なっている。これは、分析システムを説明し信頼性を示しておくことが、そのシステムを研究の主要部分で適用する前に必要となるからである。研究のデザインは方法全体を概観するものであり、研究がどのように研究目的を具体的に扱い、そしてデータ分析とつながるのかを読み手に簡潔に伝える。レベル5の学生が書くレポートの「方法」のところでは、上記の情報が全て含まれないかもしれない。例えば、もし研究の目的が1つまたは2つ以上の分析システムの信頼性を評価することにあるならば、信頼性の検討結果は「結果」のところに含まれるであろう。レベル5の学生による他のコースワークでは、決められた時間の制約の中で他のユーザーをトレーニングして当該の分析システムを上手く使えるようにすることが難しいので、信頼性の評価は求められないかもしれない。

そして「結果」では、表やグラフなどの図表を効率良く使って、研究で見いだされたことを示す必要がある。「結果」で記載される文章は、図表で示されている結果を単に繰り返すべきではなく、結果の中の注目すべきところを説明すべきである。Priebe（2009）は、読み手の中には「結果」の文章を読む前に図表を見る人がいることを指摘した。それゆえに、図表は、文章と切り離して見ても、明確で理解できるものでなければならない。また「考察」では、論の展開を補完する関連文献を引用しながら、得られた結果の説明をすべきである。「結果」と「考察」の主な違いは、「結果」は何が見いだされたかを記述するものであり、それに対して「考察」はなぜそれが見いだされたのかを説明するものである。

2. コースワーク1：分析システムの開発

❶コースワークの目的

レベル5のスポーツパフォーマンス分析モジュールの1つ目のコースワークは、主として妥当性に関するものである。学生は特定のスポーツを深く調べ、そのスポーツに関連がありかつ重要ないくつかの側面を記録し分析してコーチやプレーヤーに意味のある情報を提供できる分析システムを開発しなければならない。最終的には、その分析システムは、コーチやプレーヤーの意思決定の支援が可能となる情報を提供できることが必要である。システムは開発され、1個または2個以上のパフォーマンスの分析にそのシステムを使ってテストされる。このことにより、分析のプロセスとその結果として作り出される情報の評価が可能となる。ここで書かれるレポートの構成は、前掲の研究論文について示したものと同じである。

❷緒言

「緒言」は以下の事柄を説明するパラグラフで始めるべきである。それは、包括的な問題、対象にするスポーツ、分析システムが扱うスポーツの側面、そして特定のスポーツにおける特定の側面を分析するために手作業による記述分析システムを開発し評価するという演習の目的である。

「緒言」について忘れてはいけないことは、対象にするスポーツの側面について、そのスポーツでの成功に対して関連があり重要であることの根拠を示しながら議論する必要があるということである。これは普通、当該のスポーツに関するコーチングの文献と学術的な文献からのエビデンスを引用することを伴う。参考にできるパフォーマンス分析の文献の中には、同じスポーツの同じ側面を研究しているもの、同じスポーツにおける類似の側面を研究しているもの、あるいは同じ側面を関連のある他のスポーツにおいて研究しているものがある。しかし、自分が研究しようとするスポーツあるいはスポーツの特定の側面を扱っているスポーツパフォーマンス分析の文献がほとんどないか、まったくないということに気づく場合があるかもしれない。このような状況では、スポーツパフォーマンス分析の文献が含まれている当該のスポーツのコーチングに関する文献に当たるべきであり、そしてそこで引用されているスポーツパフォーマンス分析の技法がそのスポーツの分析にどのように役立てられるかを議論すべきである。例えば、先行研究がないチームスポーツの戦術的側面に関心を持っている場合は、類似のチームスポーツで戦術がどのように分析されてきたかをレビューすることができる。このことが、基本的に本来は見えない戦術的な決定と計画が行動の観察から推量できるという主張の論拠となる。

❸方法

「緒言」で述べられる研究の目的では、何が行われたかを読み手に伝える。「方法」では、それがどのように行われたかを説明する。「方法」は、詳細の説明に行く前に、まず全体を概説するパラグラフから始めるべきである。この概説では、特定のスポーツのパフォーマンスを分析して要約的情報を供給するためにシステムが開発され使われたことを単純に書くべきである。この後に続く方法の詳細を扱う項目において、使用されるパフォーマンス変数の定義、システムとその開発の説明、そして分析されたパフォーマンスに関する情報の提供が扱われる。

「パフォーマンス変数」という用語は、ここでは「パフォーマンス指標」という用語の代わりに意図的に使用されている。これは多くの学生が、以前に使われたことがなく、パフォーマンス指標の特性を持っていることが証明されていない変数を使って探索的なシステムを開発しようとするからである。一部の学生は、その妥当性を支持する研究のエビデンスが公表されていることから、彼らが選択したいくつかの変数を「パフォーマンス指標」と呼ぶことを正当化することができるかもしれない。あるパフォーマンスの領域は、レビューされたコーチングの文献でコンセンサスが得られることから妥当性を持つかもしれないが、このパフォーマンスの側面を表すために操作化された変数が作られると、その変数を解釈することができなくなる可能性がある。実際、研究目的の1つは、パフォーマンス変数が持つ値の範囲を示すことにあるかもしれない。変数を定義することの好ましい順序は、まずシステムの出力から始めることである。この出力変数はシステム開発の目標として機能するものであり、コーチやプレーヤーの意思決定の際に有益となりうるものである。この出力変数が定義されたら、次に学生は、必要な分析システムを使って収集する必要がある生データを特定すべきである。

いくつかの場合では、システムの出力変数を入力データと同じように定義する必要がない。例えば、テニスの分析システムの1つの出力変数を、プレーヤーがネットに出た比率（%）とする。生データには、プレーされた個々のポイントについて記録されるべきポイントの種類が含まれるだろう。この変数の1つの値が「ネットポイント」である。もしネットポイントが生の入力データの定義に含まれていたら、このような生データを使って計算される高次の出力変数としてネットポイントを繰り返し定義する必要はない。変数を定義する時には、通常の文章の中での記載よりも目立つようにするために、箇条書きまたは表を使うことが推奨される。

分析システムによって作り出される情報と入力されるべき生データは、システムに求められる機能要求である。したがって「方法」の次の項目では、開発された手作業の記述システムを説明するべきである。これは公表された論文の中で見られる分析システムの説明とは少し異なっている。スポーツパフォーマンス分析の領域で公表された研究は、多くの場合、分析システムの開発についての説明がなく、単に研究に使われた最終的なシステムを説明しているだけである。実際には、分析システムを示すことなく単に変数を定義するだけの論文もある。研究で使われた分析システムの説明により、読み手が手作業の記述分析システムか、あるいは市販のビデオ分析パッケージを実装したシステムを使って研究を再現することが可能となる。学生によって書かれるレポートが刊行論文と異なるところは、それが演習課題のレポートであり、パイロットスタディを実施できる能力が評価され、効率的なデータ収集とデータ分析を促す記録フォームのレイアウトを選ぶ能力が評価されるという点である。それゆえに、このようなレポートでは分析システムで用いた散布図、イベントリスト、あるいは度数表をその中で示すことが推奨されるのである。システムはまた、出力情報を呈示するためのフォームやグラフを含むかもしれない。これらは、伝えようとする情報をコーチが容易に理解できるように、明快で分かりやすく、かつ視覚的なインパクトがあるものでなくてはならない。

記録フォームを示すだけでは、読み手にシステムの操作が完全に伝わらないかもしれない。したがって、データ収集とそれに続く分析のところで、そのフォームを使う手順を説明するべきである。分析システムは試験的な作業を繰り返し行いながら改良されるものであるので、全てのバージョンのシステムを示す必要はない。しかし、試験的な作業、システムに対して行われた変更の種類、そして変更の理由に関するパラグラフはレポートに含まれるべきである。

「方法」の最後の項目は、分析システムを評価するために使われたパフォーマンスの説明である。システムを評価するために何個のパフォーマンスを使うかの決定は、対象にするスポーツの性質、パフォーマンスの長さ、学生がコースワークに費やすと推測される時間に依存する。著者の大学では、このコースワークは20単位モジュールの一部として行われており、このモジュールでは学生は講義・セミナー・実習への出席、個人研究、そして2つのコースワークの演習を含む200時間のレベル5の課業が求められる。もし講義、セミナー、実習、個人研究に100時間が必要となるなら、2つのコースワークのそれぞれは50時間で完成させることが求められる。この50時間には、背景となる文献の調査、分析システムの開発、試験的な作業、そしてレポートの執筆が含まれる。分析システムをテストするためのデータ収集には5～10時間を費やすことが推奨される。このことは、ビデオを繰り返し止めながら分析システムを使ってデータが記録されるとしたら、分析システムのテストをするために学生はサッカーの試合を1試合分析する必要があるということを意味するであろう。あるいは、より短い時間の体操のパフォーマンスを10個分析するためにシステムを使うことができるかもしれない。したがって、何個のパフォーマンスを使ってシステムのテストを実施するかは1個のパフォーマンスを分析するために必要となる時間に依存するが、学生はコースワークでの実際のデータ収集と分析に十分に時間をかけることが確実にできるようにすべきである。

学生は、データ収集の量の正当性を示した後で、分析をしたパフォーマンスの特性について説明すべきである。これには、競技レベル、性別、年齢、そしてパフォーマンスがライブで分析されたか録画したビデオ映像から分析されたかについての記載が含まれる。録画したビデオ映像が使われた時には、パフォーマンスを個人的に撮影したのか、モジュールの中で学生に提供されたビデオ教材を用いたのか、公共の放送のビデオ映像を用いたのか、あるいは知り合いのコーチ、アスリート、クラブからビデオ映像を入手したのかを書かなくてはならない。

❹結果

「結果」では、分析結果をコーチやプレーヤーに提供するような形で記載すべきである。したがって、生データは示すべきではなく、要約した結果が示されなければならない。パフォーマンス変数が、潜在的なパフォーマンス指標である事実を支持する知見に焦点が当てられるべきである。例えば、個人種目またはチームゲームにおいて勝者のパフォーマンスと敗者のパフォーマンスを明確に区別するパフォーマンス変数があるかもしれない。同様に、体操競技の規定演技で成功した演技と成功しなかった演技を明確に区別するパフォーマンス変数があるかもしれない。分析をしたパフォーマンスに関する結果は、当該の分析システムの有用性を示す事柄についてのコメントによって補完されるべきである。

❺考察

このようなコースワークを行う際に覚えておくべき重要なことは、これはスポーツパフォーマンス分析のコースワークであって、関心のある特定のスポーツについてのコースワークではないということである。したがって、「考察」は、なぜあるチームが成功して他のチームは成功しなかったのかとか、なぜ技術的なパフォーマンスに劣っているのか、強みは何であるのかといった特定のパフォーマンスを説明することではない。これはスポーツパフォーマンス分析のコースワークであるので、考察は主にスポーツパフォーマンス分析の問題について行われるべきである。

考察すべきことは、使われたパフォーマンス変数、分析システムの使いやすさ、不正確さの源泉、そして分析システムの適用可能性に関する事柄である。使われたパフォーマンス変数に関しては、当該のパフォーマンスに対するこれらの変数の関連性と重要性が考察されるべきである。使われたパフォーマンス変数は理解できるものか、測定の尺度は理解されるものか、勝利チームと敗者チームを見分ける値は既知の測定尺度を持つものか、パフォーマンス変数はどの程度までパフォーマンス指標としての資格を持つものか、これらについて考察することは、たとえ学生自身が使ったパフォーマンス変数がパフォーマンス指標に及ばないことを確認するだけだったとしても、パフォーマンス指標に関する自己の知識を証明する機会になる。

分析システムのユーザビリティを考察する際には、運動遂行中にライブでデータを記録するために使用できるか否かを議論すべきである。その分析システムに速さと正確性のトレードオフはあるのか。その分析システムをライブで使用するためには、パフォーマンス変数の一部に限定して使う必要があるのか。これらの質問に答えることは、議論をする際に関連文献を引用しながらリアルタイム分析システムと事後分析システムの区別に関する知識を示す機会を学生に提供する。また、パフォーマンスについてデータを記録する際の不正確さの原因を特定して、分析システムを使う時に起こりうる潜在的な誤りを考察すべきである。このことにより、学生は、関連するスポーツパフォーマンス分析の文献を引用しながら、観察を用いたパフォーマンス分析の際に起こりうる誤りの種類に関する知識を示すことが可能となる。

さらに、分析システムが作り出すことができる結果の種類とそれらの呈示方法について考察が行われるべきである。パフォーマンスが終了したら、分析システムはどれほどの時間で結果を作り出すことができるのか。散布図の場合は、時系列記録システムが使われる場合に比べてずっと短い時間で結果が作り出されるであろう。ここで学生は、選択肢となる分析システムの種類とそれらの相対的な利点および欠点に関する知識を示すことができる。コーチの意思決定のどのようなタイプが、提供される情報によって補完されるのか、分析システムはパフォーマンスの向上を適切なタイミングで支援する最適な量のフィードバックを提供するのか、システムが提供するフィードバックの種類はコーチとプレーヤーが留意すべき領域を認識することの助けになるのか、これらの質問には、コーチング場面におけるフィードバックとコミュニケーションに関する関連文献を引用することによって答えるべきである。

❻結論

「結論」では、この演習で得られた主な知見と提言を総括すべきである。「結論」で考察を続けてはいけない。

開発した分析システムとその使用に関する提言は、どのようなものであっても得られた知見によって支持されていなくてはならない。

❼文献と付録

文献一覧の作り方は本章の最後のところで議論されるが、それがレポートの末尾に必要となることは必ず知っておかなければならない。このコースワークの「付録」には、「方法」で示されていないデータ収集フォームと全ての分析結果の要約フォームが含まれる。ここでのアドバイスの1つは、手作業の記述分析フォームに入力されたデータをワープロで清書しないようにした方が良いということである。簡便な記録システムを使用することに関して最も重要な点は、システムの出力結果を早くコーチやプレーヤーに渡すということである。実際に活動しているパフォーマンスアナリストであれば、システムの出力結果を作り出すためにすでに収集され使われる数符号をワープロで清書することで時間を無駄にすることはしないであろう。

3. コースワーク2:信頼性の評価

❶コースワークの目的

1つ目のコースワークでは妥当性に関することがその内容であり、ある特定のスポーツについて関連性があり重要な側面の選択、それらの分析システム内での操作化、そしてシステムの適用が扱われた。2つ目のコースワークでは、信頼性に関することがその内容となる。ここでは、既存の分析システムを使って、それが異なるオペレーターによって使われた時の一致度を評価する。カーディフ・メトロポリタン大学では、学生は1つまたは2つ以上のタイムモーション分析システムに関する信頼性の研究を行う。スポーツの戦術的あるいは技術的側面ではなくて、この領域を選んだ理由は、タイムモーション分析を用いることで、例として使われたスポーツの戦術的あるいは技術的側面を良く知っていて特定の学生だけが有利になるような状況を避けることができるからである。タイムモーション分析、移動の動きの種類、低・中・高強度の運動は、全ての学生が同様に理解していなければならない一般的な概念である。ここでは、プレーヤーのボールに関わる行為ではなく、プレーヤーの動きを追跡したビデオ映像を使ってパフォーマンスを分析する。通常、評価されるべき分析システムに関して、オペレーター内の一致度を見るために同じパフォーマンスが2回分析される。また、学生は自分のデータをクラスメートによって記録されたデータと比較することにより、オペレーター間の一致度を評価することが可能となる。このことは少なくとも2つの分析システムについて行われるか、あるいは同じシステムを異なるスポーツに適用して行われる。

信頼性の評価についての演習には、全く同じコースワークを何年も続けて実施されることを防ぐためのバリエーションがある。テクノロジーが進歩して信頼性を分析することに対して全く異なるアプローチが可能となるまで、これらのバリエーションを周期的に実施することができる。タイムモーション分析の信頼性の研究について、以下にいくつかのアイデアを示す。

1. 動きの2分類スキーム(ワーク活動とレスト活動)を使って特定の試合におけるプレーヤーのワークレートを分析するために、異なるインターフェースを持った2つのシステムを適用する。1つのシステムは、学生が使うコンピュータでビデオが見られる市販のビデオ編集パッケージソフトの中に実装される。もう1つのシステムはビデオを画面上に表示させない形で(例えばVisual Basicを使って)実装され、この場合にはプロジェクターを使って表示されたビデオを見ながらシステムが操作されることになる。
2. 動きの2分類スキームを使って特定の試合におけるプレーヤーのワークレートを分析するために1つのシステムを適用するが、擬似的なリアルタイム分析と事後分析を比較する。これは2つの異なる方法で行うことができる。1つの方法は、ユーザーがビデオを一時停止、巻き戻し、早送りをして、ワーク活動の開始時間と終了時間を入力することが許される状況で分析を行い、もう1つの方法は、リアルタイムでの観察のシミュレーションとして、ユーザーがビデオを一時停止させないでビデオを見ながら各ワーク活動の開始時間と終了時間で入力するというものである。
3. 動きの2分類(ワーク活動とレスト活動)についての分析システムを、3分類(低強度、中強度、高強度の活動)あるいは7分類(静止、歩行、後進、ジョギング、ランニング、ステップ動作、ゲームに関連した活動)についての分析システムと比較する。実際に、このコースワークにおいて動きの3分類および7分類の分析システムとの比較を行うことができた。
4. 同じ1つの分析システムを、それぞれ別個のビデオを使って2つの異なるスポーツの分析に適用する。例えば、タイムモーション分析はサッカーに比べバスケットボールのようなスポーツではより難しいかもしれない。このような同じシステムを使った2つの異なる観察作業の比較は、コースワークの中で興味深いものとなるだろう。

いずれの場合でも、2つの選択肢(異なるシステムか、異なるスポーツか、異なる操作環境か)が自分自身で2回、また自分自身とクラスメートで2回使われることで、オペレーター内とオペレーター間の一致度に関する統計値を求め比較することが可能となる。

❷緒言

このような演習で実際に行ったことが研究論文と同じ構造を持つレポートにおいて文章化され

る。「緒言」では研究を行う理論的根拠を明確にしてレポートの目的を述べながら、その演習の背景を簡潔に読み手に提供しなくてはならない。これは完全な文献のレビューである必要はなく、学生はどれぐらいの長さで書くかを決める時には、成績評価の基準や緒言に当てられる成績点の比率を考慮すべきである。この演習では、信頼性の研究を実施することができる学生の能力が主として評価される。したがって、タイムモーション分析の応用領域についての記載は簡潔にすべきで、スポーツにおける身体的要求を間接的に研究するために使われるスポーツパフォーマンス分析の1領域であると述べるだけで十分である。研究を行う理論的根拠は、比較されるタイムモーション分析作業の特殊な性質に依存する。例えば、もし同じ1つの分析システムが2つの異なるスポーツの分析において使われるなら、スポーツ間で高強度活動の間歇的性質が異なるために、あるスポーツでは他のスポーツよりも分析が難しくなることを説明する必要がある。あるスポーツを分析することにシステムが信頼性を有しているからと言って、他のスポーツを分析することにも信頼性があると仮定することはできない。異なるスポーツの分析は、観察者にとっては異なる難しさを持つ異なる観察作業である。もし同じパフォーマンスのビデオを2つの異なるインターフェースを用いて分析するなら、その違いがソフトウェアにあるのかハードウェアにあるのかにかかわらず、人間工学あるいは人間とコンピュータの相互作用に基づいた理論的根拠を提供する必要がある。1つのインターフェースが与えられる時システムは信頼性を持って使うことができるが、別のインターフェースが使われると信頼性が低下するかもしれない。したがって、それぞれのインターフェースが使われる時のシステムの信頼性を評価する必要がある。スポーツパフォーマンス分析で使われている信頼性評価の技法について公表されている研究からの関連知見を利用しながら、研究の必要性を明確に書く必要がある。

学生は研究の背景に言及し理論的根拠を提供したら、次に研究の正確な目的を述べなければならない。例えば、動きの2分類スキームを用いたタイムモーション分析と7分類スキームを用いたタイムモーション分析との間で、オペレーター内一致度とオペレーター間一致度を比較するといった目的を書くことになる。このようなレポートには「緒言」「方法」「結果」「考察」、そして「結論」が含まれることはすでに説明したとおりである。

❸方法

「方法」は、読み手が研究を再現できるように実際に行ったことを記載すべきである。「方法」には、研究のデザイン、データソースの詳細、参加者、システムの開発、そして信頼性統計値の算出方法に関する情報が含まれる。研究のデザインは、「緒言」で述べた研究の目的を達成するために細心の注意を払ってどのように研究を設計したかを示している。使われた分析システムの説明のところでは、それが何回使われたかとか、どんなデータを得るために使われたかといった情報は提供されないので、「方法」の冒頭で全体的な研究のデザインを示しておくべきである。例えば、特定のスポーツにおける1つのパフォーマンスについて、動きの2分類スキームを使って2人の分析者がそれぞれ2回分析し、そして動きの7分類スキームを使って2人の分析者がそれぞれ2回分析すると書くことができるだろう。そして、このことから、2つの分析システムについてそれぞれオペレーター内一致度とオペレーター間一致度を求め比較することが可能になると書くことができる。

データソースは、研究で使われるタイムモーション分析のためのビデオ映像である。その長さ、映像の品質、特定のスポーツの競技レベルについてコメントを加えながら、これらのビデオ映像がどこから得たものかを説明すべきである。参加者の項目のところで、パフォーマンスが分析されたプレーヤーの年齢や競技レベル、経験レベルが記載されるが、学生によってはデータソースの情報についてもここで記載するかもしれない。参加者の項目では、分析システムを用いる観察者の経験も書くべきである。評価対象となる分析システムについて決定を下すレポートの評価者は、報告された信頼性を得るために必須となる観察者についての情報を必要とする。それゆえ、例えば、観察者は4ヶ月のスポーツパフォーマンス分析のモジュールを履修した優等学士学位[*1]を持つ学生であると書くことができる。

分析システムを説明する際には、読み手が研究を再現できるように十分な情報を提供する必要がある。市販の汎用ビデオ分析パッケージソフトを用いてシステムを開発した場合は、そのパッケージソフトについて読み手が他のところで入手できる情報を繰り返す必要はない。ここではユーザーマニュアルについて議論しているのではなく、研究レポートの「方法」について議論しているので、学生にはスポーツパフォーマンス分析に関する論文の「方法」のところを読み、不必要な細部の記載をどのように避けたら良いかの理解をもっと促すことが勧められる。名称が付いている装置に定まった手順を適用して特定のテストを実施する生理学実験では、そのテストをコントロールしているコンピュータでの情報のマウスクリックやキー入力の1つ1つを全て議論することは必要ない。このような情報は出版されている手順書やユーザーマニュアルの中に見つけることができる。研究者はこのことに関して新たに説明し直す必要はない。その代わりに、既存の文献で説明されている標準的なテストと自分たちのやり方を区別する手続き上の側面やその他の条件について説明することが必要である。同様にスポーツパフォーマンス分析においても、特定のビデオ分析パッケージソフトにおけるシステムの実装と操作に関する詳細なプロセスについて説明する必要はない。読み手はこれらの作業に精通しているかもしれないし、もしそうでないとしても、他のところからこれらの情報を利用することができるだろう。しかし、汎用ビデオ分析パッケージソフトを使って開発した特殊なシステムについては必ず説明が必要である。例えば以下のような事柄については明確に説明をしておかなければならない。すなわち、分析対象のイベントは何だったのか、どんな種類の動きをイベントとして表現したのか、例えばイベントのエクスクルーシブリンクのような機能はシステムの開発で使われたのか、といった事柄である。

「方法」のデータ分析の項目では、必要となる信頼性の統計値を算出するために、収集したタイムモーション分析のデータをどのように処理したかが記載される。すなわち、イベントリスト、タイムライン、そしてサマリーテーブルやマトリックス内のデータがどのように処理されたかを書くべきである。実際には、必要となる追加の処理をしなくても、2つのデータセットについて

＊1　**優等学士学位**：優等学士学位（undergraduate honours degree）とは、英国の高等教育制度における専門的で高度な水準の学士学位のことで、一般には修了試験で所定の優れた成績を収めた者に授与される。

カッパ係数を計算してくれるシステムの機能があるかもしれない。一方、パッケージソフトの中にはまだ、信頼性の統計値を算出するためにユーザー自身がデータ処理をすることが必要なものも存在する。このような場合、どんなシステムデータを使ったのか、そしてどのようにそれを処理したかを記載する必要がある。データは、必要となる信頼性の統計値を計算するために、スプレッドシートがプログラムされているMicrosoft Excelに書き出されていたのかもしれない。データを書き出す前に、タイムラインは特定のイベントについて一致を示す中間の行を作って分析されていたのかもしれない。これらの処置の全てが記載される必要がある。しかし、スプレッドシートの処理に関して不必要な細部を書くことは避けるべきである。再度言うが、公表されている研究論文が研究の再現を十分可能にする詳しさのレベルでデータ処理に関する事柄をどのように書いているかを検討すべきである。例えば、動きの各種類について2人の観察者がそれぞれ記録した合計時間と2人の観察者間で一致した合計時間を使って、2人の観察者が一致した時間の比率(Po)と偶然によって一致すると期待される時間の比率(Pc)を計算し、カッパ係数を算出したと書くことができるであろう。これは、読み手がカッパ係数に関して公表されている方程式を使ってスプレッドシートをプログラムすることを十分可能にする詳しさのレベルを示している。

❹結果

「結果」は何を見いだしたかを報告すべきであり、その説明は次の「考察」で行われる。「結果」は表やグラフを効果的に使いながら、簡潔であるべきである。表10.1は、信頼性の研究の結果をどのように示すことができるかの例である。(例えば)A1、A2、B1、B2と名付けられた4つの観察結果がすでにあるとしよう。ここでは、A1とA2は本人の1回目と2回目のビデオによるタイムモーション分析の結果を表すために使われ、B1とB2は別の観察者の1回目と2回目の分析を表すために使われる。「結果」では、見いだされたことを大まかに説明しながら、掲載されている全ての表とグラフに言及すべきである。この時、表で見ることができる数値を文章の中で繰り返し書くことは避けなくてはならない。「結果」の文章は、見いだされたことについてより抽象的なものでなければならない。例えば、両方の分析システムともオペレーター間よりもオペレーター内の一致度の方が高かったと書くことができ、同様に、どちらの分析システムともオペレーター間の一致度は1回目の分析に比べ2回目の分析で向上したと書くことができるであろう。

不要な中間データ、スプレッドシートの画像、分析結果の各ペアに対する信頼性統計値を記したシステムの出力結果を示す必要はない。これらのことは公表されている研究論文では行われて

表10.1 2つの分析システムについてのオペレーター内一致度とオペレーター間一致度(括弧内の一致度の解釈はAltman, 1991: 404による)

比較方法		動きの2分類スキーム	動きの7分類スキーム
オペレーター内一致度	A1 v A2	0.82(極めて良好)	0.57(中程度)
オペレーター間一致度	A1 v B1	0.64(良好)	0.35(許容できる最低限度)
	A1 v B2	0.66(良好)	0.46(中程度)
	A2 v B1	0.62(良好)	0.31(許容できる最低限度)
	A2 v B2	0.78(良好)	0.53(中程度)

いない。また、まったく同じ結果を表と図の両方で示すことは避けるべきである。このことは読み手を困惑させ、表と図で示された2つの結果のどこに違いがあるのかを探さなければならなくなるであろう。

信頼性の統計値は「結果」のところで解釈される。例えば、表10.1では、カッパ係数の値が、動きの7分類スキームを用いた分析システムでは「許容できる最低限度から中程度のレベル」と解釈されるのに対して、2分類スキームを用いたシステムでは「良好から極めて良好のレベル」を表していることが示されている。表中の括弧でこれらの解釈を書いておくことは、スペースを効率的に使うことになり、カッパ係数の値を説明する面倒な文章を避けることになる。カッパ係数の解釈を示すAltmanの分類が引用されているなら、分類表を記載する必要はない。スポーツパフォーマンス分析に精通しているレポートの読み手は、信頼性の研究におけるカッパ係数の使用と解釈についてすでに熟知しているであろう。

❺考察

「考察」では研究で見いだしたことを単に繰り返すだけでなく、それについて説明をすべきである。表10.1に示された結果の考察では、タイムモーション分析の作業を行う時にこのようなカッパ係数の値がなぜ得られたのかを問う必要がある。両方の分析システムにおいて、オペレーター間よりもオペレーター内の一致度の方が高いのはどうしてか。ビデオによるタイムモーション分析の2回目は1回目よりもオペレーター間の一致度が高くなっているのはどうしてか。動きの2分類システムの方が7分類システムよりも信頼性が高いのはどうしてか。これらの質問について、それぞれ説明はどのようになるのか、そしてそれらの説明を補完するために公表された研究論文からどのようなエビデンスを引き出すことができるのかを考えるべきである。学生はこれができれば、「考察」を計画し、そこに含めるべきパラグラフを特定することについて、以前よりずっと良い状況にいることになる。

研究で見いだされた信頼性のレベルに関しては、特定のスポーツで遂行される動きの間歇的な性質、観察者の限られた経験、そして定義の誤り、認識の誤り、データ入力の誤りをその原因として記載することができるであろう（James et al., 2002）。学生は、公表されたタイムモーション分析の研究を参照して、カッパ係数の値を自分自身の演習で得られた値と比較することができる。カッパ係数の値の研究間での違いは、研究で分析されたスポーツにおいて比較的短い継続時間でワーク活動が密集していることによって説明されるかもしれない。動きの2分類スキームでどのような活動をワークあるいはレストとして記録すべきかに関するガイドラインは、スポーツパフォーマンス分析で使われる他の多くの変数に比べて曖昧なままになっている。全ての起こりうる状況において何をワークとしてあるいはレストとして記録すべきかを独立した個々の観察者が同一に理解できる程度にまで操作化することは、現実には不可能である。プレーヤーの動きを分析している時には、観察者がワークと分類するかレストと分類するかの確信を持てないが、それでも意思決定をしてデータを入力しなければならない多くのグレーゾーンがある。タイムモーション分析をするためにビデオ映像を観察している時に、言葉で書かれた同じガイドラインが2

人の独立した観察者により異なって解釈された場合が定義の誤りの例である。

認識の誤りは、システムオペレーターがデータ入力作業の仕方や何をワークあるいはレストと分類するかを一般的には理解しているが、特定の状況で行動を誤って分類する場合に起きる。観察対象のプレーヤーにとっては高強度の力発揮を必要とした行動であったが、観察者によってはそれが認識されなかった場合があるかもしれない。同様に、他のケースでは、観察者は高強度の力発揮を必要とする動きであると認識するが、実際にはプレーヤーは低強度で遂行しているかもしれない。学生は、対象とするスポーツで誤って分類される可能性のある特定の行動例を提示するべきである。認識の誤りを考察する際には、観察により活動の強度を間接的に分析することの限界について一般的なポイントが示される。そして、観察の代わりとなるもっと直接的な測度を引用してそれを補完すべきである。

データ入力の誤りは、観察者が行動を正確に分類しながらもデータの入力時に間違ったキーを押した場合に起きる。学生は、システムのインターフェースの使いやすさの観点と観察者の疲労のような他の観点からこれを説明しようとするべきである。データ入力の誤りに関するより一般的な例は、観察しているプレーヤーが急に動きの種類を変えたことに驚いて起きるデータ入力の遅延である。相手より優位な立場を取るために相手を欺き驚かせることは多くのスポーツでは普通のことである。もしプレーヤーが特定のスポーツで熟練の相手に対してこれを行うことができるなら、そのスポーツに精通していない観察者を驚かすことは難しくないであろう。観察者は突然の加速あるいは減速に驚かされるであろう。学生は、特定のスポーツにおいてこの点を補完する適切なコーチングの文献を引用するべきである。

全体的な信頼性のレベルを考察する際には、その分析システムが目的に合致しているか否かを評価すべきである。これは単に信頼性の統計値に頼るよりも、システムの出力結果を調べることが関係してくる。例えば、カッパ係数の値は許容できる最低限度の値か中程度の値であるが、2人の観察者の分析から出てきた出力結果を見ると、対象とするスポーツが低強度運動の背景の中で間歇的な高強度活動が遂行されるという点は大まかに一致しているという状況であるかもしれない。あるいは、2人の分析結果の間で良好な一致度が得られているが、システムの出力結果を調べると現実のスポーツの見地からは深刻な不一致を示している場合があるかもしれない。ここで関心がある出力結果は、記録されたワーク活動時間の頻度、それらのワーク活動時間の平均、記録されたリカバリー時間の平均、そして記録されたワーク活動時間の比率である。2人の分析者によるこれらの出力結果を見ると、同じパフォーマンスに関して分析が行われ、信頼性の統計値も良好な一致度と解釈されるという事実があるにもかかわらず、異なる組み合わせのエネルギーシステムが使われていることを示唆している場合がある。このことから、学生がこの種の領域における信頼性の統計値それ自体の適合性を考察することが可能となる。すなわち、カッパ係数はタイムモーション分析の信頼性を評価することに適しているのか、誤差率または別の信頼性統計値がこのような領域において有効であるのか、応用医科学においてAltman（1991: 404）が提唱したカッパ係数の解釈はスポーツパフォーマンス分析にも適しているのか、といったことを考察すべきである。異なる2つの観察結果から出てきたワークとレストの比率を考察する際には生理学についてあまりにも詳細なところに立ち入るべきではない。これは生理学のモジュールのコースワークではなく、スポーツパフォーマンス分析のモジュールのコースワークであることを心に留めておくべきである。

観察者間で差異があることは、オペレーター間の一致度に比べオペレーター内の一致度の方が高いという結果に反映されているかもしれない。人は作業を安定的に行うことができるが、その一方で、特定の活動に傾けている力の発揮量の認識は他の人と異なっていると説明することは比較的容易なはずである。この原因は、観察者が異なるスポーツの経験を持っていることであるかもしれない。

ビデオ映像によるタイムモーション分析の1回目から2回目にオペレーター間の一致度が変化することは、ユーザーのトレーニング効果あるいは特定のパフォーマンスに対しての慣れによって説明されるであろう。2つの異なる分析作業を比較する時、なぜそれらの信頼性のレベルが類似しているのか、あるいは異なっているのかを説明するだけでなく、タイムモーション分析研究への示唆を提示すべきである。例えば、動きの7分類システムのように低強度活動と高強度活動の動きの種類を細分化して分析することと、高い信頼性のレベルを得ることの間には二律背反の関係があるかもしれないといった示唆である。

❻結論

「結論」は研究で得られた知見を要約し、それらの知見によって支持される提言が示されるべきである。「結論」は主要な知見を網羅しながらも簡潔であるべきである。提言はいつも研究で見いだされた知見に基づいているべきで、見いだされていないことに基づくべきではない。例えば、もし動きの2分類システムよりも7分類システムを使った時の方がオペレーター間の一致度でもオペレーター内の一致度でも高い一致度のレベルを研究で見いだしたならば、以下のような議論は適切ではない。

> この研究では、動きの7分類システムの方が高い信頼性があることを示したが、異なる種類のワーク活動と異なる種類のレスト活動をそれぞれ一緒にしてワーク、レストとすることはエラーの範囲を減らすことになるので、タイムモーション分析の研究では動きの7分類システムではなく2分類システムを使うことが推奨される。

学生は、この研究と同じ訓練レベルのオペレーターが操作する場合には、当該の分析システムはタイムモーション研究で使用されるべきではないと結論づけることが必要か否かを悩まなくても良い。もし信頼性は許容できるレベルではないことを結果が示しているなら、これが結論である。そして、それは特定のスポーツの分析作業に使われた時のその分析システムに関する有効な知見である。

4. その他の種類のレポート

❶卒業論文プロポーザル

ここでは、学生が作成する他の種類のレポートを扱う。この中には卒業論文とそれに関係するその他のレポートがある。卒業論文プロポーザルは、おそらくレベル5の間に提出することが求められることから、レベル5の学生にとっては重要である。卒業論文それ自体はレベル6で執筆されるもので、各学生に継続した努力が求められる独立した研究プロジェクトである。例えば著者の所属する大学では、それは40 UK単位の価値があり、400時間のレベル6のコースワークが求められる。学生は卒業論文のために取り組むことを選んだ研究領域についてじっくり考えることが必要不可欠である。選択をする研究領域は、学生にとって関心があること、一般的な関心があること、学生が強みを持つ領域であること、そして実行可能であることが必要であろう。研究テーマの選択に影響する他の要素は、時間の制約、リソース、そして学位プログラム内の規則である（Walliman, 2004: 24-35）。Walliman（2004: 70-75）は、背景、研究問題の定義、主要な概念と変数、方法、期待される結果、そして研究のスケジュールを含めてリサーチプロポーザルの内容を概説している。

背景の節では、関連文献を批判的にレビューする前に、研究で扱うテーマを導入する。文献のレビューでは、学生は背景となる文献を読んでおり、最も重要な研究は検討済みであることを示す必要がある。また、関連する理論的概念、当該のテーマにおける学術的議論、そして当該のテーマの知識の中に欠落しているところがあることを示すべきである。このことにより、計画された研究に対して理論的論拠が与えられることになる。そしてそれは、計画された研究の重要性を正当化する理由によって補完されるべきである。

研究問題に関しては、関心のあるスポーツ、そのスポーツで取り上げる側面、使われる変数、そして研究の範囲といった観点から何を研究するかを明確に書くべきである。研究の範囲は、研究で扱う年齢グループと競技レベルを限定する。例えば、サッカーの戦術に関する1つの研究はFIFA（国際サッカー連盟）の2014年のワールドカップに対象が限定されるかもしれない。変数は、関心のある独立変数と従属変数が全て含まれている。例えばサッカーにおいて、試合で遂行されるいくつかのスキルについて、それらの頻度とゴール転換率はポジションによって異なるという仮説を立てるかもしれない。この場合、ポジションは独立変数であり、頻度とゴール転換率の変数は従属変数である。量的なスポーツパフォーマンス分析の研究では、データを収集する前に、または方法を考え出す前にさえも、結果のフォーマットを決定することができる。これらの予想される結果は研究の目的と関連している。どんな値が図や表の中に示されるのかを知ることはできないが、もし研究の問題を理解していれば、少なくとも自分たちがどんな図や表を作り出すことになるかを知ることができる。

何が研究されるかが定まったら、次にプロポーザルでは研究をどのように行うかを書く必要がある。これは方法のところで扱われる。リサーチプロポーザルでの方法と、完遂した研究が記載されている論文での方法の間には、2つの主要な違いがある。第1の違いは、リサーチプロポーザルでは未来の時制で書かれるということである。第2の違いは、研究で使われたパフォーマンス分析システムの完全な詳細はリサーチプロポーザルでは必ずしも必要ないということである。レベル6の研究プロジェクトは、その一部にシステムを開発することと、それを主要な研究で用いる前に信頼性をテストすることが含まれるであろう。データを分析する際に、どのような統計的検定法を用いるつもりかを述べておくべきである。普通、スポーツパフォーマンス分析の卒業論文ではノンパラメトリックな検定法を使用する。したがって、もし研究の目的、すなわち独立変数と従属変数が理解できれば、研究問題に答えるために使うことになる統計的検定法を記載できる。例えば、もしいくつかの数的な従属変数について2つの異なる競技レベルのパフォーマンスを比較しようとするなら、マン・ホイットニーのU検定を使うべきであることが分かる。

卒業論文プロポーザルの付録には、研究スケジュールと研究倫理承認書が含まれているべきである。研究スケジュールでは関与する様々な活動が示され、その中にはシステムの開発、データの収集、背景となる文献の検討と章立てが含まれる。時間を費やす活動は何でも含まれるべきである。この際、プロジェクトが予定通りに完了するか否かを左右するクリティカルパス*2を特定できるかもしれない。活動の中には、他の活動と並行して行うことができるものがあり、その一方で、他の活動の後で順番に行うものもある。例えば、データの分析が終わるまでは結果を考察することはできないし、データが収集されるまではそれを分析することはできない。

多くのスポーツパフォーマンス分析の卒業論文は、倫理的な問題を持っておらず、規約に基づき許可が可能となる公有のデータが用いられている。このことは、許可された公有のビデオ映像についての分析に限定されるプロジェクトの種類がありうることを意味している。また、結果として、もし規約に基づいてプロジェクトを実施することが示されれば、リサーチプロポーザルは承認されることになる。学生自身によるビデオ撮影を含むプロジェクトや倫理的な懸念のある内容を含むプロジェクトでは、倫理委員会がその研究について十分に許可が出せるレベルで適切に書かれた倫理申請書を添付する必要がある。

❷ 卒業論文

卒業論文自体は、それが完成されるとレベル6の研究プロジェクトのレポートになる。これは研究論文よりもずっと規模の大きなものであり、緒言と文献レビューが別々の章立てになっている。文献のレビューは、刊行された研究論文で求められるものに比べ、より徹底的に関連文献を網羅したものである。それは普通、研究のテーマに関する幅広い分野から、当該の研究に非常に関連がある特定の研究出版物に絞り込まれていく。ほとんどのスポーツパフォーマンス分析の研究は実証的な研究であるので、残りの章立ては研究論文と同じである。ただ、結論の章は通常、卒業論文の方が長く、そこでは主要な結論、実際面への提言、今後の研究の方向性が含まれている。研究プロジェクトには確かに相当量の仕事が含まれるが、研究プロジェクトを自分自身で企

＊2 **クリティカルパス**：プロジェクトの全工程を最短時間で完了するために重要となる作業経路。

画・実行し、そして、スポーツパフォーマンスについてそれまで知られていなかった知見を生み出すことは非常に大きな満足感が得られることになる。

❸学会大会での抄録

学生の研究プロジェクトは、学術誌での公表あるいは学会大会での発表につながることもある。これについてまず言っておかなければならないことは、学生は自分の研究スケジュールに集中すべきであり、全てのモジュールで合格点を得るために努力すべきであるということである。卒業論文の研究を学会発表としてあるいは学術誌に採択させようと気をそらせることは、学生の研究スケジュールの重要な局面で時間を浪費させることになる。しかし非常に優れた学生の中には、学士の学位取得に影響を与えることなく、追加の努力をして自分の研究を学術誌に公表できる者もいる。卒業論文が提出されたら、指導教員は卒業論文から1ページの学会大会抄録を抜粋することや学術誌の論文の規模に合うように卒業論文を短くすることができる。これは卒業論文が提出された後に行われるべきであり、卒業論文の提出に先立って学生の自立した研究へ教員が過剰に手を加えることで学生に利益を与えるべきではない。通常、学生は研究を実際に行った人である筆頭著者として記載され、併せて、指導教員もその貢献から第二著者として記載される。学会大会抄録は研究全体の概要であり、研究の目的は何かと、何が行われて何が見いだされたかが記載される。それは背景、方法、結果、結論についての非常に簡潔な情報を含んでいる（Gustavii, 2008: 59)。しかし、特定の学会大会に抄録を提出するためには、著者は常にその学会大会の要項に従わなくてはならない。方法のパラグラフでは、方法の詳細を書くのではなく、何が行われたかについて概略的に書くことが必要である。これはコンピュータ化された試合分析システムが使われたことと、異なる大会から標本にした試合の数を簡潔に書くだけかもしれない。スポーツパフォーマンス分析の学会大会抄録では、しばしば主要な結果を要約した表を末尾で効果的に使っている。スポーツパフォーマンス分析の学会大会抄録の例はInternational Journal of Performance Analysis of Sportの付録（12巻3号643-839頁）で見つけることができる。これらは2012年7月にWorcesterで開かれたWorld Congress of Performance Analysis of Sportでの抄録である。

❹学会大会でのポスター

学会大会のための抄録は口頭発表か、またはポスター発表で採択されるだろう。両方とも等しく価値があると考えられるが、口頭発表には、発表のすぐ前日まで著者がスライドを準備でき、発表の中身をUSBメモリに入れて学会大会の会場まで持って行けば良いだけであるという利点がある。ポスター発表では学会大会の会場へ出かける前にそれを印刷して、会場の行き帰り時に自分の他の荷物とともに持っていく必要がある。ポスターの印刷は高額になることがあり、特に研究チームによって複数のポスターが使われる場合はそうである。それゆえに、著者は印刷をする前にポスターの電子データを完全にチェックすべきである。ポスターは論文ではなく、概要である（Matthews and Matthews, 2008: 99)。良いポスターとは、抄録よりも少し多くの文章を含むが、視覚的インパクトのある重要な図表が含まれているものである。スポーツパフォーマンス分析の国際学会大会では、ポスター発表においても研究を口頭で発表するために2～3分の時間が与えられ、併せて2～3個の質問を受けるために若干の時間が与えられる。このような時は、ポスターで発表することを全て口頭で発表しなくても良い。ポスターはまた、参加者たちが学会大会のセッション間の休憩中に読むことができるよう、それだけで理解できるものでなければならない。

5. 学術著作物に関する一般的なガイダンス

❶言葉遣い、文法、綴り、句読点

研究レポートを書く際には、「なぜ書いているのか」「誰が読み手なのか」を考慮しなくてはならない（Creme and Lea, 2008: 5）。学生は与えられた演習を非常に良く実行したかもしれないが、同時にそれをうまく報告しなくてはならない。自分が行ったこと、見いだしたこと、そして学術的背景を理解していることについて、メッセージを伝える必要がある。レポートは完了した研究について書かれるものであるので、方法と結果は過去形で書かれるべきである。先行研究を引用する場合も、何が行われて何が見いだされたかを説明するために過去の時制を使うべきである。研究レポートでは、「私」や「私たち」という言葉を使うことを避けなくてはならない。「私は90分間のサッカーの試合を観察した」と書くのではなく、「90分間のサッカーの試合が観察された」と書くべきである。しかし、例えば作業経験に関する省察的なレポートでは、「私」や「私たち」を使うことはできる。

先行研究を引用する際には、その研究で見いだされたことに集中する必要があり、方法の欠陥に関しては批判的であるべきである。研究の真のエビデンスは、緒言や考察のところで書かれている推論的なコメントではなくて、その研究で見いだされたことである。「研究者は信じる」「研究者の考え」「研究者は提案した」というような文言は避けるべきである。量的な研究では、結論はデータによって支持されているので、「この研究は見いだした」「この研究は明らかにした」「この研究は示した」と言う方が良い。関連文献のレビューでは、先行研究の強みと限界をバランス良く評価すべきである。

学生は性差別的な用語の使用を避けて、性的に中立の言葉を用いるべきである（Walliman, 2004: 151）。すなわち、スポーツパフォーマンス分析では、カメラマンよりもカメラオペレーターという言葉を使うべきである。発表についての成績点を落とさないようにするために、レポートでは正しい文法、綴り、句読点が使われる必要がある。論文は、項目を適宜使って明確な構成にする必要がある。情報は、分かりやすい順序で、また明快で簡潔な文章で書かれた読みやすいパラグラフで示される必要がある（Cooter, 2009）。

❷数的な結果

スポーツパフォーマンス分析において数的な結果を示す際には、しばしばパーセンテージだけでなく度数も示す必要があり、特に少ない度数からパーセンテージが求められている場合にはそうである。例えば75%は確かに60%よりも大きいが、しかし、もしこの75%がピッチの特定のエリアで成功したタックルが4回のうち3回だったことを表していてピッチの別のエリアにおける20回のうちの12回の成功と比較されるなら、この場合には結果の中には度数も含めた方が良い（3/4＝75%と12/20＝60%というように）。スポーツパフォーマンス分析の学生がよく起こす誤りはSI単位の表記の誤りである。すなわち、'seconds'の代わりに's'が、また'meters'の代わりに'm'が使われるべきである。

有意さの水準を示す時には、「p<0.000」と記載すべきではない。ここでpは、ある事柄が真実として認められる確率を表すものであり、0より低くなることはない。統計学のパッケージソフトは有意さを小数点以下3位まで0.000のように表示するかもしれない。この場合、「p=0.000」は小数点以下3位までは正しいけれども、著者はpの値が実際には0ではないという点を強調するために$p < 0.001$と報告するようにしている。

❸図

図10.1は、800m走の戦略について、800mと1500mの両方に出場したアスリートと800mのみに出場したアスリートを比較するために使われた折れ線グラフの例である。このグラフは予選と決勝における2つのタイプのペース戦略を比較するために使用できる。折れ線グラフは、水平軸上の変数と（垂直軸上の）従属変数がともに連続尺度で測定されている場合に適している。注意すべき点は、この図10.1の水平軸上の変数が独立変数ではないということである。この研究の独立変数はアスリートのタイプ（800mと1500mの両方に出場したアスリートと800mだ

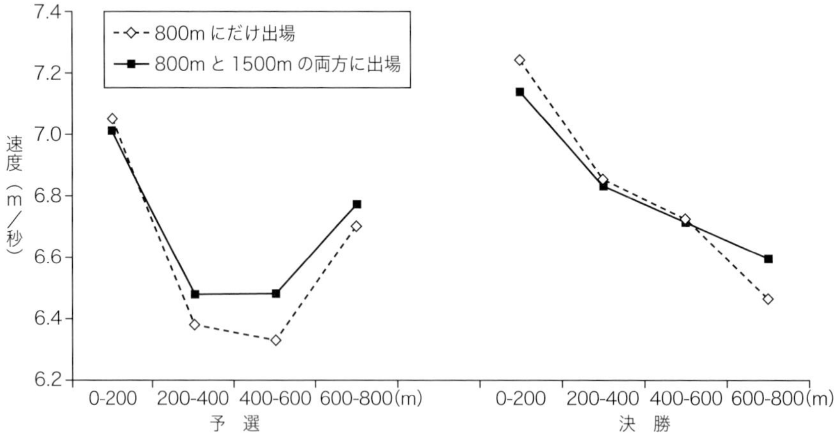

800mと1500mの両方に出場したアスリート（n＝3）と800mだけに出場したアスリート（n＝5）の比較（Brown, 2005からのデータ）

図10.1　2004年オリンピックにおける女子800m走の予選と決勝のランニングスピード

けに出場したアスリート）である。水平軸はレースの距離を分割して200mごとに集約している。ある200m区間に直接次の200m区間が続くので、これを折れ線グラフでも示すことができる。折れ線グラフを作る際にはできるだけ明確に見やすくする必要があり、あまりにも多くの線でグラフが錯綜しないようにしなければならない。図10.1の場合、予選のグラフは図を単純にするため2つのアスリートのタイプの結果が一緒に示されており、決勝のグラフとは別の場所で示されている。もし予選と決勝のデータが一緒にされたなら4本の線が互いに重なり合うことになるので、そのことを避けている。速度の平均値のばらつきを示すためにエラーバーを使用できる。速度を示すために使われている垂直軸は、差異が誇張されない適切な範囲の値が用いられている。秒速6.2mと秒速7.4mという速度は、400mのラップタイムの54.1秒と64.5秒にそれぞれ相当している。これは標準的な速度で800mを走る時に予想される一般的なペースの範囲である。もし垂直軸が秒速0mから秒速7.4mまでの全ての値を使っていたなら、グラフは女子マラソンで見られるような秒速5m未満の速度を表すエリアに大きな空白が生じてレースが一定のペースで展開しているかのように見られ、誤解を招くことになるだろう。なお、図のタイトルは図の下に記載されるべきである。

棒グラフは、水平軸上の変数が集団や観察条件のようなカテゴリー変数の場合に用いられる。図10.2は、テニスのグランドスラムトーナメントのシングルスにおけるラリーの長さを2つの

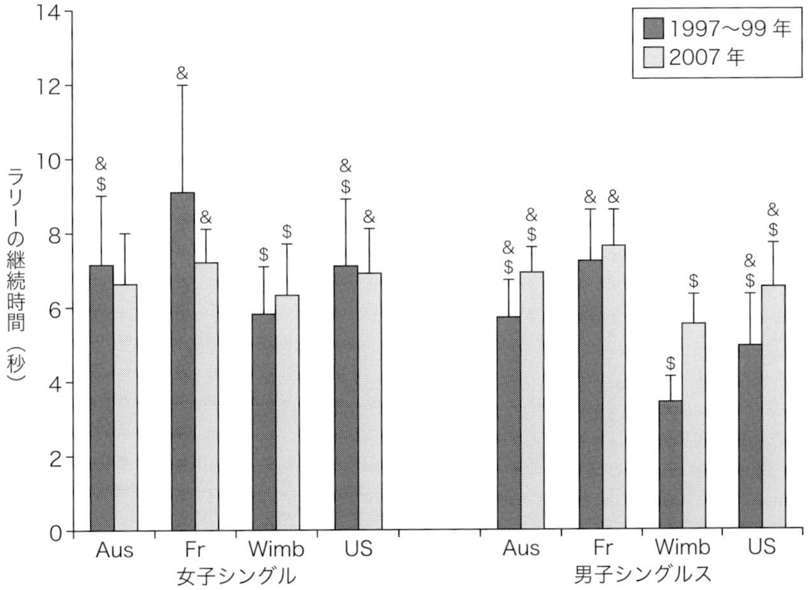

Aus：全豪オープン、Fr：全仏オープン、Wimb：ウインブルドン大会、US：全米オープン
&：マン・ホイットニーU検定によりウインブルドン大会に比べ有意差があることを示す（P＜0.017）
$：マン・ホイットニーU検定により全仏オープンに比べ有意差があることを示す（P＜0.017）
（OverとO'Donoghue, 2008からのデータ）

図10.2　1997～99年と2007年におけるテニスのグランドスラムトーナメントでのラリーの長さの平均値

異なる年代で比較する棒グラフの例を示している。1997～99年の期間はコートのサーフェスの等級評価とタイプ1・タイプ3のボールが新たに導入される前であり、このような変更がこの後2007年に行われた。棒グラフの中で‘&’と‘$’の記号の使用は、2つの各年代の女子・男子それぞれにおけるトーナメント間の有意差を示している。このような検定結果の追加によってグラフで表示される記述統計の結果を増強することは、パラグラフの中の多くの文章を節約することになる。連続的な数的尺度上にあるトーナメントが対象ではなく4つの異なるトーナメントが対象であるために、ここでは折れ線グラフは適切ではないだろう。研究の中の数的変数として、コートの反発係数や摩擦係数が使われる場合がある。しかし、ここではそのようなことは行われていないので、折れ線グラフではなく棒グラフが用いられるべきである。グラフの中の棒は平均値を表しており、エラーバーは標準偏差を表している。この表には2つの平均値が含まれている。従属変数は試合におけるラリーの長さの平均値であるが、図10.2の棒は、これらの平均値の平均を特定の試合の標本で算出した値を表している。2つの年代に対応している2つの種類の棒があるので、これはクラスター棒グラフである。棒グラフを作る時に学生がよく起こす過ちは、全ての棒が同じ色であるのに凡例を載せてしまうことである。例えば、もし図10.2の例が単に2007年だけの女子シングルスの4つの棒を示すのであれば、トーナメント大会の名前が水平軸上に表示されるので、凡例を載せる必要はない。

図10.3は、テニスのグランドスラムトーナメントにおけるポイントの種類の分布を示す積み上げ棒グラフの例である。積み上げ棒グラフは棒をそれぞれ上に積み重ね、値の合計と個々の値が同時に分かるようになっている。図10.3では、各種類のポイントのパーセンテージが加算され、合計が100%になっている。他に、積み上げ棒グラフで表される合計値が異なる値になるという場合もある。このような積み上げ棒グラフは8つの別々の円グラフを用いるよりも、簡潔な体裁になる。合計が異なる場合、別々の円グラフでは実際にこれらの違いが隠れてしまうだろう。円

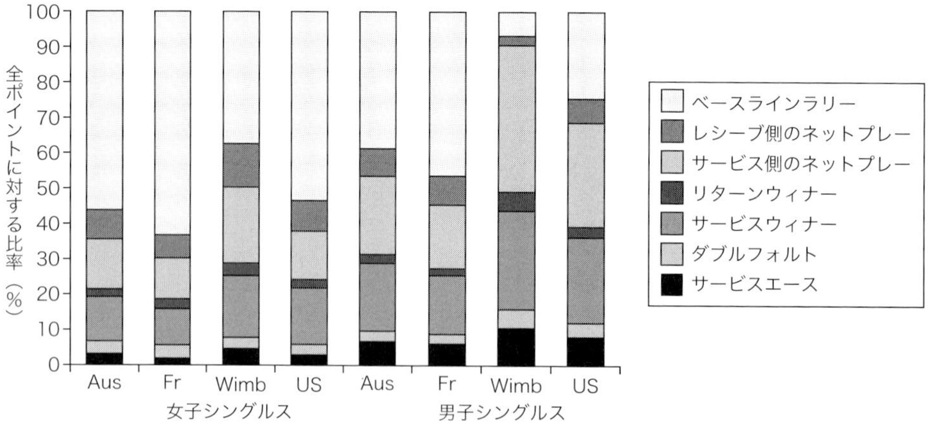

Aus：全豪オープン、Fr：全仏オープン、Wimb：ウインブルドン大会、US：全米オープン
（O'DonoghueとIngram，2001からのデータ）

図10.3　テニスのグランドスラムトーナメントにおけるポイントの種類の分布

グラフはスポーツパフォーマンス分析の結果を示す際に果たすべき役割があり、特に1つの円グラフでいくつかの名義変数の分布を示す場合は適している。しかし、1つの表またはグラフで結果をより簡潔に表示できる場合には、複数の円グラフを用いるべきでない。

❹表

表はグラフに比べ利点と欠点がある。表を用いる主な利点は、表では標準偏差と平均値、または中央値と四分位範囲のような記述統計について実際の値を示すことができるということである。値をグラフに記載することは可能であるが、棒グラフでたくさんの小さな棒がある場合には（例えば図10.3)、値をその中に記載することは難しくなる。さらに、もう1つの利点としては、異なる範囲の値で測定される変数を一緒に表示するのに向いているということである。もしサッカープレーヤーが移動した距離（1万mのオーダーでの値）と秒速7m以上の速度での移動に費やした時間のパーセンテージ（通常3%未満）のような変数を同じ棒グラフで表すとすると、秒速7m以上の速度で費やされた時間のパーセンテージの棒は非常に小さくなってしまうだろう。

一方、表の欠点は、良く表現された図に比べて視覚的なインパクトに欠けるということである。表10.2は、テニスにおける3つのパフォーマンス変数について相手プレーヤーのレベルの効果を示す表の例である。ファーストサービス時のポイント取得率（%）とセカンドサービス時のポイント取得率（%）のパーセンテージが結果の指標であり、ネットプレー率（%）が戦術の指標である。プレーヤーのレベルは、世界ランキングに基づき3つのクラスに分けて検討される。この表は、9つの異なる種類のパフォーマンスについての記述統計（平均±標準偏差）だけでなく、相手プレーヤーのレベルの主効果についての統計的検定の結果（クラスカル・ウォリスのH検定）と二群間の有意差（マン・ホイットニーのU検定）を記号で示している。なお、図と異なり、表のタイトルは表の上に記載する。

各変数に対して行（または列）内で小数点以下の桁数を揃えるべきである。例えば、表10.2では、「72、64、9、7」という数字の代わりに、「72.0、64.0、9.0、7.0」という数字が使われ

表10.2　テニスのグランドスラムトーナメントのシングルス試合における女子テニスプレーヤーのパフォーマンス

（平均±SD）

プレーヤーの世界ランキング	パフォーマンス指標	対戦相手の世界ランキング			クラスカル・ウォリスのH検定	
		1～20位 (n=42)	21～75位 (n=57)	76位以下 (n=52)		見出し
1～20位	ファーストサービス成功時のポイント取得率(%)	59.8±10.8 &^	71.8± 9.7	72.0±10.3	p<0.001	
	セカンドサービス時のポイント取得率（%）	47.8±11.7	50.3± 11.5	51.8±11.1	p=0.130	
	ネットプレー率（%）	11.5±6.2	12.3± 6.4	12.4±6.8	p=0.393	
21～75位	ファーストサービス成功時のポイント取得率(%)	54.9±11.2 &^	61.9± 12.2	64.0±9.0	p<0.001	
	セカンドサービス時のポイント取得率（%）	41.7±11.9 ^	44.5± 12.4	49.9±12.9	p=0.019	本体
	ネットプレー率（%）	9.2±5.7	7.0± 6.2	7.0±5.7	p=0.090	
76位以下	ファーストサービス成功時のポイント取得率(%)	57.0±10.0 ^	57.1± 12.2 ^	63.6±9.3	p=0.004	
	セカンドサービス時のポイント取得率（%）	37.1±9.8 ^	41.5± 11.6	46.4±11.7	p<0.001	
	ネットプレー率（%）	9.4±5.3 ^	7.9± 7.6 ^	5.0±6.5	p<0.001	

&：マン・ホイットニーのU検定による世界ランキング21～75位の対戦相手に対する有意差（p<0.017）
∧：マン・ホイットニーのU検定による世界ランキング76位以下の対戦相手に対する有意差（p<0.017）

ている。

表10.2に示されているように、表にはタイトル、見出し、本体がある。表10.2のような表を作る時、変数を行に置くか列に置くかについて選択ができる。この表の例では、行に変数を置いている。相手プレーヤーの集団が列で示されており、分析対象のプレーヤーの集団のために数行の区画がそれぞれ使われている。異なる標本（集団または条件）に対して複数の変数に関する記述統計の結果を表で示す際に、変数を行に標本を列に使うことができ、その逆もまた可能である。著者は両方の方法で表を作ったことがあるが、どちらを使うかの決定はいつも列の数をページの幅に合わせられるか否かを基準にしている。他に、行と列の両方に変数を持つ表がある。例えば、第9章の表9.3（a）、表9.3（b）、表9.5～表9.9がそれに当たり、観察結果の間の一致度を示すために、名義変数の値をそれ自身とクロス集計した表である。また、レビュー論文（MacKenzie and Cushion, 2013）や結果にメタ分析が適用される研究（Cobley et al., 2009）では、非常に大きな表が文献を要約するために使われる場合がある。これらは標本の数、使われている変数、知見の有意性や効果量の観点から有益な文献の要約を提供するので、表が大きくなることは正当化される。しかし、このような場合以外で、あまりにも大きすぎる表は避けるべきである(Matthews and Matthews, 2008: 61)。

❺文献の引用

学生は「考察」ではもちろん「緒言」においても論文を補完する文献を引用しなくてはならない。その際、各大学で推奨される文献引用の記載方法を使うべきであり、これを首尾一貫して正しく使わなくてはならない。文献を引用する際には、査読システムがある研究誌に掲載された原著論文を引用するべきである。また、著書についても、それが特に分析対象にしたパフォーマンスの領域を正当化するために使われる場合には、引用することが重要となる。さらに本の章についても、とりわけその本が学会大会のプロシーディングスを出版したもので各章が学会大会で発表された研究を完全な形でレポートしているなら、引用することができる。Routledgeによって出版されたScience and Racket SportsとScience and Footballのシリーズはこのような学会大会のプロシーディングスの例である。レポートで使われた全ての引用文献は、レポートの最後に記載される文献リストに含められなければならない。同様に、文献リストにある各文献はレポートの文章の中で一度は使われていなければならない。文献リストは、著者の姓のアルファベット順に並べられるべきである。同じ著者による2つ以上の文献が引用されている場合は、最初に著者の単著の文献が年号順に並べられ、その後にその著者が最初に名前がある共著論文が並べられる。その際には、共著者が1人の論文が先に来て、その後に共著者が2人以上の論文が次に来るように並べられる。

❻計画、執筆、見直し、再執筆

ワードプロセッサはレポートの効率的な編集を可能にし、執筆の方法を変えた（Creme and Lea, 2008: 10)。学生はレポート全体をどのようにまとめていくかが把握できれば、ワードプロセッサでレポートの骨格案を作り、それに各節の文章を加えていくことが可能となっている。レポートの内容についてブレインストーミングの間に頭に浮かぶアイデアを作成中の文書の一部にすることができる（Creme and Lea, 2008: 19-21）。そして、これらの文章の断片を順番に配置して、議論の輪郭を描くようにそれぞれを結びつけることができる。完成に向けてレポートができてくると、各節を読んで、読み手へメッセージをより効果的に伝えるために必要となる修正を加えなくてはならない。文章のコピー＆ペーストは、レポートの完成に向けた漸進的な過程で助けになることである。しかし、著作権のある出版資料の一部をそのまま自分のレポートにペーストしてはいけない。それは盗用になる。ペーストした文章を書き換えて出典を明示するつもりだったのかもしれないが、もし自分が書いたことと、出版された資料からペーストしたことを忘れてしまいそのままになっていたら、それは盗用に関与したことになる。このことはTurnitinのようなシステムによって見抜かれ、罰を受けることになる。

付録　Sportscodeの画面表示例

SportscodeはAppleのMacintoshコンピュータ上で動作するソフトウェアであり、分析対象のスポーツ、また分析の目的に合わせて設計することができる。図1はSportscodeの画面の例を示す。Sportscodeの大きな特徴は、ビデオの時間軸とイベントの関係を表現するために「タイムライン」（図2）を使うところである。

分析を始めるには、まずイベントを入力するための「コードウィンドウ」(図3)を作成する。コードウィンドウ内には、「コードボタン（イベントボタン）」と「ラベルボタン」の2種類のボタンがある。コードボタンは、タイムライン上に時間の幅を持つイベントの目印「インスタンス」を記録するために使用される。イベントの時間はあらかじめ「リードタイム」と「ラグタイム」で設定しておくことも、手動で自由に決めることも可能である。ラベルボタンは、インスタンスに詳細情報を付加するために使用される。

図2の例では、「プレーヤーA ファーストサービス」などがコードボタンで入力されたもので

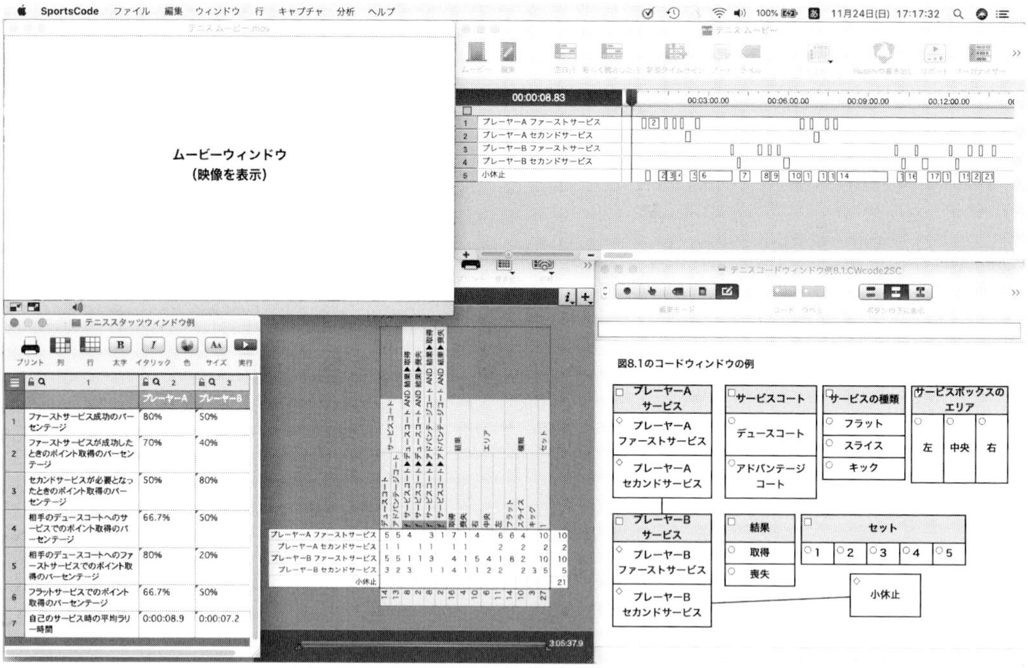

図1　Sportscodeの画面の例（第8章 図8.1 テニスのサービスの例を基に作成）
画面左上に表示される映像を見ながら、コードウィンドウ内のボタンを使ってタグ付けを行う。

あり、サービスの瞬間からポイントの取得までの時間幅のインスタンスが記録されている。サービスコート、サービスの種類、サービスボックスのエリア、結果などはラベルとしてこのインスタンスに追加されている。

これらのイベントやラベルの入力を効率化するための機能として、あるボタンがオンになると他のボタンが自動的にオフになる「エクスクルーシブリンク」や、あるボタンが他のボタンのトリガーとして働く「アクティベーションリンク」などが備わっている（図3）。

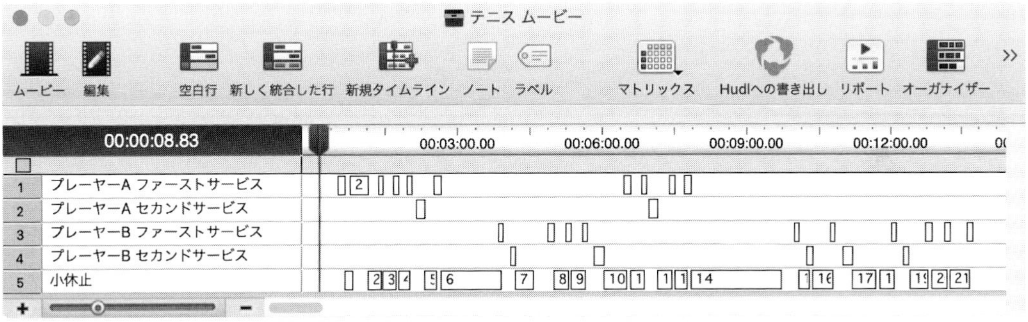

図2　Sportscodeのタイムラインウィンドウの例（第8章 図8.1 テニスのサービスの例を基に作成）
それぞれの行にある四角い印で示されているものが各イベントの「インスタンス」である。

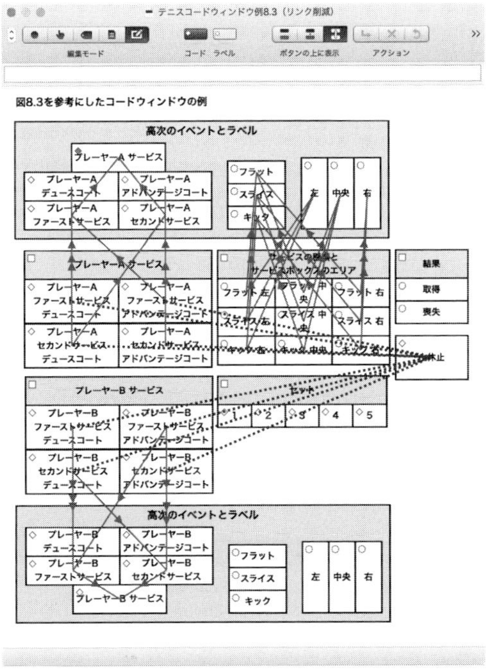

図3　Sportscodeのコードウィンドウの例（第8章の図8.3 テニスのサービスの例を基に作成）
「エクスクルーシブリンク」（点線）、「アクティベーションリンク」（矢印付き実線）を、分かりやすいようボタンの上に表示している。

一度タイムライン上にイベントがインスタンスとして入力されれば、そこから分析を行うことができる。イベントの名前を行に、ラベルの名前を列に表示する表形式の「マトリックス」（図4）によって、それぞれの条件に該当する数値を表示し、そこから直接ビデオを再生することもできる。さらにラベルを「AND」や「OR」といった条件で組み合わせて、数値を絞り込むこともできる。

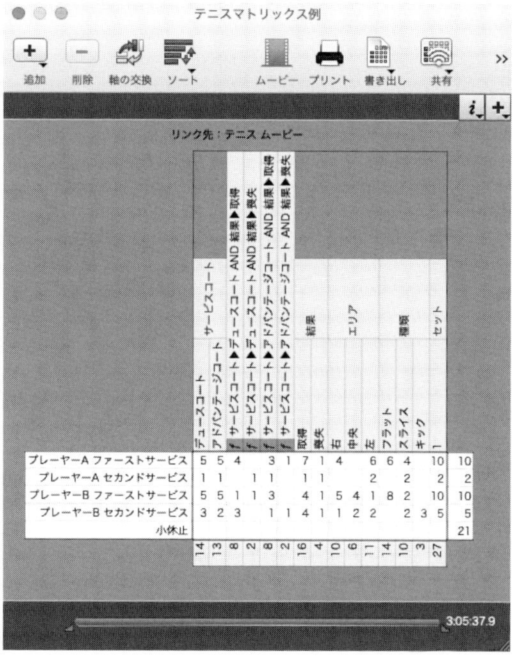

図4　Sportscodeのマトリックスの例（第8章の図8.1 テニスのサービスの例を基に作成）
2つ以上のラベルをANDなどで組み合わせ、数値を絞り込むことができる。

比率や平均値、継続時間などの計算値を出力したい場合は、「スタッツウィンドウ」（図5）を使用する。セル内に計算式「スクリプト」を入力することによって、タイムライン内のイベントやラベルの数から計算された数値が表示される。

この他にも、ミーティングでのプレゼンテーションやモチベーションアップに使用するためのビデオを編集する機能「ムービーオーガナイザー」などが備わっている。

	1	2	3
		プレーヤーA	プレーヤーB
1	ファーストサービス成功のパーセンテージ	80%	50%
2	ファーストサービスが成功したときのポイント取得のパーセンテージ	70%	40%
3	セカンドサービスが必要となったときのポイント取得のパーセンテージ	50%	80%
4	相手のデュースコートへのサービスでのポイント取得のパーセンテージ	66.7%	50%
5	相手のデュースコートへのファーストサービスでのポイント取得のパーセンテージ	80%	20%
6	フラットサービスでのポイント取得のパーセンテージ	66.7%	50%
7	自己のサービス時の平均ラリー時間	0:00:08.9	0:00:07.2

図5　Sportscodeのスタッツウィンドウの例（第6章の練習問題を基に作成）
マトリックスでは出力できない比率や平均値、継続時間などを計算して表示することができる。

文　献

- Altman, D.G. (1991) *Practical Statistics for Medical Research*, London: Chapman & Hall.
- Attrill, M.J., Gresty, K.A., Hill, R., Barton, R.A. (2008) 'Red shirt colour is associated with long-term team success in English football', *Journal of Sports Sciences*, 26: 577-82.
- Bangsbo, J., Nørregaard, L. and Thorsøe, F. (1991) 'Activity profile of professional soccer', *Canadian Journal of Sports Sciences*, 16: 110-6.
- Bartlett, R.M. (1999) *Sports Biomechanics: reducing injury and improving performance*, London: Routledge.
- Bartlett, R.M. (2002) 'Performance analysis: can bringing together biomechanics and notational analysis benefit coaches?', *International Journal of Performance Analysis in Sport*, 1: 122-6.
- Bloomfield, J., Polman, R. and O'Donoghue, P.G. (2004) 'The Bloomfield Movement Classification: movement analysis of individual players in dynamic movement sports', *International Journal of Performance Analysis of Sport*, 4(2): 20-31.
- Bloomfield, J., Polman, R. and O'Donoghue, P.G. (2007). 'Physical demands of different positions in FA Premier League Soccer', *Journal of Sports Science and Medicine*, 6: 63-70.
- Bracewell, P.J., Meyer, D. and Ganesh, S. (2003) 'Creating and monitoring meaningful individual rugby ratings', *Research Letters in the Information and Mathematical Sciences*, 4: 19-22.
- Brown, E. (2005) 'Running strategy of female middle distance runners attempting the 800m and 1500m "Double" at a major championship: a performance analysis and qualitative investigation', *International Journal of Performance Analysis of Sport*, 5(3): 73-88.
- Brown, E. and O'Donoghue, P.G. (2006) Analysis of performance in running events (pp. 361-72), Cardiff: CPA Press, UWIC.
- Brown, E. and O'Donoghue, P.G. (2008) 'A split screen system to analyse coach behaviour: a case report of coaching practice', *International Journal of Computer Science in Sport*, 7(1): 4-17.
- Bruggemann, G-P. and Glad, B. (1990) 'Time analysis of sprint events'. In G-P. Bruggemann and B. Glad (eds), *Scientific Research into the Games of the XXIVth Olympiad Seoul 1988, Final Report* (pp. 91-131), Monaco: IAF/IAAF.
- Bruggemann, G-P., Koszewski, D. and Muller, H. (1999) *Biomechanical Research Project: Athens 1997 - Final Report*, International Athletic Federation, Oxford, UK: Meyer and Meyer Sport.
- Campos, J. (2013) 'Field athletics'. In T. McGarry, P.G. O'Donoghue and J. Sampaio (eds), *Routledge Handbook of Sports Performance Analysis* (pp. 464-74), London: Routledge.
- Carling, C. and Bloomfield, J. (2013) 'Time-motion analysis'. In T. McGarry, P.G. O'Donoghue and J. Sampaio (eds), *Routledge Handbook of Sports Performance Analysis* (pp. 283-96), London: Routledge.
- Carling, C., Bloomfield, J., Nelson, L. and Reilly, T. (2008) 'The role of motion analysis in elite soccer: contemporary performance measurement techniques and work rate data', *Sports Medicine*, 38: 839-62.
- Choi, H., O'Donoghue, P.G. and Hughes, M. (2006a) 'A study of team performance indicators by separated time scale using a real-time analysis technique within English national basketball league'. In H. Dancs, M. Hughes and P.G. O'Donoghue (eds), *Performance Analysis of Sport* 7 (pp. 138-41), Cardiff: CPA Press, UWIC.
- Choi, H., Reed, D., O'Donoghue, P.G. and Hughes, M. (2006b) 'The valid numbers of performance indicators for real-time analysis using prediction models within men's singles in 2005 Wimbledon Tennis Championship'. In H. Dancs, M. Hughes and P.G. O'Donoghue (eds), *Performance Analysis of Sport* 7 (pp. 220-6), Cardiff: CPA Press, UWIC.
- Claudio, R. and Dimas, P. (1995) 'Pen based computing: breakthrough in match observation and analysis', ThirdWorld Congress of Science and Football, Cardiff, UK, 9-13 April.
- Coalter, A., Ingram, B., McCrorry, P., O'Donoghue, P.G. and Scott, M. (1998) 'A comparison of alternative operation schemes for the computerised scoring system for amateur boxing', *Journal of Sports Sciences*, 16: 16-7.
- Cobley, S., Baker, J., Wattie, N. and McKenna, J. (2009) 'Annual age-grouping and athlete development: a meta-analytical review of relative age effects in sport', *Sports Medicine*, 39(3): 235-56.
- Cohen, J. (1960) 'A coefficient of agreement for nominal scales', *Educational and Psychological Measurement*, 20: 37-46.
- Cohen, L., Manion, L. and Morrison, K. (2011) *Research Methods in Education*, 7th edn, London: Routledge.
- Coleclough, J. (2013), 'Soccer coaches' and referees' perceptions of tackle incidents with respect to the laws of the game', *International Journal of Performance Analysis in Sport*, 13: 553-66.
- Cooter, M. (2009) Style: what is it and why does it matter. In G.M. Hall (ed.), *How to Write a Scientific Paper*, 4th edn (pp. 117-22), Oxford: Wiley-Blackwell.

- Cort, M. (2006) 'Voice activated data entry and performance analysis: going back to the future'. In H. Dancs, M. Hughes and P.G. O'Donoghue (eds), *Performance Analysis of Sport 7* (pp. 87-8), Cardiff, UK: UWIC CPA Press.
- Coutts, A.J. and Duffield, R. (2010) 'Validity and reliability of GPS devices for measuring movement demands of team sports', *Journal of Science and Medicine in Sport*, 13: 133-5.
- Creme, P. and Lea, M.R. (2008) *Writing at University: A guide for Students*, 3rd edn, Maidenhead, UK: Open University Press/McGraw-Hill.
- Csataljay, G., O'Donoghue, P.G., Hughes, M.D. and Danes, H. (2009) 'Performance indicators that distinguish winning and losing teams in basketball', *International Journal of Performance Analysis of Sport*, 9: 60-6
- Curran, P., O'Donoghue, P.G., Jackson, K., Hull, M.E.C. and Griffiths, L. (1994) 'BORIS-R specification of the requirements of a large scale software intensive system', Workshop on Requirements Elicitation for Software-based Systems, Keele, 12-14 July.
- Di Felice, U. and Marcora, S. (2013) 'Errors in judging Olympic boxing performance: false negative or false positive'. In D. Peters and P.G. O'Donoghue (eds), *Performance Analysis of Sport IX* (pp. 190-5), London: Routledge.
- Di Salvo, V., Gregson, W., Atkinson, G., Tordoff, P. and Drust, B. (2009) 'Analysis of high intensity activity in Premier League soccer', *International Journal of Sports Medicine*, 30: 205-12.
- Donnelly, C. and O'Donoghue, P.G. (2008) 'Behaviour of netball coaches of different levels', paper presented at the World Congress of Performance Analysis of Sport 8, Magdeburg, 3-6 September 2008.
- D'Ottavio, S. and Castagna, C. (2001) 'Physiological load imposed on elite soccer referees during actual match play', *Journal of Sports Medicine and Physical Fitness*, 41: 27-32.
- Dowrick, P.W. (1991) *Practical Guide to Using Video in the Behavioural Sciences*, New York: John Wiley and Sons.
- Dowrick, P.W. and Raeburn, J.M. (1977) 'Video editing and medication to produce a therapeutic self-model', *Journal of Consulting in Clinical Psychology*, 45: 1156-8.
- Dufour, W. (1991) 'Computer assisted scouting in soccer'. In J. Clarys, T. Reilly and A. Stibbe (eds), *Science and Football II* (pp.160-6), London: E. and F.N. Spon.
- Evans, J. (1986) *The Complete Guide to Windsurfing*, London: Bell and Hyman.
- Franks, I.M. (1997) 'Use of feedback by coaches and players'. In T. Reilly, J. Bangsbo and M. Hughes (eds). *Science and Football 3* (pp. 267-78). London: E. and F.N. Spon.
- Franks, I.M. and Goodman, D. (1984) 'A hierarchical approach to performance analysis', *SPORTS*, June.
- Franks, I.M. and Miller, G. (1986) 'Eyewitness testimony in sport', *Journal of Sport Behaviour*, 9: 39-45.
- Franks, I.M. and Miller, G. (1991) 'Training coaches to observe and remember', *Journal of Sports Sciences*, 9: 285-97.
- Franks, I.M., Goodman, D. and Miller, G. (1983) 'Human factors in sports systems: an empirical investigation of events in team games', Proceedings of the Human Factors Society -twenty-seventh annual meeting, pp. 383-6.
- Gangstead, S.K. and Beveridge S.K. (1984) 'The implementation and evaluation of a methodological approach to qualitative sportskill analysis instruction', *Journal of Teaching Physical Education*, Winter: 60-70.
- Gerisch, G. and Reichelt, M. (1993) 'Computer and video aided analysis of football games'. In T. Reilly, J. Clarys and A. Stibbe (eds), *Science and Football II* (pp. 167-74). London: E. & F.N. Spon.
- Gomez, M.A., Lagos-Pe˜nas, C. and Pollard, R. (2013) 'Situational variables'. In T. McGarry, P.G. O'Donoghue and J. Sampaio (eds), *Routledge Handbook of Sports Performance Analysis* (pp. 259-69), London: Routledge.
- Greene, D., Leyshon, W. and O'Donoghue, P.G. (2008) 'Elite male 400m hurdle tactics are influenced by race leader', paper presented at the World Congress of Performance Analysis of Sport 8, Magdeburg, 3-6 September 2008.
- Greenlees, I., Leyland, A., Thelwell, R. and Filey, W. (2008) 'Soccer penalty takers' uniform colour and pre-penalty kick gaze affect the impressions formed of them by opposing goalkeepers', *Journal of Sports Sciences*, 26: 569-76.
- Gregson, W., Drust, B., Atkinson, G. and Salvo, V.D. (2010) 'Match-to-match variability of high-speed activities in Premier League soccer', *International Journal of Sports Medicine*, 31: 237-42.
- Grehaigne, J.F., Bouthier, D. and David, B. (1997) 'A method to analyse attacking moves in soccer'. In T. Reilly, J. Bangsbo and M. Hughes (eds), *Science and Football III* (pp. 258-64), London: E. & F.N. Spon.
- Gustavii, B. (2008) *How to Write and Illustrate a Scientific Paper*, 2nd edn, Cambridge: Cambridge University Press.
- Hale, S. (2004) 'Work-rate of Welsh national league players in training matches and competitive matches'. In P.G. O'Donoghue and M. Hughes (eds), *Performance Analysis of Sport 6* (pp. 35-44), Cardiff: CPA Press, UWIC.
- Hall, G.M. (2009) 'Structure of a scientific paper'. In G.M. Hall (ed.), *How to Write a Scientific Paper*, 4th edn (pp. 1-4), Oxford: Wiley-Blackwell.
- Harries, N. and O'Donoghue, P.G. (2012) 'A temporal analysis of combinations in professional boxing', *International Journal of Performance Analysis in Sport*, 12: 707.
- Hay, J.G. and Reid, J.G. (1988) *Anatomy; Mechanics and Human Motion*, Englewood Cliffs, NJ: Prentice-Hall.
- Hayes, M. (1997) 'When is research not research? When it's notational analysis', *BASES Newsletter*, 7(7): 4-5.
- Hibbs, A. and O'Donoghue, P.G. (2013) 'Strategy and tactics in sports performance'. In T. McGarry, P.G. O'Donoghue and J. Sampaio (eds), *Routledge Handbook of Sports Performance Analysis* (248-58), London: Routledge.

• Horwill, F. (1991) *Obsession for Running: A Lifetime in Athletics*, Carnforth, UK: Colin Davis Printers.
• Huey, A., Morrow, P. and O'Donoghue, P.G. (2001) 'From time-motion analysis to specific intermittent high intensity training'. In M. Hughes and I.M. Franks (eds), *Performance Analysis, Sports Science and Computers* (pp. 29-34), Cardiff: CPA Press, UWIC.
• Hughes, M. (1998) 'The application of notational analysis to racket sports'. In A. Lees, I. Maynard, M. Hughes and T. Reilly (eds), *Science and Racket Sports 2* (pp. 211-20), London: E. and F.N. Spon.
• Hughes, M.D. (2008) 'Notational analysis for coaches'. In R.L. Jones, M. Hughes and K. Kingston (eds), *An Introduction to Sports Coaching: From Science and Theory to Practice* (pp. 101-13), London: Routledge.
• Hughes, M. and Bartlett, R. (2002) 'The use of performance indicators in performance analysis', *Journal of Sports Sciences*, 20: 739-54.
• Hughes, M. and Bartlett, R. (2004) 'The use of performance indicators in performance analysis'. In M.D. Hughes and I.M. Franks (eds), *Notational Analysis of Sport,: Systems for Better Coaching and Performance in Sport*, 2nd edn (pp. 166-88), London: Routledge.
• Hughes, M. and Bartlett, R. (2008) 'What is performance analysis?' In M. Hughes and I.M. Franks (eds), *Essentials of Performance Analysis: An Introduction* (pp. 8-20), London: Routledge.
• Hughes, M. and Clarke, S. (1995) 'Surface effect on elite tennis strategy', In T. Reilly, M. Hughes and A. Lees (eds), *Science and Racket Sports* (pp. 272- 7), London: E. and F.N. Spon.
• Hughes, M. and Franks, I.M. (1995) 'History of notational analysis of soccer', Keynote address, Third World Congress of Science and Football, Cardiff, 9- 13 April 1995.
• Hughes, M. and Franks, I.M. (2004a) 'Literature review'. In M. Hughes and I.M. Franks (eds), *Notational Analysis of Sport,: Systems for Better Coaching and Performance in Sport*, 2nd edn, (pp. 59-106), London: Routledge.
• Hughes, M. and Franks, I.M. (2004b) 'Sports analysis'. In M. Hughes and I.M. Franks (ed s), *Notational Analysis of Sport,: Systems for Better Coaching and Performance in Sport*, 2nd edn, (pp. 107-17), London: Routledge.
• Hughes, M. and Franks, I.M. (2004c) 'How to develop a notation system'. In M. Hughes and I.M. Franks (eds), *Notational Analysis of Sport,: Systems for Better Coaching and Performance in Sport*, 2nd edn, (pp. 118-40), London: Routledge.
• Hughes, M. and Franks, I.M. (2004d) 'Examples of notation systems'. In M. Hughes and I.M. Franks (eds), *Notational Analysis of Sport,: Systems for Better Coaching and Performance in Sport*, 2nd edn, (pp. 141-87), London: Routledge.
• Hughes, M. and Franks, I.M. (2005) 'Analysis of passing sequences, shots and goals in soccer', *Journal of Sports Sciences*, 23: 509-14.
• Hughes, M., Cooper, S.M. and Nevill, A. (2004) 'Analysis of notation data: reliability'. In M. Hughes and I.M. Franks (eds), *Notational Analysis of Sport,: Systems for Better Coaching and Performance in Sport*, 2nd edn, (pp.189-204), London: Routledge.
• Hughes, M.G., Rose, G. and Amaral, I. (2005) 'The influence of recovery duration on blood lactate accumulation in repeated sprint activity', *Journal of Sports Sciences*, 23: 130-1.
• Hunter, P. and O'Donoghue, P.G. (2 001) 'A match analysis of the 1999 Rugby Union World Cup. In M. Hughes and I.M. Franks (eds), *Proceedings of the World Congress of Performance Analysis, Sports Science and Computers (PASS. COM)* (pp. 85-90), Cardiff: CPA Press, UWIC.
• James, N., Jones, N.M.P. and Hollely, C. (2002) 'Reliability of selected performance analysis systems in football and rugby', Proceedings of the Fourth International Conference on Methods and Techniques in Behavioural Research. Amsterdam: The Netherlands, pp. 116-8.
• James, N. (2008) 'Performance analysis in the media'. In M. Hughes and I.M. Franks (eds), *The Essentials of Performance Analysis: An Introduction* (pp. 243-63), London: Routledge.
• Johnson, C. (1984) *Hammer Throwing*, London: British Amateur Athletic Board.
• Johns, P. and Brouner, J. (2013) 'The efficacy of judging within trampolining'. In D. Peters and P.G. O'Donoghue (eds), *Performance Analysis of Sport IX* (pp. 214-21), London: Routledge.
• Kirkbride, A. (2013a) 'Scoring/judging applications'. In T. McGarry, P.G. O'Donoghue and J. Sampaio (eds), *Routledge Handbook of Sports Performance Analysis* (pp. 140-52), London: Routledge.
• Kirkbride, A. (2013b) 'Media applications of performance analysis'. In T. McGarry, P.G. O'Donoghue and J. Sampaio (eds), *Routledge Handbook of Sports Performance Analysis* (pp. 187-90), London: Routledge.
• Knight, G. and O'Donoghue, P.G. (2012) 'The probability of winning break points in Grand Slam men's singles tennis', *European Journal of Sports Science*, 12: 462-8.
• Knudson, D.V. (2013) *Qualitative Diagnosis of Human movement*, 3rd edn, Champaign, IL: Human Kinetics.
• Knudson, D.V. and Morrison, C.S. (2002) *Qualitative Analysis of Human Movement*, 2nd edn, Champaign, IL: Human Kinetics.
• Koon Teck, K., Wang, C.K.J. and Mallett, C.J. (2012) 'Discriminating factors between successful and unsuccessful elite

youth Olympic female basketball teams', *International Journal of Performance Analysis in Sport*, 12: 119-31.
- Lacy, A.C. and Darst, P.W. (1984) 'Evolution of a systematic observation system: the ASU coaching observation instrument', *Journal of Teaching in Physical Education*, 3: 59-66.
- Lacy, A.C. and Darst, P.W. (1985) 'Systematic observation of behaviour of winning high school head football coaches', *Journal of Teaching in Physical Education*, 4: 256- 70.
- Lacy, A.C. and Darst, P.W. (1989) 'The Arizona State University Observation Instrument (ASUOI)'. In P.W. Darst, D.B. Zakrajsek and V.H. Mancini (eds), *Analysing Physical Education and Sport Instruction*, 2nd edn (pp. 369- 77), Champaign, IL: Human Kinetics.
- Lafont, D. (2007) 'Towards a new hitting model in tennis', *International Journal of Performance Analysis of Sport*, 7(3): 106-16.
- Lafont, D. (2008) 'Gaze control during the hitting phase in tennis: a preliminary study', *International Journal of Performance Analysis of Sport*, 8(1): 85-100.
- Laird, P. and Waters, L. (2008) 'Eye-witness recollection of sports coaches', *International Journal of Performance Analysis of Sport*, 8(1): 76-84.
- Larkin, P., Berry, J., Dawson, B. and Lay, B. (2011) 'Perceptual and decision making skills of Australian football umpires', *International Journal of Performance Analysis in Sport*, 11: 427-37.
- Lees, A. (2008) 'Qualitative biomechanical analysis of technique'. In M. Hughes and I.M. Franks (eds), *The Essentials of Performance Analysis: An Introduction* (pp. 162-79). London: Routledge.
- Leser, R. and Kwon, Y.-H. (2014 in press) 'Computer video systems', in A. Baca (ed.), *Sports Informatics*, London: Routledge.
- Leyshon, W. (2012) 'Performance analysis in the management of high performance sport – international 400m hurdles', Keynote presentation, World Congress of Performance Analysis of Sport IX, Worcester, UK, 25-28 July 2012.
- Liddle, S.D., Murphy, M.H. and Bleakley, E.W. (1996) 'A comparison of the demands of singles and doubles badminton among elite male players: a heart rate and time-motion analysis', *Journal of Human Movement Studies*, 29(4): 159-76.
- Lorenzo, A., Gomez, M.A., Ortega, E., Iba˜nez, S.J. and Sampaio, J. (2010) 'Game related statistics which discriminate between winning and losing under-16 male basketball games', *Journal of Sports Science and Medicine*, 9(4): 664-8.
- Lupo, C., Capranica, L., Ammendolia, A., Rizzuto, F. and Tessitore, A. (2012) 'Performance analysis in youth water-basket – a physiological, time motion, and notational analysis of a new aquatic team sport', *International Journal of Performance Analysis in Sport*, 12: 1-13.
- Marinho, D.A., Barbosa, T.M., Neiva, H.P., Costa, M.J., Garrido, M.D. and Silva, A.J. (2013) 'Swimming, running, cycling and triathlon', In T. McGarry, P.G. O'Donoghue and J. Sampaio (eds), *Routledge Handbook of Sports Performance Analysis* (pp. 436-63), London: Routledge.
- Matthews, J.R. and Matthews, R.W. (2008) *Successful Scientific Writing: A Step-by-step Guide for the Biological and Medical Sciences*, 3rd edn, Cambridge: Cambridge-University Press.
- Mayes, A., O'Donoghue, P.G., Garland, J. and Davidson, A. (2009) 'The use of performance analysis and internet video streaming during elite netball preparation', *International Journal of Performance Analysis of Sport*, 9(3): 435.
- McCorry, M., Saunders, E.D., O'Donoghue, P.G. and Murphy, M.H. (1996) 'A match analysis of the knockout stages of the 3rd Rugby Union World Cup'. In M. Hughes (ed.), *Notational Analysis of Sport 3* (pp. 230-9), Cardiff: CPA Press, UWIC.
- McGarry, T., O'Donoghue, P.G. and Sampaio, J. (2013) *Routledge Handbook of Sports Performance Analysis* (pp. 436-63), London: Routledge.
- MacKenzie, R. and Cushion, C. (2013) 'Performance analysis in football: a critical review and implications for future research', *Journal of Sports Sciences*, 31: 639-76.
- McLaughlin, E. and O'Donoghue, P.G. (2001) 'The reliability of time-motion analysis using the CAPTAIN system'. In M. Hughes and I.M. Franks (eds), *Proceedings of the World Congress of Performance Analysis, Sports Science and Computers (PASS.COM)* (pp. 63-8), Cardiff: CPA Press, UWIC.
- McNair, D.M., Lorr, M. and Droppelman, L. (1971) *Manual: Profile of Mood States*, San Diego, CA: Educational and Industrial Testing Service Inc.
- Mellick, M. (2005) 'Elite referee decision communication: developing a model of best practice', Unpublished PhD Thesis, University of Wales Institute Cardiff.
- Mizohata, J., O'Donoghue, P.G. and Hughes, M. (2009) 'Work-rate of senior rugby union referees during matches', *International Journal of Performance Analysis in Sport*, 9(3): 436.
- Mullan, A. and O'Donoghue, P.G. (2001) 'An alternative computerised scoring system for amateur boxing', In M. Hughes and I.M. Franks (eds), *Proceedings of the World Congress of Performance Analysis, Sports Science and Computers (PASS.COM)* (pp. 359-64), Cardiff: CPA Press, UWIC.
- Norman, D.A. and Draper, S.W. (1986) *User Centred System Design*, Hillsdale, NJ: Lawrence Erlbaum.

- Nunome, H., Drust, B. and Dawson, B. (2013), *Science and Football VII*, London: Routledge.
- O'Donoghue, P.G. (1998) 'Time-motion analysis of work-rate in elite soccer'. In M. Hughes and F. Tavares (eds), *Notational Analysis of Sport 4* (pp. 65-70). Porto: University of Porto.
- O'Donoghue, P.G. (2002) 'Performance models of ladies' and men's singles tennis at the Australian Open', *International Journal of Performance Analysis of Sport*, 2: 73-84.
- O'Donoghue, P.G. (2005a) 'Normative profiles of sports performance', *International Journal of Performance Analysis of Sport*, 5(1): 104-19.
- O'Donoghue, P.G. (2005b) 'An algorithm to use the kappa statistic to establish reliability of computerised time-motion analysis systems', *Book of Abstracts, Fifth International Symposium of Computer Science in Sport*, Hvar, Croatia, 25-28 May, p. 49.
- O'Donoghue, P.G. (2008a) 'Time-motion analysis'. In M. Hughes and I.M. Franks (eds), *Essentials of Performance Analysis: An Introduction* (pp. 180-205). London: Routledge.
- O'Donoghue, P.G. (2009) 'Interacting performances theory', *International Journal of Performance Analysis of Sport*, 9: 26-46.
- O'Donoghue, P.G. (2010) *Research Methods for Sports Performance Analysis*, London: Routledge.
- O'Donoghue, P.G. (2012) 'Strategy in national championship 2000m indoor rowing', *International Journal of Performance Analysis in Sport*, 12: 809.
- O'Donoghue, P.G. (2013a) 'Match analysis for coaches'. In R.L. Jones and K. Kingston (eds). *An Introduction to Sports Coaching: Connecting Theory to Practice*, 2nd edn (pp. 161-75), London: Routledge.
- O'Donoghue, P.G. (2013b) 'Rare events in tennis', *International Journal of Performance Analysis in Sport*, 13: 535-52.
- O'Donoghue, P.G. and Holmes, L. (2015) *Data Analysis in Sport*, London: Routledge.
- O'Donoghue, P.G. and Ingram, B. (2001) 'A notational analysis of elite tennis strategy', *Journal of Sports Sciences*, 19: 107-15.
- O'Donoghue, P.G. and Liddle, S.D. (1998) 'A notational analysis of time factors of elite men's and ladies' singles tennis on clay and grass surfaces'. In A. Lees, I. Maynard, M. Hughes and T. Reilly (eds), *Science and Racket Sports 2* (pp. 241-6), London: E. & F.N. Spon.
- O'Donoghue, P.G. and Longville, J. (2004) 'Reliability testing and the use of statistics in performance analysis support: a case study from an international netball tournament'. In P.G. O'Donoghue and M. Hughes (eds). *Performance Analysis of Sport 6* (pp. 1-7). Cardiff: CPA Press, UWIC.
- O'Donoghue, P.G. and Mayes, A. (2013a) 'Performance analysis, feedback and communication in coaching'. In T. McGarry, P.G. O'Donoghue and J. Sampaio (eds), *Routledge Handbook of Sports Performance Analysis* (pp. 155-64). London: Routledge.
- O'Donoghue, P.G. and Mayes, A. (2013b) 'Coach behaviour'. In T. McGarry, P.G. O'Donoghue and J. Sampaio (eds), *Routledge Handbook of Sports Performance Analysis* (pp. 165-74), London: Routledge.
- O'Donoghue, P.G. and Parker, D. (2001) 'Time-motion analysis of FA Premier League soccer competition'. In M. Hughes and I.M. Franks (eds), *Proceedings of the World Congress of Performance Analysis, Sports Science and Computers (PASS.COM)* (pp. 263-6), Cardiff: CPA Press, UWIC.
- O'Donoghue, P.G. and Robinson, G. (2009) 'Validation of the ProZone3® player tracking system: a preliminary report', *International Journal of Computer Science in Sport*, 8(1): 38-53.
- O'Donoghue, P.G., Hughes, M.G., Rudkin, S., Bloomfield, J., Cairns, G. and Powell, S. (2005a) 'Work-rate analysis using the POWER (Periods of Work Efforts and Recoveries) System', *International Journal of Performance Analysis of Sport*, 4(1): 5-21.
- O'Donoghue, P.G., Rudkin, S., Bloomfield, J., Powell, S., Cairns, G., Dunkerley, A., Davey, P., Probert, G. and Bowater, J. (2005b) 'Repeated work activity in English FA Premier League soccer', *International Journal of Performance Analysis of Sport*, 5(2): 46- 57.
- Olsen, E. and Larsen, O. (1997) 'Use of match analysis by coaches'. In T. Reilly, J. Bangsbo and M. Hughes (eds), *Science and Football 3* (pp. 209-20), London: E, & F.N, Spon.
- Palao, J.M. and Morante, J.C. (2013) 'Technical effectiveness'. In T. McGarry, P.G. O'Donoghue and J. Sampaio (eds), *Routledge Handbook of Sports Performance Analysis* (pp. 213-24), London: Routledge.
- Pedemonte, J. (1985) 'Hammer'. In H. Payne (ed), *Athletes in Action: The Official International Amateur Athletic Federation Book on Track and Field Techniques* (pp. 237-62), London: Pelham Books.
- Peters, D.M. and O'Donoghue, P.G. (2013) *Performance Analysis of Sport IX*, London: Routledge.
- Petersen, C. and Dawson, B. (2013) 'Cricket'. In T. McGarry, P.G. O'Donoghue and J. Sampaio (eds), *Routledge Handbook of Sports Performance Analysis* (pp. 393-403). London: Routledge.
- Poziat, G., Adé, D., Seifert, L., Trousaint, H. and Gal-Petitfaux, N. (2010) 'Evaluation of the measuring active drag system usability: an important step for its integration into training sessions', *International Journal of Performance Analysis in Sport*, 10: 170-86.

- Poziat, G., Sève, C. and Saury, J. (2013) 'Qualitative aspects in performance'. In T. McGarry, P.G. O'Donoghue and J. Sampaio (eds), *Routledge Handbook of Sports Performance Analysis* (pp. 309-20), London: Routledge.
- Priebe, H-J. (2009) 'Results'. In G.M. Hall (ed.), *How to Write a Scientific Paper*, 4th edn (pp. 19-30), Oxford: Wiley-Blackwell.
- Pyle, I., Hruschka, P., Lissandra, M. and Jackson, K. (1993) *Real-time Systems: Investigating Industrial Practice*, Chichester, UK: John Wiley & Sons Ltd.
- Rampinini, E., Impellizzeri, F.M., Castagna, C., Coutts, A.J. and Wisløff, U. (2009) 'Technical performance during soccer matches of the Italian Serie A league: effect of fatigue and competitive level', *Journal of Science and Medicine in Sport*, 12 (1): 227-33.
- Redwood-Brown, A., O'Donoghue, P.G. and Robinson, G. 'The interaction effect of positional role and scoreline on work-rate in FA Premier League soccer', paper presented at the Third International Workshop of the International Society of Performance Analysis of Sport, Lincoln, 6-7 April 2009.
- Redwood-Brown, A., O'Donoghue, P.G., Robinson, G. and Neilson, P. (2012) 'The effect of score-line on work-rate in English FA Premier League soccer', *International Journal of Performance Analysis in Sport*, 12: 258- 71.
- Reid, M., McMurtrie, D. and Crespo, M. (2010) 'The relationship between match statistics and top 100 ranking in professional men's tennis', *International Journal of Performance Analysis in Sport*, 10: 131-8.
- Reilly, T. and Thomas, V. (1976) 'A motion analysis of work rate in different positional roles in professional football match play', *Journal of Human Movement Studies*, 2: 87-97.
- Robinson, P. (1992) HOOD: *Hierarchical Object Oriented Design*, Englewood Cliffs, NJ: Prentice-Hall.
- Robinson, G., O'Donoghue, P.G. and Nielson, P. (2011) 'Path changes and injury risk in English FA Premier League soccer', *International Journal of Performance Analysis in Sport*, 11: 40- 56.
- Rose-Doherty, E. and O'Donoghue, P.G. (2012) 'Accuracy of netball umpiring in the British National Super League', *International Journal of Performance Analysis in Sport*, 12: 697.
- Schön, D.A. (1983) *The Reflective Practitioner. How Professionals Think in Action*, London: Temple Smith.
- Siegle, M. and Lames, M. (2010) 'The relation between movement velocity and movement pattern in elite soccer', *International Journal of Performance Analysis in Sport*, 10: 270-8.
- Smith, R. (2009) 'Introduction'. In G.M. Hall (ed.), *How to Write a Scientific Paper*, 4th edn (pp. 5-13), Oxford: Wiley-Blackwell.
- Sommerville, I. (1992) *Software Engineering*, 4th edn, Wokingham, UK: AddisonWesley.
- Spencer, M., Lawrence, S., Rechichi, C., Bishop, D., Dawson, B. and Goodman, C. (2004) 'Time-motion analysis of elite field hockey, with special reference to repeated-sprint activity', *Journal of Sports Sciences*, 22: 843-50.
- Taylor, S. and Hughes, M. (1988) 'Computerised notational analysis: a voice interactive system', *Journal of Sports Sciences*, 6: 255.
- Taylor, J.B., Mellalieu, S.D., James, N. and Shearer, U.A. (2008) 'The influence of match location, quality of opposition and match status on technical performance in professional association football', *Journal of Sports Sciences*, 26: 885-95.
- Theureau, J. (2003) 'Course of action analysis and course of action centred design'. In E. Hollnagel (ed.), *Handbook of Cognitive Task Design* (pp. 55-81), Mahwah, NJ: Lawrence Erlbaum.
- Vaz, L., Mouchet, A., Carreras, D. and Morente, H. (2011) 'The importance of rugby game-related statistics to discriminate winners and losers at the elite level competitions in close and balanced games', *International Journal of Performance Analysis in Sport*, 11: 130-41.
- Walliman, N. (2004) *Your Undergraduate Dissertation: The Essential Guide*, London: Sage.
- Williams, J.J. (2004) 'The development of a real-time data capture application for rugby union'. In P.G. O'Donoghue and M.D. Hughes (eds), *Performance Analysis of Sport VI* (pp. 253-61), Cardiff: UWIC CPA Press.
- Williams, R. and O'Donoghue, P. (2005) 'Lower limb injury risk in netball: a timemotion analysis investigation', *Journal of Human Movement Studies*, 49: 315-31.
- Williams, N. and O'Donoghue, P.G. (2006) 'Techniques used in mixed-martial arts competition', *Performance Analysis of Sport 7* (edited by H. Danes, M. Hughes and P.G. O'Donoghue), 23-26 August, Szombathely, Hungary, Cardiff: CPA UWIC Press, pp. 393-9.
- Wiltshire, H.D. (2013) 'Sports performance analysis for high performance managers'. In T. McGarry, P.G. O'Donoghue and J. Sampaio (eds), *Routledge Handbook of Sports Performance Analysis* (pp. 176-86), London: Routledge.
- Winkler, W. (1988) 'A new approach to the video analysis of tactical aspects of soccer'. In T. Reilly, A. Lees, K. Davids and W. Murphy (eds), *Science and Football* (pp. 368-72), London: E. & F.N. Spon.
- Withers, R.T., Maricic, Z., Wasilewski, S. and Kelly, L. (1982) 'Match analysis of Australian professional soccer players', *Journal of Human Movement Studies*, 8: 158-76.
- Wright, B., Rodenberg, R.M. and Sackmann, J. (2013) 'Incentives in best of N Contests: quasi-Simpson's paradox in tennis', *International Journal of Performance Analysis in Sport*, 13: 790-802.

索　引

英字／数字

五十音順

▶あ

▶か

▶さ

▶た

▶な

▶は

▶ま

▶や

▶ら

▶わ

著者・訳者紹介

［著　者］

Peter O'Donoghue（ピーター・オドノヒュー）
英国カーディフ・メトロポリタン大学の准教授で、スポーツパフォーマンス分析部門の教育担当ディレクターを務める。国際スポーツパフォーマンス分析学会のメンバーであるとともに、International Journal of Performance Analysis of Sportの編集委員であり、Routledge社のスポーツパフォーマンス分析シリーズの書籍の編者でもある。エリートスポーツでのパフォーマンス分析サポートについて幅広い経験があり、研究の関心は、スポーツにおける相対的年齢分布、スポーツパフォーマンスの予測モデリング、エリートレベルのラケットスポーツ競技における戦術戦略にまで及ぶ。

［監訳者］

中川　昭（なかがわ　あきら）
1955年生まれ。1977年、東京教育大学体育学部卒業、1983年、筑波大学大学院体育科学研究科単位取得退学。博士（体育科学）。大阪教育大学助教授、筑波大学体育科学系助教授を経て、現在、筑波大学体育系教授、ならびに体育専門学群長。
専攻は、コーチング学。主な研究テーマは、⑴記述的ゲームパフォーマンス分析を使ったラグビーのゲーム構造および戦術の研究、⑵ラグビーのコーチング法の開発とその効果に関する実証研究、⑶球技の状況判断や戦術に関する一般理論研究。
日本コーチング学会会長、日本体育学会副会長などを歴任。
主な著書は、共編著『球技のコーチング学』（大修館書店、担当：編著・分担執筆）、『コーチング学への招待』（大修館書店、担当：分担執筆）、スポーツ心理学の世界（福村出版、担当：分担執筆）、教師のための運動学（大修館書店、担当：分担執筆）、『スポーツの戦術入門』（大修館書店、担当：分担翻訳）、『ジム・グリーンウッドのシンクラグビー』（ベースボール・マガジン社、担当：分担翻訳）、『21世紀スポーツ大事典』（大修館書店、担当：分担執筆）、『最新スポーツ科学事典』（平凡社、担当：分担執筆）、ほか。
主な競技指導歴は、1994年より2004年まで筑波大学ラグビー部監督。日本スポーツ協会ラグビーフットボールコーチ4。

［訳　者］

橘　肇（たちばな　はじめ）
1968年生まれ。1992年、京都大学文学部哲学科卒業。2000年、京都大学大学院人間・環境学研究科修士課程修了。修士（人間・環境学）。
1992年、日本放送協会にディレクターとして入局。スポーツ中継やスポーツ番組の制作、報道番組の制作を行う。京都大学大学院にて環境生理学を専攻し、運動、模擬無重力、放射線等に対する骨格筋線維の適応についての研究に従事。
2000年、有限会社フィットネスアポロ社に入社。オーストラリア・スポーツテック社（当時）のスポーツ用ビデオ分析ソフトウェア「スポーツコード」の輸入販売事業を立ち上げる。販売やユーザーサポートをはじめ、専門学校や大学での非常勤講師、講習会等を通じたアナリストの育成、国内・海外の人的ネットワーク作りなどを通じ、一貫してスポーツパフォーマンス分析に関連する商品の普及に携わる。
2019年7月、個人事業「橘図書教材」として独立。スポーツパフォーマンス分析に関するアドバイザーとして、コンサルティング、分析サポート、翻訳、執筆、講演などを通じ、スポーツパフォーマンス分析の発展とその教育的価値の向上に貢献すべく活動中。

長谷川　悦示（はせがわ　えつし）
1961年生まれ。1984年、岐阜大学教育学部卒業、1985年、同大学教育専攻科修了、1987年、筑波大学大学院修士課程体育学専攻修了（体育学修士）、1991年、同大学院博士課程体育科学専攻を単位取得退学（教育学修士）。
1995年より群馬大学教育学部、1999年、筑波大学体育科学系に異動、現在は同大学体育系准教授。専攻は、体育科教育学。
主な研究テーマは、⑴e-Learning授業評価システムを使った体育教師教育、⑵授業分析アプリによる教授パフォーマンスの分析、⑶現職教員の学校における「授業研究」のサポート。
日本スポーツ教育学会理事。
主な著書は、『新版体育科教育学入門』（大修館書店、分担執筆）、『新版体育科教育学の現在』（創文企画、分担執筆）、『21世紀スポーツ大事典』（大修館書店、担当：分担執筆）、『最新スポーツ科学事典』（平凡社、担当：分担執筆）ほか。

スポーツパフォーマンス分析入門 ―基礎となる理論と技法を学ぶ―

NDC780/viii, 223p/26cm

初版第1刷――――2020年3月10日

著　者――――ピーター・オドノヒュー
監訳者――――中川　昭
訳　者――――橘　肇／長谷川悦示
発行者――――鈴木一行
発行所――――株式会社 大修館書店
〒113-8541　東京都文京区湯島2-1-1
電話 03-3868-2651（販売部）　03-3868-2299（編集部）
振替 00190-7-40504
［出版情報］https://www.taishukan.co.jp

装幀デザイン――島内泰弘（島内泰弘デザイン室）
本文デザイン&組版――加藤智（たら工房）
印刷所――――三松堂
製本所――――難波製本

ISBN978-4-469-26884-3　　Printed in Japan